esotera

Taschenbücherei
im Verlag Hermann Bauer

Mit dieser Reihe, in der jährlich etwa acht Titel erscheinen, macht der Verlag Hermann Bauer dem interessierten Leser bedeutende Werke aus Bereichen der Esoterik und Grenzwissenschaften zu ungewöhnlich günstigen Preisen zugänglich. Der Schwerpunkt bei der Auswahl für die *esotera-Taschenbücherei* liegt auf Titeln, die dem Leser auf leicht faßliche und umfassende Weise esoterisches Wissen vermitteln, das er auch in seinem Leben anwenden kann. Die Auswahl der Werke erfolgt auf Vorschlag und in enger Zusammenarbeit mit der Redaktion der in Europa führenden grenzwissenschaftlichen Fachzeitschrift »esotera«; ein Teil der Neuveröffentlichungen geht direkt aus der redaktionellen Arbeit von »esotera« hervor.

Bisher sind erschienen:
Archarion: Von wahrer Alchemie (Buch-Nr. 0600)
Brahmachari: Yoga hilft heilen (Buch-Nr. 0607)
Edwards: Geistheilung (Buch-Nr. 0603)
Findlay: Beweise für ein Leben nach dem Tod (Buch-Nr. 0601)
Reifler: Das I-Ging-Orakel (Buch-Nr. 0605)
Schäfer: Stimmen aus einer anderen Welt (Buch-Nr. 0604)
Sterneder: Tierkreisgeheimnis und Menschenleben (Buch-Nr. 0602)

Michel Gauquelin

Kosmische Einflüsse auf menschliches Verhalten

Verlag Hermann Bauer
Freiburg im Breisgau

CIP-Kurztitelaufnahme der Deutschen Bibliothek

Gauquelin, Michel:
Kosmische Einflüsse auf menschliches Verhalten / Michel Gauquelin. [Ins Dt. übertr. von Luise Kösling]. – 1. Aufl. – Freiburg im Breisgau : Bauer, 1983.
(esotera-Taschenbücherei)
Einheitssacht.: Cosmic influences on human behavior ⟨dt.⟩
ISBN 3-7626-0606-4

Die englische Originalausgabe erschien 1976 bei Futura Publications Ltd., London, unter dem Titel *Cosmic Influences on Human Behavior.*

Ins Deutsche übertragen von Luise Kösling.

Mit 30 Zeichnungen.

Die *esotera-Taschenbücherei* erscheint im Verlag Hermann Bauer, Freiburg im Breisgau.

1. Auflage 1983

Satz: Typobauer Filmsatz GmbH, Scharnhausen.
Druck und Bindung: May & Co Nachf., Darmstadt.
Printed in Germany.

ISBN 3-7626-0606-4

»Man darf niemals dem allgemeinen Eindruck trauen. Wirkt er lange genug, entwickelt er sich zum festen Maßstab, und im Laufe der Jahre wird es ungeschriebenes Gesetz, ihn nicht mehr in Zweifel zu ziehen. Die Folge ist, daß alle, die es nicht gewohnt sind, selbst immer wieder alles in Frage zu stellen, Statistiken gegenüber einen gewissen Haß und Widerwillen empfinden. Sie können den Gedanken nicht ertragen, ihre geheiligten Ansichten einer gefühllosen Überprüfung auszusetzen. Der Erfolg der Wissenschaftler besteht aber gerade darin, solchen Irrglauben zu überwinden und Testverfahren zu entwickeln, mit deren Hilfe die Gültigkeit bloßer Überzeugungen gesichert werden kann, dabei aber stets soweit über der Sache zu stehen, daß ohne Umschweife verworfen wird, was sich als falsch erweist.«

Francis Galton

Inhalt

Vorwort

»Soll also niemand für unglaubhaft halten, daß aus der astrologischen Narrheit und Gottlosigkeit nicht auch ein nützliches Wissen und Heiligtum gefunden werden könne.« Johannes Kepler

Keplers Worte beschreiben sehr gut die Ergebnisse des Lebenswerks der Gauquelins. Sie haben mehr als ein Vierteljahrhundert auf einem von der Wissenschaft verpöntem Gebiet gearbeitet, und es gelang ihnen nicht nur, »astrologische Narrheit und Gottlosigkeit« deutlich zu machen, sondern auch zu zeigen, und das ist weitaus wichtiger, daß die Astrologie von großem praktischen Nutzen sein kann. Es gibt eine Parallele zwischen den Bemühungen Keplers und der Arbeit des Ehepaars Gauquelin. Man kennt Kepler heute, weil er die nach ihm benannten Gesetze der Planetenbewegungen gefunden hat, aber an die dunklen Irrwege, die er gehen mußte, ehe er seine Entdeckungen machte, erinnert man sich kaum mehr. Die Keplerschen Gesetze haben eine seltsame Entstehungsgeschichte. Sie ergaben sich buchstäblich als »Nebenprodukt« bei seinen Bemühungen, eine Übereinstimmung zwischen den Planetenumläufen und den fünf vollkommenen geometrischen Körpern und Beziehungen zwischen den Bahnen der Planeten und den Harmonien der Tonskala zu finden. Er war außer sich vor Freude, als er entdeckte, daß man im Verhältnis von Perihelium (Sonnennähe) und Aphelion (Sonnenferne) der Planeten eine gewisse Ähnlichkeit mit den harmonischen Intervallen der Tonskala erkennen kann. Wir wissen heute, daß es keine solchen Übereinstimmungen oder Beziehungen gibt, aber die Suche danach führte zu wissenschaftlichen Erkenntnissen von ungeheurem Wert. Aus solchen mystischen Betrachtungen ging die moderne Astronomie hervor! Man darf sich fragen, ob bei Keplers astrologischen Überlegungen nicht vielleicht ebenfalls wissenschaftliche Ergebnisse abfielen, wie das auf dem Gebiet der Astronomie geschah.

Keplers astrologisches Denken war nicht zu trennen von seiner Weltanschauung, ebenso seine Ideen in bezug auf gewisse Übereinstimmungen zwischen der Form der regelmäßigen Körper, der Tonleiter und den Planetenbahnen. Aber seine »Astrologie« war nicht gleichzusetzen mit den damals gültigen abergläubischen Vorstellungen. Er warnte gewisse Theologen und Philosophen, die seiner Meinung nach zu recht den Aberglauben der Sterndeuter ablehnten, nicht zugleich »das Kind mit dem Bade auszuschütten«. Er war davon überzeugt, daß nichts am sichtbaren Himmel existiert oder geschieht, das nicht auf irgendeine geheimnisvolle Weise in den Kräften der Erde und der Natur zu spüren ist.

Das vorliegende Buch enthält in allgemeinverständlicher Form das Resultat langwieriger, ernsthafter Forschungsarbeit. Die genaue Darstellung der Werte und Ergebnisse umfaßt dreizehn Bände: Reihe A = 6 Bände; Reihe B = 6 Bände, Reihe C = 1 Band; herausgegeben von Laboratoire d'Étude des Relations entre Rythmes Cosmiques et Psychophysiologiques (8, rue Amyot, Paris, Frankreich).

Obwohl mir Darstellungsweise und Stil des vorliegenden Buches nicht immer sympathisch sind, fühle ich mich als Astronom doch verpflichtet, auf die Erkenntnisse der Gauquelins aufmerksam zu machen, die hier in leichtverständlicher Form zusammengefaßt wurden. Ich empfinde es aber als noch größere Pflicht, die Aufmerksamkeit auf die selbstlose, langwierige Arbeit zu richten, deren Ergebnisse in den vorher erwähnten insgesamt 13 Bänden ausführlich dargestellt sind.

Dieses Buch beschäftigt sich mit Geburtsdaten und Horoskopen, aber die Gauquelins liefern damit ebensowenig einen Beweis für die »Astrologie«, wie etwa die Keplerschen Gesetze bestätigen, daß ein Zusammenhang zwischen den Umlaufbahnen der Planeten und den fünf regelmäßigen Körpern besteht. Sie haben durch ihre Arbeit eher einen großen Teil der »astrologischen Narrheit« widerlegt und zurechtgerückt. In der Tat haben sie recht wirkungsvoll aufgezeigt, was für ein Unsinn die Banalastrologie in den Massenmedien sein muß, also etwa jenes abergläubische Geschwätz, wie es in vielen Tageszeitungen und Illustrierten zu finden ist. So stellt Gauquelin etwa im 19. Kapitel dieses Buches (»Die drei Räder des astrologischen Roulettes«) die Ergebnisse seiner Untersuchung von Tausenden Daten von Soldaten, Sportlern usw. vor, in deren Horoskop nach den Regeln der Populärastrologie die Tierkreiszeichen Widder und Skorpion dominieren müßten, da diese vom Mars »regiert« werden, dem Planeten der Körperkraft, der Kampfbereitschaft und Aggressivität. Er stellte jedoch fest, daß die Verteilung der Geburtstage auf bestimmte Tierkreiszeichen in dieser zahlenmäßig recht großen Gruppe ausschließlich vom Zufall bestimmt war. Auf der ganzen Linie fand Gauquelin nicht den geringsten Beweis für die Grundlagen der Populärastrologie.

Mir selbst ging es nicht anders. Obgleich ich Astronom bin, ist die Astrologie kein unbekanntes Gebiet für mich. Vor vielen Jahren war ich Mitglied des Harvard Committee on Astrology von Professor Bart Bok und erstellte zwanzigtausend »Horoskope« amerikanischer Wissenschaftler hinreichend genau, um nicht nur Sternzeichen, sondern auch die Aspekte des Merkur zu berücksichtigen, der in den meisten astrologischen Handbüchern als der Planet gilt, dem Geist, Verstand und Intellekt zuzuordnen sind. Ich fand dabei keinerlei wie auch immer geartete Zusammenhänge. (Der Direktor des Observatoriums, bei dem ich damals beschäftigt war, verweigerte dennoch die Genehmigung zur Veröffentlichung auch dieser eindeutig negativen Resultate, um gar nicht erst die Aufmerksamkeit darauf zu lenken, daß einer seiner Mitarbeiter seine Zeit darauf verwandte, sich mit derartigen Dingen zu beschäftigen!)

Es ist wichtig, daß die Behauptungen der Astrologie wissenschaftlich untersucht werden. Ich kann jenen Wissenschaftlern nicht zustimmen, die aus rein autoritären Gründen kein gutes Haar an der Astrologie lassen. Die ausschließliche Berufung auf Machtbefugnis gehört aber keineswegs zur wissenschaftlichen Arbeitsmethode, man sollte sie deshalb aus dem Spiel lassen. Es sollte aber in diesem Fall das wissenschaftliche Vorgehen der Öffentlichkeit demonstriert werden, indem man streng wissenschaftliche Arbeitsmethoden auf die Populärastrologie anwendet und damit beweist, daß deren Grundlagen nicht stimmen. Mit einem solchen Nachweis, gestützt auf empirische Untersuchungen, kann die Wissenschaft ihre Stellung behaupten und das Wort des Wissenschaftlers wird durch Fakten bestätigt, nicht nur durch die von ihm behauptete Autorität.

Trotz dieser Überlegungen hatte ich starke Bedenken, dieses Vorwort zu schreiben, denn für einen Astronomen gilt anscheinend, daß er sich selbst aus der Gemeinschaft der ernsthaften Wissenschaftler ausschließt, sobald er in einer auch nur ganz entfernten Beziehung zur Astrologie steht. Ich habe es schließlich doch getan, weil ich meine Pflicht als Astronom erfüllen und jede stichhaltige Überprüfung der Astrologie unterstützen muß. Noch wichtiger erscheint mir freilich, daß die Gauquelins bei ihrer Arbeit nicht »das Kind mit dem Bade ausgeschüttet« haben, sondern uns vielmehr ein Kind vorstellen, das sich zu einem Riesen entwickeln kann. Dieses Kind ist das »planetarische Erbe« und der Nachweis bevorzugter Planetenstellungen bei der Geburt herausragender Persönlichkeiten. Kepler betonte das Gewicht der geometrischen Positionen der Planeten am Himmel. Die Gauquelins haben herausgefunden, daß zwei Himmelspositionen von besonderer Bedeutung zu sein scheinen und praktisch alle anderen Aspekte ausschließen. Es sind die Bereiche unmittelbar über dem östlichen Horizont (Aszendent) und die unmittelbar nach dem Meridian (oberen Kulminationspunkt). Dieses Ergebnis kam völlig überraschend und war nach dem bisher überlieferten astrologischen Wissen nicht vorhersehbar. Man sollte diese Resultate (die inzwischen von einer Gruppe unabhängiger belgischer Forscher bestätigt wurden) nicht der volkstümlichen Astrologie zurechnen, selbst wenn die

Gauquelins zeigen, daß diese Vorstellungen und die symbolische Bedeutung, die Saturn, Mars, Jupiter und Mond nach der Überlieferung zugeschrieben werden, ungemein nützlich sind. So galt beispielsweise der Mars jahrhundertelang als der Planet der Kraft und Aggression, und nun ist es genau der Mars, kein anderer Planet, der am häufigsten in den beiden kritischen Positionen im Horoskop bedeutender Sportler und Militärs auftaucht, und bei ihnen spielen diese Eigenschaften zweifellos eine wichtige Rolle.

Ich muß noch einmal darauf hinweisen, daß es mir als Wissenschaftler an manchen Stellen dieses Buches gar nicht gefällt, wie die Gauquelins ihr Material präsentieren. Die häufige Bezugnahme auf die astrologische Überlieferung, die immer wieder herangezogen wird, um Sachverhalte deutlich zu machen und Ähnlichkeiten aufzuzeigen, steht in krassem Gegensatz zu den sauberen statistischen Ergebnissen über das »planetarische Erbe« und über die erstaunliche Priorität bestimmter Planetenstellungen zur Zeit der Geburt außergewöhnlicher Menschen. Bei letzterem befindet sich Gauquelin auf festem Boden (um sich ganz davon zu überzeugen, müßte der Leser allerdings die wissenschaftliche Darstellung in den bereits erwähnten dreizehn Bänden zu Hilfe nehmen). Diese statistischen Methoden sind korrekt. Ein besonders überzeugendes Beispiel seiner Arbeit ist die Entdeckung, daß die Aussagen über die »planetarische Vererbung« und über bevorzugte Positionen von Planeten zur Zeit der Geburt nur für die *natürliche* Geburt gelten. Gauquelin bemerkte, daß bei künstlich eingeleiteten Entbindungen, die dem Zeitplan des Geburtshelfers oder der Klinik angepaßt wurden, diese planetarischen Übereinstimmungen nicht auftraten.

Wir haben es daher mit einem Phänomen zu tun, das vielleicht sehr eng verwandt ist mit den kosmischen biologischen Uhren des Frank Brown oder mit dem erwiesenen Einfluß der Mondphasen auf den Regen und auf Paarung und Reaktionen besonders der niederen Tierformen. Sowohl Gauquelin als auch Brown stellen die Theorie auf, daß ihre Forschungsergebnisse beweisen, daß subtile Veränderungen in den sie umgebenden

Magnetfeldern lebende Materie beeinflussen. Nur die Zeit und sehr viel künftige Forschungsarbeit werden ein endgültiges Urteil über diese Fragen ermöglichen. Die beobachteten Tatsachen sprechen jedoch eine deutliche Sprache. Sie scheinen auf einen Bereich der Natur hinzuweisen, den die Wissenschaft bisher überhaupt nicht zur Kenntnis genommen hat.

J. Allen Hynek
Präsident der Astrologischen Abteilung
der Northwestern University

Bekenntnis in Form eines Prologs

Soweit ich mich in die Zeit meiner Kindheit zurückversetzen kann, und damit meine ich nicht die allerfrühesten Erinnerungen, sondern die ersten rationalen Erfahrungen, war mir immer bewußt, daß ich mich für die Astrologie interessierte. Warum? Ich weiß es nicht. Der Zufall spielte wohl eine Rolle. Niemand aus meiner Familie war Astrologe, aber man betrachtete die Horoskope doch als eine Art Gesellschaftsspiel. Als ich sieben Jahre alt war, fragte ich meine Klassenkameraden nach ihrem Geburtstag und nannte ihnen dann triumphierend das Tierkreiszeichen, unter dem sie geboren waren.

Im Alter von zehn Jahren bat ich meinen Vater, mir zu zeigen, wie man den Aszendenten eines Horoskops findet. Das war während der »Katastrophe« von 1940. Meine Familie war vor der deutschen Besatzung geflohen und hatte für einige Monate im Süden Frankreichs Zuflucht gesucht. Alles, was wir besaßen, hatten wir zurücklassen müssen. In dieser Situation beschäftigte ich mich eifrig mit den Gesetzen des Horoskops!

Im Alter von fünfzehn Jahren schwänzte ich zusammen mit einem anderen Jungen, der bis heute mein bester und vertrautester Freund geblieben ist, den Unterricht am Lycée Charlemagne, um am anderen Seine-Ufer, gegenüber Notre Dame de Paris, im astrologischen Buchladen des alten Monsieur Chacornac herumzustöbern. Wir hatten kein Geld, um die Bücher zu kaufen, deshalb lasen wir sie gleich an Ort und Stelle. Als Siebzehnjähriger hatte ich mehr als hundert Werke über Astrologie verschlungen und beschäftigte mich während der langweiligen Französisch- und Lateinstunden damit, meine eigene »wissenschaftliche Abhandlung« zu verfassen. Eines Tages ertappte mich der Lehrer dabei. Er las mein jugendliches Werk und war ziemlich verwirrt. Achselzuckend gab er mir mein Manuskript zurück und prophezeite, ich würde bestimmt durchs Abschlußexamen fallen, dessen Termin unmittelbar bevorstand. Ich habe dieses Heft mit dem steifen grauen Deckel aufgehoben, meinen ersten Versuch wissenschaftlicher Arbeit. Noch heute müssen wir lachen, wenn mein Freund und ich daran denken, wie bestürzt der Lehrer damals reagierte. Im Grunde hatte ich aber schon damals alle Geheimnisse des Horoskops kennengelernt und verarbeitet. Ein kindliches Spiel? Zeitverschwendung? Wer weiß.

Bis zu diesem Zeitpunkt hatte ich mir selbst niemals die Frage gestellt: Ist das alles wahr? Die kleinen Erfolge, die mir meine Voraussagen unter den Klassenkameraden eingebracht hatten (sie gaben mir den Spitznamen »Nostradamus«), und das bißchen Ansehen, das mir mein Spezialfach bei den sehr jungen Vertreterinnen des anderen Geschlechts verschaffte, genügten mir als Lohn. Aber die unstillbare intellektuelle Gier, die mich zwang, alles zu lesen, was man über die Astrologie veröffentlichte, wurde bald von meiner Idee abgelöst, man müßte so viele Horoskope sammeln, daß jeder Zweifel durch das Gewicht dieses Beweismaterial zerstreut würde.

Ich war nämlich auf Zweifel und Skepsis gestoßen, nicht nur bei anderen, sondern auch tief in mir selbst. Ich könnte den obersten Grundsatz Descartes zitieren, man müsse an allem zweifeln, was nicht klar und deutlich erkannt wird. Aber damit würde ich meine Leser und mich selbst nur täuschen. Man neigt dazu, im nachhinein das Geschehene rational zu deuten. Ich hatte damals bestenfalls das unbestimmte Gefühl, daß sich vielleicht hinter dem Baum der Astrologie nur ein Wald der Leere verbergen könnte. Die Beteuerungen der Astrologen, die ich kennenlernte, hatten überhaupt keinen Bezug zum ganzen komplizierten, vielschichtigen Wesen des Problems. Für sie gab es solche Probleme überhaupt nicht. Mir aber wurde es immer schwerer, ihr Geschwätz zu ertragen. Existierten ihre Beweise nur in ihrer Phantasie?

Ich beschloß, selbst nach Beweisen zu suchen und, falls das

möglich war, diese zu sammeln. Ich begann, Archive und Dokumentensammlungen zu besuchen und beschäftigte mich mit Geburtsdaten aller Art. Ich füllte ein Notizbuch nach dem andern mit Zahlen und arbeitete fleißig und beharrlich wie ein Benediktinermönch. Mein Kopf war voller astrologischer Maximen wie etwa »Der Tod tritt häufiger unter dem Einfluß des Saturn ein«, oder »Berufssoldaten sind oft im Zeichen Widder geboren«. Ich wollte herausfinden, ob das stimmte oder nicht. Mein geringes Taschengeld gab ich für Briefmarken aus, damit ich an die vielen Meldestellen und Standesämter in Frankreich schreiben und um Unterlagen über genaue Geburtsstunden bitten konnte.

Ich war nicht der erste, dem diese Idee gekommen war. Einige Astrologen, die sich auch als Mathematiker betätigten, glaubten nur an eine einzige Möglichkeit, die Gültigkeit der Astrologie zu beweisen: Sie bestand darin, statistisches Material über eine große Anzahl von Geburten zu beschaffen. Aber ihre Bücher hatten niemanden überzeugt. Hatten sie sich also geirrt? Ja, sie hatten einen Fehler gemacht. Nur Aufzählungen und Listen vorzulegen, das genügt nicht. Man muß über die Gesetze des Zufalls Bescheid wissen. Ich schrieb mich an der Sorbonne ein, um sie kennenzulernen.

Ein Gefühl der Hoffnungslosigkeit schlich sich in meine Gedanken, zuerst nur ganz leise und unbestimmt. Es schien, als ob die astrologischen Gesetze völlig unvereinbar mit den modernen wissenschaftlichen Erkenntnissen wären. Diese Wahrnehmung wurde noch verstärkt durch die äußerst entmutigenden Resultate, die sich aus den Zahlenkolonnen ergaben, die ich in meinen dicken Notizbüchern gesammelt hatte. Nein, es kommt unter dem Einfluß des Saturn keineswegs häufiger zu Todesfällen. Es stimmt nicht, daß Berufssoldaten häufiger unter dem Zeichen Widder geboren werden als etwa Dichter und Schriftsteller.

Trotzdem verließ mich meine Leidenschaft nicht für einen Augenblick. Ich untersuchte die verborgensten Aspekte der Horoskope, um das astrologische Geschwür auszutrocknen und den Schwindel mit dem Tierkreis zum Platzen zu bringen. Vielleicht spürte ich aber in mir auch die geheime Hoffnung, doch wie jenes Huhn zu sein, auf das sich Kepler beruft: Es findet im stinkenden Misthaufen der Astrologie ein Korn, eine Perle oder einen Goldklumpen, wenn es nur lange genug scharrt und kratzt.

Ich habe sehr lange Zeit gesucht und gescharrt und schließlich das Gold gefunden. Zumindest glaubte ich das. Aber im gleichen Augenblick war mir deutlich bewußt, wie unwahrscheinlich es sein mußte, daß das stimmte. Konnte meine Perle nur eine künstliche sein? Ein falscher Gedankenschluß, eine Täuschung, die aus meinem Unterbewußtsein aufstieg? Ich war mit meinem Problem allein.

Aber das Schicksal meinte es gut mit mir. Auf den Bänken der Universität lernte ich Françoise, meine spätere Frau, kennen. Sie war mein erster Zuhörer, mein erster Leser und vor allem mein erster Kritiker. Sie riet mir, ein Buch zu schreiben und all die Mühe, die ich insgeheim aufgewandt hatte, öffentlich darzustellen. Es mußte die »anti-astrologischen« Resultate meiner Statistiken und das berühmte Goldklümpchen enthalten. »Die Menschen werden lesen und kritisieren, was du zu sagen hast«, meinte sie. »Dann wirst du wissen, ob du wirklich etwas entdeckt hast und ob es der Mühe wert ist, weiterzumachen.« Ich schrieb im Alter von fünfundzwanzig Jahren dieses Buch, und mir wurde klar, daß es sich lohnte, weitere Anstrengungen zu unternehmen.

Mein neues Buch zeigt, wie die Zeit genutzt wurde.

1. Kapitel

Astrologische Einflüsse im Universum?

> »Sie wissen, daß ich an einen unsymmetrischen kosmischen Einfluß glaube, der natürlich und konstant auf die molekulare Organisation der wesentlichen Lebensprinzipien einwirkt, und daß als Konsequenz alle Reiche irdischen Lebens in ihren Strukturen, Formen und Gliederungen in Beziehung zu den Bewegungen des Universums stehen.«
>
> Louis Pasteur
> Brief an seinen Freund Raulin
> vom 4. April 1871

Als Erforscher des Kosmos sind die Astronauten Wegbereiter für Reisen in die fernen Welten der Unendlichkeit des Raumes. Wer aber erforscht den inneren Kosmos unserer Seele und unseres Schicksals? Die Antwort lautet: Es sind die Astrologen. Schon im 15. Jahrhundert sagte Paracelsus: »Die Sterne liegen in uns selbst.«

Astrologie war beim Volk immer sehr beliebt. Die Massenmedien widmen ihr heute Zeit und Raum, sogar die Computertechnik ist eine enge Verbindung mit ihr eingegangen. Astrologie ist zu einem alltäglichen Konsumartikel geworden. Jean Porte, ein Beamter des französischen Nationalen Instituts für Statistik, ist der Meinung: »Mißt man den Stellenwert der Astrologie in unserer Gesellschaft an der Zahl der gedruckten Worte über dieses Thema, dann liegt er mit Sicherheit höher als der, den Astronomie und Mathematik zusammen besitzen.« Aber können wir heute wirklich noch an Horoskope glauben?

Vom wissenschaftlichen Standpunkt aus, so behaupten die Wissenschaftler, ist die Astrologie tot. Haben sie recht?

Zu Beginn des 20. Jahrhunderts galten für die Naturwissenschaft strenge Lehrsätze und Theorien. Sie hatte sich über ihre uralte astrologische Vergangenheit vollkommen hinweggesetzt und sah eine unüberwindliche Kluft zwischen Mensch und Himmel. Die Astronomen waren fasziniert von einem Kosmos, dessen Grenzen sich immer weiter ausdehnen ließen und der schließlich so gewaltig wurde, daß er in keinem Verhältnis mehr zur Menschheit stand.

Es gab jedoch immer noch einen Faktor, der den Planeten Erde in den Augen jener Wissenschaftler anfangs des 20. Jahrhunderts vor dem übrigen Universum auszeichnete: Die Erde war der einzige Planet, der Leben aufwies. Das Vorkommen von Leben auf der Erde wurde als ein unvorhergesehener, äußerst unwahrscheinlicher, ja nahezu unmöglicher Zufall betrachtet. Der große englische Physiker Eddington berechnete die Wahrscheinlichkeit der Entwicklung des Lebens auf der Erde mit weniger als eins zu vielen Milliarden. Von seinen Zeitgenossen widersprach niemand dieser Ansicht. Der Mensch besaß eine Sonderstellung im Universum. War er das Resultat reinen Zufalls oder einer Absicht?

Die Biologen sahen keinen Grund, weshalb es zwischen dem Leben und dem Kosmos irgendwelche Beziehungen geben sollte. Das war auch ihr gutes Recht, denn sie glaubten ja, das Leben sei ein seltsames, einzigartiges Wunder innerhalb dieses Kosmos. Die Wissenschaftler glaubten an eine Chemie, Biologie und Psychologie der Isolation. Der Mensch war ein Gefangener der Erde. Himmel und Universum waren nur jenseits der transparenten Grenze der Atmosphäre gegenwärtig. Astronomen und Physiker untersuchten Art und Form entfernter Galaxien und ließen dabei das winzige, unwahrscheinliche Phänomen, das man Leben nennt, völlig außer acht. Die alte Lehre, daß der Mensch ein Mikrokosmos und der Himmel ein Makrokosmos ist und daß es zwischen beiden unsichtbare, geheimnisvolle Beziehungen gibt, sollte nicht mehr gelten. Man vergaß sie einfach.

Aber, wie Claude Bernard es 1856 ausdrückte: »Wenn der Glaube eines Menschen zu stark geworden ist, dann wird sein Geist durch die Folgen seiner eigenen Gedankengänge gefesselt und begrenzt. Er besitzt nicht mehr die Handlungsfreiheit, und es fehlt ihm deshalb die Entschlußkraft derjenigen, die wissen, wie man sich von diesem blinden Glauben an Theorien befreien kann, der ja im Grunde nichts anderes als ein wissenschaftlicher Aberglaube ist.«

Der Mensch in der Unendlichkeit

Eine neue Generation von Wissenschaftlern ist an die Stelle der vorangegangenen getreten. Eine neue Konzeption vom Verhältnis zwischen Mensch und Universum wurde entwickelt. Die Wahrheiten von gestern erwiesen sich als Irrtum. Das Leben auf der Erde entwickelte sich nicht aus einem glücklichen Zufall heraus. Es mußte notwendigerweise hier entstehen, weil alle kosmischen Voraussetzungen für die Erschaffung von Leben vorhanden waren. Man betrachtet heute eine unvermeidliche physikalisch-chemische Reaktion als den Ursprung des Lebens. Oparin in der Sowjetunion und Miller in den USA haben bewiesen, daß das Leben durch die Kraft der ultravioletten Strahlung der Sonne entstand, die auf das Wasser des Urozeans einwirkte.

In dieser »Ursuppe«, um Haldanes Ausdruck zu gebrauchen, verwandelten kosmische Kräfte Aminosäuren in Proteine, Proteine in die ersten Zellen, die wiederum, vielleicht drei Milliarden Jahre später, durch Evolution den Menschen hervorbrachten. Chemiker und Biologen von heute (oder doch jene, die den wissenschaftlichen Fortschritt anführen) sind der Meinung, daß das Leben in erster Linie ein kosmisches Phänomen ist. Die Astronomen unterstützen diesen Gedanken, wenn sie, wie etwa Fred Hoyle, behaupten, daß es überall im Universum Leben geben kann, in zahllosen Galaxien, wo die Bedingungen herrschen, die Voraussetzung sind, daß sich unweigerlich immer wieder Leben entwickeln muß (Fred Hoyle: *Das grenzenlose All*. Kiepenheuer & Witsch, Köln-Berlin 1957). Das Leben gewann eine neue, nämlich die extraterrestrische Dimension.

Kosmische Uhren

Der Weg des Forschers scheint vorgezeichnet. Er braucht nicht mehr in der irdischen Isolation zu wirken, sondern sollte die Kräfte beschreiben, die das Leben und das Universum miteinander verbinden. Er sollte versuchen, die bisher unbekannten Einflüsse aus dem Weltraum zu entdecken. Ein völlig neuer Gedankengang hat sich wie ein Lauffeuer über die gesamte wissenschaftliche Welt verbreitet.

Professor G. Piccardi aus Florenz begründete eine eigenständige Wissenschaft: die kosmische Chemie. In den Reagenzgläsern in seinem Laboratorium bewies er, daß chemische Reaktionen durch die Einwirkung des uns umgebenden Kosmos beeinflußt werden. Professor Frank A. Brown und seine Kollegen an der Northwestern University haben gezeigt, daß zahlreiche Tierarten die geheimnisvollen Botschaften »aufnehmen«, die von Sonne und Mond ausgehen. Sowohl der russische Biologe N. Schultz als auch der japanische Professor M. Takata haben merkwürdige, bisher unbekannte Beziehungen zwischen der Sonnenaktivität und dem menschlichen Blut bemerkt.

Stein für Stein wird ein neuer Wissenszweig aufgebaut, die Lehre von den kosmischen Uhren. Die Natur webte ein Netz unsichtbarer Fäden zwischen dem Kosmos und uns Menschen. Die Theorie eines »leeren« Kosmos und die Biologie der Isolation verschwinden von der Bildfläche. Der Kosmos ist weitaus stärker »gegenwärtig«, und die Sensibilität der Lebewesen diesem Kosmos gegenüber ist unendlich größer als man einst meinte. Die biologische Uhr des Menschen ist abhängig von den Uhren des Himmels.

Eine uralte Frage muß wieder aufs neue gestellt werden: Unterliegt unser Universum astrologischen Einflüssen? Allerdings erheben sich hier augenblicklich Bedenken. Diese kürzlich neu entdeckte Dimension des Menschen mit der Astrologie zu verbinden, erscheint wie ein plumper Zaubertrick, vergleichbar den grotesken Manipulationen eines Scharlatans.

Ein alter Gegenstand wissenschaftlicher Untersuchung

Scharlatane hat es immer gegeben. In diesem Buch beschäftigen wir uns nicht mit der volkstümlichen oder »Illustrierten«-Astrologie des 20. Jahrhunderts in all ihren Spielarten. Nach André Breton, dem surrealistischen Dichter, ist sie nichts anderes als eine prostituierte Form der Astrologie.

(Ein Beispiel für die Geringschätzung, mit der manche Vertreter der Populärastrologie ihre Anhänger behandeln: Nicht jeder kennt die genaue Stunde seiner Geburt. Diese Tatsache könnte den »Astrologen« einen Teil seiner Kundschaft kosten. Deshalb erhalten die Kunden eines Instituts für Computer-Horoskope in New York ein blaues Formular mit dem Hinweis: »Zeitpunkt der Geburt ... Falls nicht bekannt, legen wir unseren Berechnungen die Zeit 12 Uhr mittags zugrunde.« In einer anderen Auftragskarte, diesmal in Gelb, lesen wir: »Zeitpunkt der Geburt ... Erfolgt keine Zeitangabe, gehen wir von 6 Uhr morgens aus.« Man ist also nicht nur bereit, ein Horoskop zu erstellen, ohne die Stunde der Geburt zu kennen, sondern schreckt nicht einmal davor zurück, willkürlich irgendeinen Zeitpunkt zugrundezulegen.)

Der deutsche Historiker Franz Boll schrieb: »So fremd und fern die Astrologie uns heute sein mag: richtig begriffen, zeigt ihre Geschichte, daß der ungeheure Einfluß und vor allem die zähe Lebensdauer der Astrologie schließlich doch darauf beruht, daß sie ein Versuch war, alles Geschehen in Vergangenheit, Gegenwart und Zukunft aus mißverständlichen, aber unverbrüchlichen Naturgesetzen zu erklären ... Die Geschichte des

Sternglaubens im höheren Sinne ist ein einheitliches Gebilde; in keiner anderen Religion ist eine solche Einheitlichkeit der Vorstellungen über weiteste Gebiete der Erde hin festzustellen ... Christentum, Orient und Okzident – alles ist in diesem Glauben verbunden in einer großen Kontinuität des geistigen Lebens.« (Franz Boll: *Kleine Schriften zur Sternkunde des Altertums.* Koehler & Amelung, Leipzig 1950.)

Astrologie ist der Glaube an von den Planeten gesetzte Maßstäbe, eine Frage an das Schicksal. Astrologie ist ein sehr alter Gegenstand wissenschaftlicher Forschung. Am Anfang stand die Behauptung, daß das Leben des Menschen nicht zu trennen ist von den Bewegungen der himmlischen Mächte.

Die Priester der Chaldäer zeichneten vor viertausend Jahren ihre Erkenntnisse auf. Nachdem sie über lange Zeit hin hoch oben in ihren Türmen viele Stunden täglich Beobachtungen angestellt hatten, weit entfernt vom Staub der Städte und den Forderungen des gemeinen Volkes, beschrieben sie exakt die Bewegungen der Planeten.

In der klassischen Antike beschäftigten sich Philosophen wie Plato und Aristoteles und Astronomen wie der berühmte Ptolemäus von Alexandria mit der Astrologie. Das astrologische Werk des Ptolemäus, *Tetrabiblos,* ist als Folge seines *Almagest* entstanden, eines Buches über Astronomie, das seine Erklärung der Weltsysteme enthält. Im Mittelalter betätigten sich Alchimisten und Astrologen im allgemeinen eher als Doktoren oder Ärzte und weniger als Wahrsager. Zur Zeit der Renaissance studierten fast alle großen Geister Astrologie: Geronimo Cardano, Paracelsus, Tycho Brahe, Kepler. Anscheinend ist nichts von ihren astrologischen Studien erhalten geblieben. Sie streiften durch das Gestrüpp astrologischer Einflüsse, ohne irgendwelche Gesetzmäßigkeiten zu entdecken. Die Folgen ihrer fruchtlosen Bemühungen ließen nicht lange auf sich warten. Hatten Wissenschaftler bis zum 17. Jahrhundert das Studium der Astrologie für ebenso interessant und wertvoll gehalten wie das der Astronomie, kamen sie nun zu dem Schluß, daß sie sich einer Selbsttäuschung hingegeben hatten.

Die Astronomie machte große Fortschritte. Ihre Entdeckungen wurden aufgezeichnet. Das geozentrische Weltsystem des Ptolemäus wurde von der heliozentrischen Theorie des Kopernikus verdrängt. Aber nach sechzehn Jahrhunderten gab es noch immer nichts, was die berühmte astrologische Schrift des gleichen Ptolemäus ersetzen konnte. In der Praxis richtete man sich noch immer blindlings nach den alten Grundsätzen. Die Astrologie wurde von den Universitäten verbannt, manchmal sogar gewaltsam, wie etwa in Frankreich, wo an der Akademie der Wissenschaften ihr Studium ausdrücklich verboten war. Der Einfluß der Sterne wurde von der »offiziellen« wissenschaftlichen Arbeit ausgeschlossen. Drei Jahrhunderte lang ruhte jedes ernsthafte Studium der Astrologie, wie Dornröschen, das auf seinen Prinzen wartet, der es zu neuem Leben erweckt.

Die schwierige Grenzüberschreitung

Die Astrologie ist tot, behaupten die Wissenschaftler. Sie ist nie lebendiger gewesen, sagen die Leser der Horoskope. Wir wollen versuchen, einen Weg zu finden zwischen dem Glauben der Anhänger der Astrologie und der Skepsis der Wissenschaftler. Wir wollen versuchen, den *Beweis* zu erbringen, daß die Astrologie für die Welt von heute von Nutzen und Wert ist. Gelingt uns das nicht, gilt weiterhin der Ausspruch des Historikers Bouché-Leclercq: »Die Astrologie ist ein Glaube, der die Sprache der Wissenschaft spricht, und eine Wissenschaft, die ihre Rechtfertigung nur in den Prinzipien des Glaubens findet.«

Wer wird die Wissenschaftler davon überzeugen, daß das Studium der Astrologie eine ernsthafte Beschäftigung sein kann? Wer kann die Astrologen dazu bringen, ihren Glauben an den Einfluß der Sterne und den Wert und Nutzen von Horoskopen in Frage zu stellen? Wer wird den Versuch unternehmen, zwischen diesen beiden scheinbar unvereinbaren Gegensätzen eine Brücke zu schlagen?

Kurz vor seinem Tod schrieb C.G. Jung sinngemäß: »Die

Kulturbanausen glaubten bis vor kurzem, daß sich die Astrologie seit langem erledigt hat und etwas ist, worüber man ruhig lachen kann. Aber heute erhebt sie sich aus den gesellschaftlichen Niederungen und klopft an die Tore der Universitäten, aus denen sie vor mehr als dreihundert Jahren verbannt wurde.«

Der so lange erwartete Augenblick scheint gekommen. Voraussetzung ist, daß Kepler mit seiner Behauptung recht behält: »Soll also niemand für unglaublich halten, daß aus der astrologischen Narrheit und Gottlosigkeit nicht auch ein nützliches Wissen gefunden werden könne.«

2. Kapitel

Die Wiederentdeckung der Planeten

Werden wir eines Tages von einer »Physiologie« des Sonnensystems sprechen?

Innerhalb von zehn Jahren hat die Technologie die astrophysikalischen Theorien revolutioniert. Heute erscheint uns das Sonnensystem wie ein gewaltiger Kosmos, in dem die Planeten die Rolle voneinander abhängiger Himmelskörper spielen. Sie üben einen wechselseitigen Einfluß aufeinander aus, und selbst die Sonne, der Mittelpunkt unseres Systems, wird durch sie berührt. Unsere Erde spürt die Wirkung der Bewegungen anderer Planeten, die Auswirkung ihrer Masse, ihrer Strahlungsemissionen oder Radiowellen und ihres Magnetschweifs. Auch die Satelliten, die um diese Planeten kreisen, werden davon beeinflußt. Diese »physiologische« Sicht unseres kosmischen Umfeldes folgt den uralten Vorstellungen von einem Universum, in dem die Planeten die wichtigste Rolle spielten.

»Im Laufe der Jahrhunderte gab es bei der wissenschaftlichen Erforschung der Planeten Höhepunkte und Tiefpunkte. Heute hat das Interesse an diesen Himmelskörpern einen Höhepunkt erreicht. Zwei Faktoren sind die Ursache: Der Beginn des Raumzeitalters und eine bessere Kenntnis unseres eigenen Planeten, der Erde.« Das schrieb Professor S.K. Runkorn, Direktor der School of Physics an der Universität von Newcastle.

Nach Sonne und Mond waren die Planeten die ersten Himmelskörper, die die Phantasie der Beobachter in der Antike fesselten. Chaldäische Priester nannten die Planeten »Wildziegen«, da sie sich ständig zwischen den zahmen, ruhigen Herden der Fixsterne hin- und herbewegten. Aus den Beobachtungen der Chaldäer wurde die Astronomie geboren, aber auch die gesamte Mythologie, die auf den Erscheinungen der Planeten beruht. Der rötlich leuchtende Mars wurde zum Gott des Krieges, und Saturn, der langsam am fernen Rand des Horizonts aufsteigt, galt als Wohnsitz des Titanen Kronos, der von seinem Sohn Zeus gestürzt wurde.

In jenen Tagen betrachtete man die Planeten, so ist uns von den frühen Beobachtern des Himmels überliefert, als die Beherrscher des Universums. Die Jahrhunderte vergingen, und durch Kopernikus veränderte sich die Stellung der Planeten, sie wurden zu »Untertanen« der Sonne. Kepler erklärte die Gründe für ihre anscheinend so kapriziösen Bahnen. Schließlich ging mit Newtons Himmelsmechanik ihr geheimnisvoller Zauber vollständig verloren.

Zu Beginn dieses Jahrhunderts war das niemals endende planetarische Ballett bis in seine kleinsten Schritte und Funktionen von den Astronomen erforscht. Die Planeten schienen nichts als fügsame Diener zu sein. Den Himmelskörpern, von denen wir nichts wissen, wie noch Voltaire die Planeten nannte, sprach man inzwischen jeden Einfluß ab. In diesem mechanischen Universum übten nur die festgelegten Bahnen der Planeten um die Sonne einen kaum merklichen Reiz auf eine Welt aus, die umgeben ist von interstellarer Leere. Aber die vom Menschen ausgesandten künstlichen Satelliten haben gezeigt, daß diese »Leere« nicht lediglich leerer Raum ist. Sie ist vielmehr durchzogen von zahlreichen Energiefeldern, zu denen die Planeten und deren Satelliten eine enge Verbindung haben.

Piratensender

Im Frühling 1955 fingen die Astronomen Burke und Franklin eine »Piraten-Radiosendung« auf, die vom Jupiter kam. Warum »Piratensendung«? Weil diese Radiowellen nicht als Folge der Erwärmung dieses Planeten durch die Sonne zu erklären sind, doch ihre Quelle war unzweifelhaft der Jupiter. Zuerst entdeckte man, daß kurze Wellen in einer raschen Folge von heftigen Ausbrüchen ausgestrahlt werden. Dann entdeckte im Jahre 1958 Sloanaker, daß der Jupiter auch lange Wellen aussendet.

Diese Emissionen bezeichnete man als »superthermisch«. Später verfolgten Wissenschaftler ihre Spur und stellten fest, daß sie von einem riesigen Strahlungsgürtel ausgehen, der den Planeten umgibt. Inzwischen haben Radioastronomen mit Hilfe wesentlich empfindlicherer Empfangsgeräte Radiowellen von allen Planeten aufgefangen, vom Merkur bis zum Saturn.

Wir wollen aber wieder zum Jupiter zurückkehren. Die Beobachter bemerkten sehr bald starke Schwankungen in den von diesem Planeten ausgehenden Radiowellen. Die Aktivität des Jupiter veränderte sich von Zeit zu Zeit. Von 1954 bis 1958 wurde sie geringer, danach stieg sie wieder an. A. Smith, G. Lebo und T. Carr entdeckten, daß diese Schwankungen genau entgegengesetzt der Sonnenaktivität verlaufen.

Weit davon entfernt, vollkommen unveränderlich zu sein, wie man in früherer Zeit glaubte, zeigt die Sonne Veränderungen, die in Beziehung zur Erscheinung der Sonnenflecken stehen. Ihre Intensität folgt einem Zyklus von elf Jahren. Fünfeinhalb Jahre nimmt die Zahl der Flecken zu, während der folgenden fünfeinhalb Jahre wird sie wieder geringer. Im Jahre 1954 zeigte die Sonne sehr wenig Flecken und befand sich in einer ruhigen Periode. 1958 war sie in einer Periode erhöhter Aktivität. Die Jupiterstrahlung scheint am stärksten zu sein, wenn die Sonnenfleckenaktivität am geringsten ist. Es ist, als ob die Sonne dem Jupiter nur während ihrer eigenen relativ ruhigen Perioden erlaubte, sich bemerkbar zu machen. Nach Ansicht der Wissenschaftler treffen die vom Jupiter ausgehenden Radiowellen auf ein Magnetfeld, das durch die Sonnenaktivität verursacht wird.

Wir können Jupiter und Sonne mit zwei einander entgegenwirkenden Zahnrädern vergleichen. Die Beschleunigung des einen bremst das andere ab und umgekehrt. In diesen Rädern kann sich aber auch gelegentlich ein Sandkorn verfangen. Dieses »Sandkorn« tritt in unserem Falle in der riesigen Gestalt von Jo in Aktion, einem der Jupitermonde. Jo stört die »Piratensendung«, die wir vom Jupiter empfangen. Nach dem Astrophysiker E.K. Bigg aus Sydney, der diese Entdeckung 1964 machte, entsteht die Störung, sobald Jupiter und sein Satellit Jo in einem bestimmten Winkel zueinander stehen. Wie muß nun dieser Winkel, von der Erde aus gesehen, sein, damit die Radiowellen des Jupiter unseren Planeten ungehindert erreichen? Um diese Frage zu beantworten, müssen wir Berechnungen über die Konjunktion des Satelliten mit dem Planeten anstellen. (Eine Konjunktion ergibt sich, wenn die beiden Himmelskörper uns so erscheinen, als ob sie in einer geraden Linie hintereinander liegen). Eine plötzliche Zunahme der Jupiteraktivität wurde beobachtet, wenn Jo, von der Erde aus gesehen, soweit wie möglich vom Jupiter entfernt ist, entweder rechts oder links. In der Sprache der Wissenschaft heißt das, wenn Jo die maximale östliche oder westliche Elongation erreicht hat. Unter Elongation versteht man den größten Winkelabstand, in dem zwei Himmelskörper von der Erde aus zu sehen sind. Biggs schließt daraus: »Der Satellit bewirkt durch seinen Umlauf um Jupiter eine Modulation der Radiowellen-Aktivität.«

Der von Jo ausgeübte Einfluß bezieht sich auf die Gravitation. Diese Annahme scheint sich zu bestätigen durch die Anwesenheit eines anderen Einflusses auf die Jupiteraktivität durch zwei weitere seiner Monde, Europa und Ganymed. Diese Amplitudenmodulation ist allerdings weniger stark ausgeprägt; das gleiche gilt auch für ihren Einfluß auf die Gravitationsschwankungen.

Das Sonnensystem erscheint wie ein organisches Wesen. Innerhalb des früheren interstellaren »leeren« Raumes findet tatsächlich ein ständiger Austausch von Energie und Materie zwischen der Sonne, den Planeten und deren Satelliten statt.

Der Gedanke, daß die Aktivität eines Planeten von der Sonne abhängt, ist leicht einzusehen. Es gibt aber auch Beispiele, wo der Fall genau umgekehrt liegt und die Sonne selbst von den Planeten beeinflußt wird. Genau wie eine Art Gezeitenwirkung der Jupitersatelliten dessen Aktivität beeinflußt, so kann ein planetarischer Gezeiteneffekt die Sonnenaktivität beeinflussen.

Die planetarischen Gezeiten

Im Jahre 1966 legte der Astronom Michel Trellis vom Observatorium in Nizza der Akademie der Wissenschaften drei wissenschaftliche Untersuchungsergebnisse zu diesem Thema vor. Trellis berechnete zuerst die Gravitationswirkung der Planeten auf die Sonne und im besonderen die Wirkung der Venus, die sich in relativer Nähe befindet, sowie die Wirkung des Jupiter, der eine besonders große Masse besitzt. Seine Kalkulationen zeigten, daß die Sonne, eine gigantische gasförmige Masse, deren Form auf Grund dieser Eigenschaft zu verändern ist, dem Einfluß planetarischer Gezeiten unterworfen ist. Diese Gezeiten sind allerdings von äußerst geringer Stärke. Wenn wir die Wirkung der sechs Planeten zusammennehmen, beträgt die Schwankung höchstens einen Millimeter. Das genügt jedoch, um erkennen zu lassen, daß die Ausdehnung der Sonnenflecken von der Position der Planeten abzuhängen scheint. Die Ausdehnung der Sonnenflecken verändert sich mit den Gezeiten. Diese Wirkung wurde über einen sehr langen Zeitraum beobachtet, nämlich von 1879 bis 1954.

Trellis zeigte auch, daß ein Zusammenhang besteht zwischen der Anzahl der aktiven Herde der Sonnenoberfläche und der Position der Planeten. Ein solches aktives Zentrum ist ein Gebiet auf der Sonne, in dem eine intensive Aktivität beobachtet werden kann. Die Anzahl der aktiven Zentren erhöht sich, wenn die planetarische Gezeit stärker wird. Trellis will damit keineswegs sagen, daß die Positionen der Planeten die Ursache der Sonnenaktivität sind, denn diese Aktivität wird zweifellos durch eine Veränderung im internen Magnetfeld des Himmelskörpers hervorgerufen. Aber er schrieb: »Wir können annehmen, daß planetarische Einflüsse eine Modulation der Aktivitäten herbeiführen, die ihrem Ursprung nach spezifisch solar sind.«

Ein anderes Beispiel für den Einfluß der Planeten auf die Sonne stammt von unserem eigenen Planeten. Im Jahr 1951 erteilte man J.H. Nelson, Ingenieur bei der Rundfunkgesellschaft RCA, den Auftrag, die Qualität des Empfangs der Sendungen zu untersuchen, die von dieser Gesellschaft ausgestrahlt wurden. Seit langem war bekannt, daß die Qualität von der Aktivität der Sonnenflecken abhing. Eine Untersuchung der Zusammenhänge zwischen Sonnenaktivität und Qualität des Rundfunkempfangs hatte jedoch für bestimmte Faktoren keine ausreichende Erklärung gebracht.

Nelson hatte die Vorstellung, daß die heliozentrische Position der Planeten, das heißt, ihre Stellung im Verhältnis zur Sonne, eine solche Erklärung bringen könnte. Nach verschiedenen Untersuchungen schloß er seine Arbeit wie folgt ab: »Die in diesem Observatorium seit 1946 durchgeführte Untersuchung hat eindeutig ergeben, daß Sonnenflecken nicht allein verantwortlich sind für die Schwierigkeiten, die sich in bezug auf die Qualität des Rundfunkempfangs ergeben. Es ist ganz klar, daß zusätzlich zu den Sonnenflecken noch andere Kräfte eine Rolle spielen. Deshalb ist es notwendig, einen neuen Zugang zu suchen. Das Studium der Planeten als eine neue Möglichkeit zur Analyse der Übertragung von Radiowellen hat ermutigende Resultate gebracht. Eine nähere Untersuchung ist angezeigt. Eine hochentwickelte Technik zur langfristigen Voraussage von Interferenzen, die auf Planetenbewegungen zurückzuführen sind, hätte den Vorteil, solche Überlagerungen auf weite Sicht vorauszuberechnen, da die Bewegungen der Planeten genau bekannt sind.«

Nach Nelson ist die Beeinträchtigung des Radioempfangs am schlimmsten, wenn die Planeten in folgender Beziehung zur Sonne stehen: Entweder im rechten Winkel (90 Grad), in Konjunktion (0 Grad) oder in Opposition (180 Grad).

Magnetschweife

Welche Erklärung gibt es für die engen Zusammenhänge zwischen Planeten, Sonne und Satelliten? Lange Zeit betrachtete man die Planeten als winzige Körper aus relativ dichter Materie im Vergleich zur Unendlichkeit des Weltraums. Der Einfluß eines Planeten schien auf seine Atmosphäre beschränkt zu sein. Jenseits dieses Bereichs herrschte die sogenannte Leere des Weltraums. Wir wissen heute, daß es keine interplanetarische Leere gibt. Sie ist erfüllt von winzigen Partikeln und elektromagnetischen Wellen. Manches kommt aus fernen Galaxien, aber der größte Teil der Materie stammt von den Himmelskörpern des Sonnensystems. Von der Sonne geht zusätzlich zu ihrer heftigen, sporadisch auftretenden Aktivität ein beständiger Strom von Protonen und Elektronen aus. Diese Erscheinung wird als Sonnenwind bezeichnet. Dieser Sonnenwind, eine Art gasförmige Erweiterung der Sonnenatmosphäre, für die keine genaue Abgrenzung festgesetzt werden kann, erstreckt sich bis über die Erdumlaufbahn hinaus, so daß also die Erde in gewisser Weise innerhalb der Sonnenatmosphäre liegt.

Um 1950 entdeckte der Astrophysiker I. Biermann den Sonnenwind, als er sich mit dem Geheimnis der Kometenschweife beschäftigte. Diese Schweife erstrecken sich immer in die der Sonne entgegengesetzte Richtung. Biermann bewies, daß der Sonnenwind für dieses Phänomen verantwortlich ist, denn er bewirkt, daß die vom Kometen ausgehenden Gase hinter seinen Kern gedrückt werden.

Künstliche Satelliten haben uns übermittelt, daß auch die Planeten einen Schweif hinter sich entfalten. Man bezeichnet ihn als Magnetschweif. Man führt das Entstehen auf ein Zusammenwirken des Solarwindes mit den magnetischen Feldern der Planeten zurück. Die magnetischen Kraftfelder werden an der der Sonne zugewandten Seite zusammengepreßt, nicht aber auf der entgegengesetzten Seite. Daher folgt allen Planeten, besonders auch der Erde, ein langer magnetischer Schweif in sonnenabgewandter Richtung.

Dessler hat errechnet, daß sich der Magnetschweif der Erde mindestens über die zwanzigfache Erde-Mond-Entfernung erstreckt. Die magnetischen Schweife der anderen Planeten dürften im Verhältnis ebenso weit in den Raum hineinreichen. Nach Norman Ness vom Goddard-Raumfahrt-Center kann jeder Planet, insbesondere aber die Erde, mit einem Kometen verglichen werden. Dabei gilt die Erde als der Kern des Kometen (Nukleus), und der magnetische Schweif als der Kometenschweif, wie wir ihn bei vorbeiziehenden Kometen gelegentlich am Nachthimmel beobachten können. Auch der Mond besitzt einen magnetischen Schweif. Er wurde zum erstenmal am 4. Dezember 1963 von dem künstlichen Satelliten IMPI registriert. Seine Länge beträgt mindestens das 150fache des Mondradius.

Die Entdeckung der Magnetschweife könnte vielleicht eine »physiologische« Erklärung für eine große Zahl neuer rätselhafter Beobachtungen darstellen. G. Atkinson registrierte einen relativen Rückgang des Erdmagnetismus während der Vollmondzeiten. Eine mögliche Erklärung wäre, daß zu diesen Perioden der Mond den Magnetschweif der Erde durchquert. Es gibt aber auch einen entsprechenden Zeitraum relativer Ruhe an den Tagen, an denen eine Venuskonjunktion auftritt. In dieser Zeit liegt dieser Planet auf einer geraden Linie zwischen Sonne und Erde. J. Houtgast vertritt die nicht unwahrscheinliche Theorie, daß die Venus den Sonnenwind abhält. Eine weitere relativ ruhige Periode gibt es, wenn Mars und Jupiter in Opposition stehen (das heißt, wenn die Erde im Verhältnis zu diesen Himmelskörpern die gleiche Position einnimmt, wie der Mond während einer Sonnenfinsternis im Verhältnis zur Erde).

Der stumme Tanz, den die Planeten um die Sonne und die Satelliten um ihre Planeten aufführen, ist eine äußerst komplizierte und lebhafte Bewegung. Durch diese »kosmische« Betrachtung des Sonnensystems erkennen wir Beziehungen, die immer bestanden haben, die wir bisher aber nicht wahrzunehmen vermochten, weil uns dazu die Mittel fehlten. Auf alle, die auf diesem Gebiet weiterforschen, warten viele Überraschungen.

Erstes Zwischenspiel

Ludwig XIV., der »Sonnenkönig«

Wir kennen die genaue Geburtszeit des Mannes, der der größte französische Monarch wurde. In Saint-Germain-en-Laye wartete der Hofastrologe Morin de Villefranche auf der Schloßterrasse auf die Bekanntgabe des ersten Schreies des königlichen Kindes, während Anna von Österreich noch in den Wehen lag. Die Entbindung dauerte lange und war sehr schwer. Es war das erste Kind der Königin. Endlich konnte man Morin mitteilen, daß das Kind soeben das Licht der Welt erblickt hatte. Es war der 5. September 1638, elf Minuten nach elf Uhr vormittags.

Dieses Kind sollte mehr als ein halbes Jahrhundert mit absoluter Macht regieren. Zum König geboren, brachte es bereits ein königliches Temperament mit: eine glückliche Kombination von Schicksal und Charakter. »In ihm steckt das Zeug für vier Könige«, sagte sein Minister Mazarin. Einige Tage vor seinem Tod rief Ludwig XIII. den damals fünfjährigen Dauphin zu sich und fragte ihn nach seinem Namen. »Ich bin Ludwig XIV.«, antwortete das Kind. »Noch nicht, mein Sohn, noch nicht«, sagte der Sterbende. Dieser Prinz war begierig, die Krone zu tragen, und, wie er in seinen Memoiren schrieb, »das königliche Handwerk« auszuüben, das er als wichtig, edel und wunderbar empfand. Sobald er die Macht übernommen hatte, bekräftigte Ludwig XIV. seine Autorität. »Ich mußte dafür Sorge tragen, daß ich der alleinige Herrscher war, daß die Menschen Gunst und Gnade allein von mir erwarteten ... ohne daß meine Autorität in irgendeiner Weise Schaden nahm.« Sein Außenminister Hugues de Lionne schrieb 1669: »Sobald unser Herrscher alt genug war, um selbst zu regieren, übernahm er vollständig die Macht, ohne sie im geringsten mit irgend jemandem zu teilen.« Ludwig XIV. selbst schrieb: »Es lag nicht in meinem Interesse,

Männer von hohem Rang zu konsultieren. Ich mußte vor allem meinen eigenen Ruhm begründen und der Öffentlichkeit schon durch die Herkunft der von mir ausgewählten Männer deutlich machen, daß es nicht meine Absicht war, meine Autorität mit ihnen zu teilen.«

Welches war die beherrschende Charaktereigenschaft dieses Königs »von nur durchschnittlicher oder sogar mäßiger Intelligenz«, der eine recht unbefriedigende Erziehung genossen hatte? Es war der Stolz, ein leuchtender Stolz. Ruhm, Ehre, Erhabenheit und Würde, das sind die Worte, die sich in seinen Memoiren immer wiederholen. Dieser Stolz, den seine auswärtigen Siege noch steigerten, kannte keine Grenzen. Der König, der sich selbst für unfehlbar hielt, verlor in Europa durch seine übermäßige Arroganz beträchtlich an Einfluß. Niemand hat aber jemals seine Absichten in Frage gestellt, seine Leistungsfähigkeit, oder seine fachliche Kompetenz.

Von 1671 an residierte der König im Schloß von Versailles, das er mit großem Aufwand gebaut hatte. Der ganze Hof, der gesamte königliche Haushalt, lebte in Versailles. »Es gibt nichts, das wunderlicher oder affektierter wäre als das Leben am Hofe ... da der Staat sich in den königlichen Personen verkörpert, wird die Residenz des Souveräns zu einem wesentlichen Instrument der Regierung. Ihre Rolle besteht darin, die Menschen zu blenden und in ihnen nicht nur Ehrgeiz zu wecken, sondern ihnen gleichzeitig Hoffnung zu machen, ihn befriedigen zu können. Der Hof dient dazu, daß sich alles um den König sammelt, daß sich die mächtigsten und gefährlichsten Männer unter seine Aufsicht begeben, damit ihm die Kräfte zur Verfügung stehen, die seinen Willen ausführen.«

Bei Hof hielt der König streng auf Etikette. Die Zeremonie des Lever, des Aufstehens am Morgen, und das Coucher, das Zubettgehen, verlief nach festen Regeln. Sobald der König um acht Uhr morgens erwachte, mußten sich die engste Familie, die Ärzte und Diener, im Schlafzimmer versammeln. Nach und nach wurden die Minister, die Kammerherren, die Prinzen von königlichem Geblüt und die Vertreter des Adels eingelassen und sahen zu, wie der König sein Gebet sprach oder seine Schuhe anzog. Es wurde auch noch als Privileg angesehen, zuletzt mit zusammen etwa hundert Menschen zu beobachten, wie der König seine Toilette beendete.

Der König sorgte immer dafür, daß ihn Glanz und Glorie umgab und er selbst im Mittelpunkt stand. Er dinierte gegen zehn Uhr zusammen mit der Königin im Kreise einer großen Versammlung von Damen und Hofleuten. Ging er zu Bett, geschah das nach dem gleichen Zeremoniell, das am Morgen zelebriert wurde. Das Ereignis fand immer sehr spät in Gegenwart weniger besonders Privilegierter statt. Selbstverständlich waren bestimmte Tage und Stunden für die Amtspflichten, für Jagdgesellschaften, Konzerte, Spiele und Festlichkeiten festgesetzt. Sehr oft wurden glänzende Feste veranstaltet. Hugues de Lionne bemerkte: »Der König sieht alles, hört alles, entscheidet alles, lenkt alles und arbeitet stets acht Stunden täglich an seinen Staatsgeschäften.«

Er war ein starker Esser und großer Jäger, hatte zahllose Geliebte, die ihm etwa zwanzig illegitime Nachkommen schenkten. Er identifizierte sich vollkommen mit dem Staat: »Der Staat bin ich.« Alles an ihm war würdevoll und majestätisch, sogar seine Kopfhaltung. Jede seiner Gesten und Gebärden war sorgsam überlegt. Außerdem war er eitel. Er ließ zu seinem eigenen Ruhm Hunderte von Portraits und Büsten herstellen. Da gibt es Ludwig XIV. in seinen königlichen Gewändern, Ludwig XIV. als römischen Kaiser und als »Sonnenkönig«, sein Spitzname, unter dem wir ihn heute noch kennen. Als er am 1. September 1715 um acht Uhr morgens starb, hatte er zweiundsiebzig Jahre lang regiert.

»Kein anderer Prinz hätte sich besser für die Rolle eines majestätischen, glorreichen Königs geeignet als dieser Nachkomme der Habsburger und Kapetinger. Ein angeborener Sinn für Würde, die Kunst, sich einer eleganten Sprache zu bedienen, das untrügliche Gefühl für die richtigen Worte, eine großartige schauspielerische Begabung und ein gewisser Mangel an Sensibilität, der niemals ruhende Argwohn, die absolute Überzeugung, immer im Recht zu sein, eine ausgezeichnete Gesundheit und ein unersättlicher Appetit sind die Eigenschaften, die diesem Monarchen zugeschrieben werden, den Paris offiziell Ludwig den Großen nannte und für den die Intellektuellen, die seine Akademien füllten, das Wort prägten: ›Nec pluribus impar‹. Sie wollten damit zum Ausdruck bringen, daß es wohl nichts und niemanden gab, dem Ludwig XIV. nicht gewachsen war.«

Ein Beispiel beruflichen Erfolgs

Bietet die Geburtsstunde Ludwig XIV. eine Erklärung für seinen »königlichen« Charakter, seinen Ehrgeiz, sein Selbstbewußtsein, seine Autorität, also für all die Eigenschaften, die notwendig sind, wenn ein Mann an der Spitze eines Staates Erfolg haben soll, ganz unabhängig von seinen politischen Ansichten und seiner Herkunft?

Als der zukünftige Ludwig der Große am Morgen des 5. September 1638 um elf Minuten nach elf seinen ersten Schrei ausstieß, stieg der Planet Jupiter eben am Horizont über dem Schloß Saint-Germain auf. Wir haben mehr als eintausend Geburtsdaten und -stunden bekannter Politiker gesammelt und dabei entdeckt, daß sie häufiger als andere Menschen geboren wurden, als Jupiter gerade am Horizont erschien. Man könnte also sagen, der künftige Ludwig XIV. wurde zu einer Stunde geboren, die günstig für alle ist, die sich an führender Stelle mit Staatsgeschäften befassen wollen.

Wir möchten in diesem Buch zeigen, daß dieser Mann, der sogenannte Sonnenkönig, eigentlich ein »Jupiterkönig« war. Aber welche geheimnisvollen Kräfte besitzt dieser Planet, daß er die Menschen fördern kann, die nach wichtigen Positionen im Staat streben? Allgemeiner ausgedrückt: Was bringt uns dazu, an den Einfluß eines Planeten auf das Leben der Menschen zu glauben? Am Beispiel Ludwig XIV. wird diese Frage ganz deutlich. Sein Fall ist jedoch nicht allein von wissenschaftlichem Wert, denn die Tatsachen sind gar nicht so eindeutig, wie es auf den ersten Blick den Anschein hat.

3. Kapitel

Ein Klümpchen Gold

Wir wollen uns einmal vorstellen, daß wir auf dem Deck eines Schiffes spazierengehen. Die Nacht ist klar und das Meer ruhig. Über uns sind die Sternbilder zu erkennen, deren Namen uns geläufig sind: Der Große Bär, der Kleine Bär, der Drache, Herkules, Orion ... Oft können wir auch neben all den Sternen den Mond und die Planeten sehen. Da die Planeten der Erde beträchtlich näher stehen, erscheinen sie im allgemeinen heller als die meisten Fixsterne, obwohl sie viel kleiner sind.

Blicken wir nach Süden, können wir leicht die Planeten erkennen, die sich ständig in dem Abschnitt des Firmaments zeigen, in dem die Tierkreis-Sternbilder zu sehen sind. Durch ihren charakteristischen Glanz können wir die Planeten voneinander unterscheiden. So ist die Venus ein schöner Stern mit einem bläulichen, fast weißen, sehr hellen Licht. Mars ist von rötlicher Farbe, seine Helligkeit schwankt je nach seiner Entfernung von der Erde. Jupiter scheint immer in einem hellen Glanz, während Saturn, der weiter von uns entfernt und auch kleiner ist, eher etwas fahl erscheint. Aus diesem Grund machten ihn die frühen Himmelsbeobachter für einen großen Teil des Unheils auf der Erde verantwortlich.

Die Bewegungen der Gestirne

Es ist genau Mitternacht, und wir beobachten den Himmel. Wir sehen, wie Jupiter eben am östlichen Horizont aufsteigt, genau wie es zu der Stunde geschah, als Ludwig XIV. geboren wurde. Mars steht direkt über uns hoch oben am Nachthimmel, in Quadratur zu Jupiter. Der Mond geht gerade im Dunst des westlichen Horizonts unter. Natürlich können wir nicht in jeder beliebigen Nacht alle diese Planeten sehen. Manche stehen schon unter dem Horizont und sind deshalb nicht mehr sichtbar zu diesem Zeitpunkt.

Betrachten wir den Himmel in derselben Nacht vier Stunden später noch einmal, dann hat sich die Anordnung der Himmelskörper verändert. Sowohl der Mond als auch die Planeten haben sich in die gleiche Richtung und in den offenbar gleichen Abständen im Weltraum weiterbewegt. Hat sich beispielsweise der Große Bär nach Westen verschoben, dann steht Jupiter, der um Mitternacht gerade aufgegangen war, jetzt hoch am Himmel. Mars, der genau über uns war, ist gegen den Horizont abgestiegen. Der Mond ist ganz verschwunden und setzt seine Reise auf der anderen Seite der Erde fort. Die Venus ist dafür am Horizont erschienen und kündigt den Aufgang der Sonne an.

Was wir beobachtet haben, gilt für alle Himmelskörper. In der Tat handelt es sich dabei aber immer nur um scheinbare Bewegungen, denn in Wirklichkeit ist es ja die Erde, die sich in jeweils 24 Stunden einmal um ihre eigene Achse dreht, in stets unveränderlicher, gleichförmiger Bewegung. Wir wissen alle, daß die Erdrotation für den Wechsel zwischen Tag und Nacht verantwortlich ist. Alltäglich wiederholt sich das gleiche Phänomen. Der Mond, die Planeten und die Sternbilder gehen auf, erreichen ihren höchsten Punkt am Himmel und gehen schließlich, genau wie die Sonne, wieder unter. Aber jeder Himmelskörper folgt dabei seiner eigenen Regel, hat sozusagen seinen eigenen Stundenplan in Zeit und Raum.

Schon in frühesten Zeiten haben die Menschen beobachtet, daß von einem Tag zum andern die Himmelskörper des Sonnensystems nicht genau zur gleichen Stunde aufgehen. Die Veränderung erfolgt allmählich, sehr langsam, aber beständig. Die Sonne geht nicht jeden Tag im gleichen Augenblick auf. Das ist der Grund, weshalb Tage und Nächte im Laufe eines Jahres von unterschiedlicher Länge sind. Was geschieht mit den anderen Himmelskörpern? Geht der Mond an einem Tag um 23 Uhr auf, wird er am nächsten Tag um Mitternacht erscheinen und am folgenden Tag gegen 1 Uhr nachts. Bei den Planeten ist die Zeitverschiebung von einem zum nächsten Tag wesentlich geringer als beim Mond. Erscheint zum Beispiel der Mars an einem Tag um 11 Uhr vormittags, so geht er am nächsten Tag um 10.56 Uhr auf.

Mit Hilfe der Himmelsmechanik können die Astronomen schon seit langer Zeit genau die Zeit vorausbestimmen, wann die Himmelskörper aufgehen, den höchsten Punkt erreichen und wieder untergehen. Ihre Berechnungen werden in den astronomischen Almanachen eines jeden Landes veröffentlicht (Ephemeriden). Nehmen wir einmal an, wir möchten das Verhalten des Mars am 24. Mai 1956 in Paris wissen. Wir müssen dann nur in einer französischen Gestirnstandstabelle für dieses Jahr nachsehen und werden erfahren, daß an jenem Tag der Mars um 0.44 Uhr aufging, daß er seinen Kulminationspunkt, den höchsten Punkt seiner Himmelsbahn, um 5.33 Uhr erreichte und um 10.22 Uhr unterging. So ist es möglich, für jeden Punkt der Erde exakt festzustellen, welche Position der Mond und die Planeten zu einem bestimmten Zeitpunkt einnahmen.

Gesetzt den Fall, am 24. Mai 1956 wurde ein Kind in Paris geboren. Wie war die Himmelsposition des Mars zur Zeit seiner Geburt? Kam das Kind um 1 Uhr nachts auf die Welt, dann wurde es geboren, als der Mars sich gerade eben am Horizont zeigte. Fand die Geburt um 6 Uhr morgens statt, dann hätte der Mars gerade seinen Kulminationspunkt am Pariser Meridian erreicht und war im Begriff, am Horizont abzusteigen.

In der wissenschaftlichen Arbeit können wir uns nicht mit unbestimmten Angaben über die Marsposition am Himmel zu einer bestimmten Stunde zufriedengeben. Um die Wahrscheinlichkeitsrechnung auf die Position dieses Himmelskörpers anzuwenden, müssen wir den Kreis seines täglichen Umlaufs in eine bestimmte Anzahl von Sektoren einteilen, die uns als Bezugspunkte dienen. So wurde, um unsere Untersuchung weiterzuführen, die tägliche Bewegung eines jeden Planeten in 36 Sektoren eingeteilt, die eine Art kosmisches Rouletterad bilden. Die einzelnen Sektoren sind von 1 bis 36 numeriert, beginnend bei dem Punkt, an dem der Himmelskörper aufgeht.

In dem Moment, in dem das Kind auf die Welt kommt, befindet sich jeder Himmelskörper des Sonnensystems in einem der 36 Sektoren dieses himmlischen Zifferblattes. Untersuchen wir nun eine Gruppe von 100 oder 1000 Geburten, können wir feststellen, wie oft ein bestimmter Planet in jedem Sektor auftaucht, also beispielsweise, wievielmal Mars in Sektor 1, in Sektor 2 bis zu Sektor 36 erscheint, genau wie wir am Spieltisch notieren können, wie oft die Zahlen bei jeder Drehung des Rouletterads aufeinanderfolgen.

Das astronomische Roulette

Wie oft erscheint normalerweise ein bestimmter Planet in jedem einzelnen Sektor? Wenn wir eine Gruppe normaler Geburten ganz zufällig aus den Wahllisten nehmen, wie wird der Mars über alle Sektoren seiner täglichen Bewegung auf die Zeiten dieser Geburten verteilt sein? Die Wahrscheinlichkeitsrechnung hat uns gelehrt, zwischen möglichen und unmöglichen Ergebnissen zu unterscheiden, denn auch der Zufall folgt bestimmten Gesetzen. Das Beispiel vom Roulette kann uns helfen, die Wirkung dieser Gesetze zu verstehen.

Lassen wir das Rouletterad 3600 mal kreisen und notieren wir jedesmal, welche Nummer erscheint, dann werden die 36 Zahlen des Rades fast gleich häufig auftauchen. »Fast« bedeutet, daß es wahrscheinlich geringe Schwankungen gibt, wie oft jede Nummer erscheint, daß sich diese Schwankungen aber im normalen Rahmen bewegen. Taucht die Zahl 1 etwa 110 mal auf und die Zahl 2 nur 90 mal, gilt das nicht als wesentliche Abweichung, auch ist nicht zu erwarten, daß sich dies regelmäßig wiederholt. Wir müssen einfach sagen, daß die Zahl 2 nicht soviel Glück hatte wie die Zahl 1, daß diese Situation aber nicht unveränderlich ist.

Wenn aber das »Glück« der Zahl 1 entgegen aller Wahrscheinlichkeit mehrere Tage lang anhalten würde, müßte es einen Grund für diese Beständigkeit geben. Es wäre sicher angebracht, den Kundendienst zu rufen und das Roulette wegen dieser offensichtlichen Fehlfunktionen überprüfen zu lassen. Aus diesem Grund wird in den Spielbanken jede Zahl des Rouletts, so wie sie erscheint, sofort aufgezeichnet. Man überprüft damit, ob die Anlage richtig funktioniert, denn das Spiel muß ja auf reinem Zufall beruhen.

Will man feststellen, ob ein Apparat, ein Ereignis oder ein Planet sich an die Spielregeln hält oder schwindelt, müssen sehr genaue, umfangreiche Tabellen angelegt werden. Ergeben diese statistischen Aufzeichnungen irgend etwas Ungewöhnliches, muß die Ursache festgestellt werden. Es gibt präzise mathematische Gesetze, die erkennen lassen, wann ein kritischer Punkt erreicht ist und welche Bedeutung das Problem hat.

Wir wollen uns jetzt wieder mit dem Mars beschäftigen und uns vorstellen, daß die 36 Sektoren seiner täglichen Bahn vergleichbar sind mit den 36 Zahlen auf dem Rouletterad, wobei der Mars der Kugel entspricht. Dann wählen wir auf gut Glück 3600 Geburtsdaten aus dem Wahlregister. Zu diesen Geburtsdaten gehören 3600 Positionen des Mars, die, wie bei 3600 Umdrehungen des Rouletterades die Kugel, vom Zufall gelenkt, jedesmal in irgendeinen der 36 Sektoren fallen. Als wir einmal ein derartiges Experiment durchführten, wurde nicht jeder Sektor genau hundertmal vom Mars besetzt, aber in keinem der Sektoren erschien dieser Planet ungewöhnlich oft oder auffallend selten. Wir führten ähnliche Experimente mit anderen Planeten des Sonnensystems durch. Die Resultate hielten sich durchwegs im Rahmen des »Normalen«.

Dieses Ergebnis war für uns noch einmal eine Bestätigung für die Zuverlässigkeit der von uns angewandten Methode. Danach gingen wir von dem durch Zufall bestimmten Personenkreis ab und wählten nur ganz bestimmte Daten aus, nämlich Geburtsdaten von Menschen, die in ihrem Beruf außergewöhnlichen Erfolg hatten. Sofort veränderte sich das Bild.

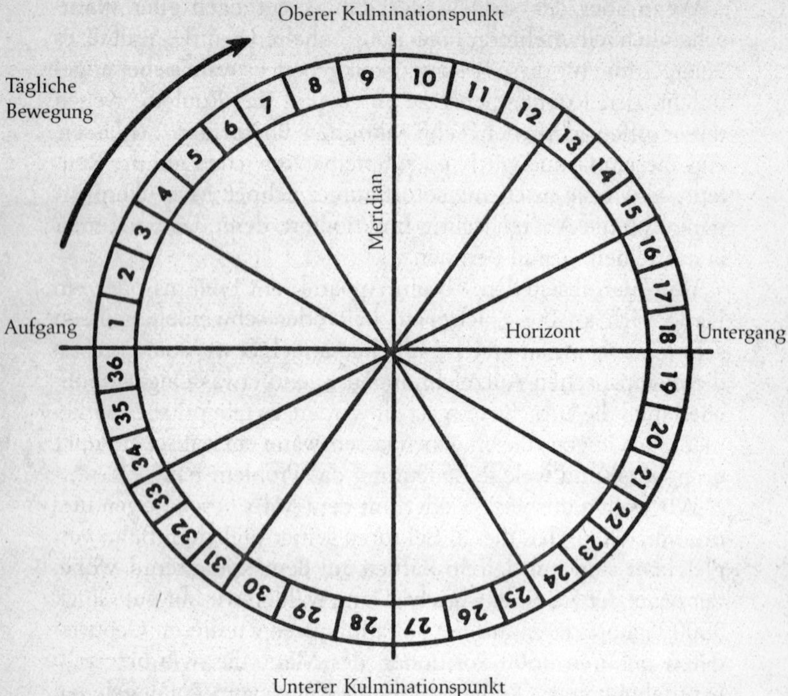

Diagramm 1

Das astronomische Rouletterad der täglichen Planetenbewegung.

Dieses Rouletterad wird bei den statistischen Untersuchungen der Gestirneinflüsse zur Geburtszeit verwendet. Die tägliche Bewegung des Planeten wird in sechsunddreißig Sektoren eingeteilt. Der erste Sektor beginnt direkt am Horizont, am Aufgangspunkt des Planeten.

Das Rouletterad dreht sich

Als wir die planetarische Position zur Zeit der Geburt von 576 französischen Medizinern untersuchten, wurden wir mit einer merkwürdigen Abweichung von der Norm konfrontiert. Bei der Gruppe dieser erfolgreichen Akademiker war die Häufigkeit bestimmter Positionen der Planeten plötzlich weit entfernt vom Normalen. Diese Ergebnisse konnten nicht mehr rein zufällig zustandegekommen sein; jeder Statistiker hätte sie als höchst bedeutsam angesehen.

Bei diesen Ärzten, die alle eine hervorragende Stellung erreicht hatten, schien eine seltsame Vorliebe für Geburtsdaten vorzuliegen, wenn Mars und Saturn sich gerade am Horizont zeigten oder aber im Meridian kulminierten. Was die Mediziner von den Normalbürgern unterschied, schien zu sein, daß sich bei ihnen Mars und Saturn besonders häufig in diesen Sektoren befanden. Das Rad des Schicksals gehorchte nicht mehr dem Prinzip des Zufalls. Es hatte diese Gruppe bevorzugt, während es sich im Falle des Mannes von der Straße ganz normal verhielt.

Wenn im Kasino die Zahlen, die unten am Rad liegen, häufiger erscheinen als die anderen, dann ist die Ursache dafür wahrscheinlich in einer leichten Neigung des Spieltisches zu suchen. Wenn der Mars bei der Geburt von Medizinprofessoren so oft in der Nähe des Aufgangspunktes erscheint, dann muß diese Anomalie, durch die das Gesetz des Zufalls widerlegt wird, genau untersucht werden. Vielleicht hatten wir selbst einen Fehler gemacht? Wir suchten danach, aber wir fanden keinen, und die Wissenschaftler, die wir in dieser Angelegenheit zu Rate zogen, konnten ebenfalls nichts entdecken. Alles mußte noch einmal nachgeprüft werden. Wir beschlossen, mit dem Experiment noch einmal von vorn zu beginnen, um zu sehen, ob sich das Phänomen wiederholte.

Wir untersuchten deshalb eine andere Gruppe von 508 hervorragenden französischen Ärzten. Nachdem die astronomischen Kalkulationen und Statistiken aufgestellt waren, mußten wir den Beweis akzeptieren. Genau wie bei der ersten Gruppe häuften sich die Geburtsdaten unerklärlicherweise um die Aufgangs- und Kulminationspunkte von Mars und Saturn. Es bestand unleugbar ein Zusammenhang zwischen der Geburt zu einer Zeit, wenn Mars oder Saturn aufgingen oder kulminierten und der Wahrscheinlichkeit, ein bekannter Arzt zu werden.

4. Kapitel

Die Sterne und der Erfolg

»Es gibt keine großen oder kleinen Nationen, es gibt nur große oder kleine Menschen.«
Victor Hugo

Es war notwendig, unsere verblüffenden Forschungsergebnisse näher zu untersuchen. Wir glauben, daß wir heute, nach mehr als zwanzigjähriger Arbeit, den Lohn für unsere Mühe ernten. Die bei den Medizinern beobachteten Eigentümlichkeiten haben uns die Augen für andere Phänomene geöffnet, die es ebenso wert sind, daß man sich weiter damit beschäftigt.

Die Beschaffung von Geburtsdaten

Wir beschlossen, die Daten bestimmter Personengruppen zu sammeln, zum Beispiel etwa von Schauspielern, Sportlern und Schriftstellern. Zu diesem Zweck mußten wir eine eigene Methode entwickeln. Die erste Schwierigkeit unseres Vorhabens bestand darin, daß wir unbedingt auch die genaue Stunde der Geburt brauchten, um die Planeten den richtigen Sektoren zuordnen zu können. Der genaue Zeitpunkt der Geburt wird im allgemeinen in den Unterlagen des Standesamtes am Geburtsort registriert. Nachdem wir das Problem erkannt und die Voraussetzungen untersucht hatten, beschlossen wir, unsere Erhebungen in fünf Ländern durchzuführen: in Belgien, Deutschland, Frankreich, Italien und den Niederlanden. Alle diese Länder gehören zur Europäischen Gemeinschaft, hier waren die Voraussetzungen für unsere Arbeit am günstigsten.

Nachdem wir den Bereich unserer Untersuchung festgelegt

hatten, suchten wir nach biographischen Veröffentlichungen, die uns die Geburtsorte und -daten von Menschen verschiedener Berufsgruppen liefern konnten. Wir stießen bei unseren Nachforschungen auf ungeheure Schwierigkeiten. Meine Frau und ich verbrachten zahllose Stunden in den Bibliotheken Europas. In manchen Fällen war echte Detektivarbeit nötig. Ein typisches Beispiel: Für unsere Untersuchungen über höhere Ränge der deutschen Militärführung im Zweiten Weltkrieg mußten wir erst einmal das kleine Dorf im Rheinland aufspüren, wo man die Archive der Wehrmacht untergebracht hatte. Danach erforderte es noch unsere ganze Überredungskunst, ehe uns der Zugang gestattet wurde.

Der nächste Schritt bestand darin, an die Standesämter in vielen Städten zu schreiben, um die genaue Geburtsstunde des von uns festgestellten Personenkreises zu erfahren. Um diese Information zu bekommen, mußten wir ein noch größeres Maß an Überzeugungskraft aufbringen, denn aus Gründen der Diskretion werden diese Daten nicht ohne weiteres jedem mitgeteilt, der sich dafür interessiert. Wer einmal den Versuch unternimmt, die genaue Geburtsstunde von Heinrich Himmler, dem Reichsführer der SS, aus dem Register seiner Heimatstadt zu erfahren, wird erst ganz ermessen, wie schwierig unser Unternehmen war. Aber die Behörden zeigten sich sehr verständnisvoll und erteilten uns die erforderlichen Genehmigungen.

Schließlich hatten wir mehr als 27 000 Geburtsdaten beisammen. Davon stammten 12 000 aus Frankreich, 7000 aus Italien, je 3000 aus Deutschland und Belgien und 2000 aus den Niederlanden. Sie erstreckten sich über einen Zeitraum von 1794 bis 1945, der größte Teil stammte jedoch aus der zweiten Hälfte des 19. Jahrhunderts und den frühen Jahren des 20. Jahrhunderts. Alle diese Informationen von den Standesämtern wurden in den Archiven unseres Labors registriert und dienen als Beweismaterial. Für jede Geburt gibt es eine dazugehörige numerierte Indexkarte, die alle biographischen und astronomischen Angaben enthält, die für eine statistische Analyse erforderlich sind. Von den 27 000 Geburtsdaten beziehen sich 16 000 auf bekannte

Persönlichkeiten. Bei den übrigen 11000 Personen handelt es sich um Menschen, die in den gleichen Berufen tätig sind, ohne jedoch vergleichbare Erfolge zu erzielen. Sie waren während der gleichen geschichtlichen Periode wie ihre berühmteren Zeitgenossen geboren und dienten uns als Kontrollgruppe. Unser Labor für die Untersuchung der Beziehungen zwischen kosmischen und psychophysiologischen Rhythmen veröffentlichte 1970 sechs Bände mit diesen Geburtsdaten.

Die in den Büchern enthaltenen Angaben zeigen, daß die Berühmtheiten im Gegensatz zu den unbekannten Personen unter ganz bestimmten Positionen des Mondes oder der Planeten Mars, Jupiter und Saturn geboren wurden. Die auffälligsten Resultate gab es, wenn einer dieser Planeten gerade eben aufgegangen war oder den Kulminationspunkt erreicht hatte. Die Kapazitäten in den verschiedenen Berufen »bevorzugen« oder »vermeiden« es, geboren zu werden, wenn bestimmte Planeten in diesen Bereichen des Himmels auftauchen. So gibt es neben Stunden, in denen sozusagen Hochbetrieb herrscht, auch ausgesprochene Flautezeiten. Diese Erscheinung ist so deutlich ausgeprägt, daß man sie nicht dem reinen Zufall zuschreiben kann.

Die lebhaften Stunden

Von den 3647 bekannten Ärzten und Wissenschaftlern waren 724 anstatt 626 (soviel hätten es theoretisch sein dürfen) nach Aufgang oder Kulmination des Mars geboren (siehe Tabelle I). »Nach Aufgang« entspricht den Sektoren 1, 2 und 3; »nach Kulmination« den Sektoren 10, 11 und 12. Jeder dieser Sektoren entspricht etwa zwei Stunden der täglichen Planetenbewegung. Die Wahrscheinlichkeit beträgt nur 1 zu 500000, daß der Zufall die Ursache für eine derart deutliche Häufung von Geburtsdaten in diesen Sektoren sein könnte. Aus der gleichen Gruppe von Wissenschaftlern waren 704 anstatt 598 Personen geboren, nachdem der Saturn eben aufgegangen war oder den Kulminationspunkt erreicht hatte. Die Wahrscheinlichkeit beträgt 1 zu 300000, daß dieses Ergebnis Zufall ist.

Zu den Wissenschaftlern, die unter dieser Planetenposition geboren sind, gehören die Nobelpreisträger für Physik Enrico Fermi, geboren in Rom am 29. September 1901 um 19 Uhr, und Henri Becquerel, geboren am 15. Dezember 1852 in Paris um 15 Uhr, sowie der Gewinner des Nobelpreises für Medizin Charles Richet, geboren am 26. August 1850 um 21.30 Uhr in Paris. Das gleiche gilt für viele andere große Ärzte wie etwa Charcot, Babinski usw.

In der Gruppe der 3438 berühmten Militärs findet man unverhältnismäßig häufig Jupiter und Mars in den Sektoren unmittelbar nach ihrem Aufgangs- oder Kulminationspunkt: Jupiter 703 mal anstatt 572 mal, Mars 680 mal anstatt 590 mal. Die Möglichkeit, daß diese Diskrepanz rein zufällig ist, beträgt in beiden Fällen weniger als 1 zu einer Million.

Beispiele von Heerführern, die geboren wurden, nachdem Mars aufgegangen war oder seinen Kulminationspunkt erreicht hatte: Marschall Pétain und Marschall Juin in Frankreich; Admiral Canaris, Chef der Gegenspionage, und Sepp Dietrich, Kommandeur der Waffen-SS in Deutschland. Unter dem Jupiter geboren sind Marschall Lyautey, General Jodl (wurde in Nürnberg gehängt), der italienische Marschall Badoglio, usw.

In der Gruppe der 2088 erfolgreichen Sportler herrscht allein der Mars, wie die Statistik überraschend eindeutig beweist. Mars befand sich 452 mal anstatt 358 mal am Aszendenten oder am Kulminationspunkt; das bedeutet eine Zufallswahrscheinlichkeit von 1 zu 5 Millionen.

Bei den 1409 bekannten Schauspielern war Jupiter 283 mal anstatt 235 mal in diesen Himmelssektoren zu finden. Die Wahrscheinlichkeit für den Zufall beträgt in diesem Fall 1 zu 1000.

Bei den 1003 Politikern wurde Jupiter nach Aufgang oder Kulmination 205 mal anstatt 167 mal verzeichnet; das bedeutet, daß die Wahrscheinlichkeit für einen Zufall 1 zu 100 ist. (Auch der Mond erscheint sehr häufig zum Zeitpunkt der Geburt von Politikern, doch sind die Auswirkungen dieser Konstellation nicht deutlich erkennbar und nachgewiesen.)

Bei den 1352 Schriftstellern erscheint sehr häufig der Mond

nach dem Aufgangs- oder Kulminationspunkt. Diese Position ergab sich 292 mal anstatt 225 mal. Statistisch gesehen könnte ein solches Ergebnis nur einmal unter 100 000 mal durch Zufall eintreten.

Bei den 903 Journalisten fanden wir Jupiter im Aufgangs- oder Kulminationspunkt 185 mal anstatt 150,5 mal. Die Wahrscheinlichkeit dafür: 1 zu 100.

Schließlich war bei den 202 Industriemanagern Mars nach Aufgang oder Kulmination 49 mal anstatt 34,6 mal vorhanden. Die Wahrscheinlichkeit für einen Zufall: 1 zu 200.

Die flauen Stunden

Abweichungen von der Norm gibt es jedoch nicht nur nach oben. Gelegentlich ist zu beobachten, daß ein Ereignis zu selten eintritt, als daß es reiner Zufall sein könnte.

Bei den 1473 großen Malern wurden Mars und Saturn selten nach dem Aufgangs- oder Kulminationspunkt gefunden. Mars registrierten wir nur 203 mal anstatt 253 mal, Saturn erschien nur 188 mal anstatt 238 mal. Die Wahrscheinlichkeit, daß dies dem Zufall zuzuschreiben wäre, beträgt in beiden Fällen weniger als 1 zu 200. Das gleiche Phänomen war bei 866 Musikern für den Planeten Mars zu erkennen (120 Geburten anstatt 149; Zufallswahrscheinlichkeit: 1 zu 30), und bei Schriftstellern und Journalisten in bezug auf den Saturn (nur 287 Geburten anstatt 338; Zufallswahrscheinlichkeit: 1 zu 500).

Ebensowenig kann der Zufall die ungewöhnlich geringe Anzahl von Wissenschaftlern und Ärzten erklären, die bei Aufgang oder Kulmination des Jupiter geboren wurden (nur 540 anstatt 602, oder 1 : 30, daß diese geringe Häufigkeit dem Zufall zuzuschreiben ist). Auch der Mond erscheint bei Sportlern und Soldaten relativ selten in diesen Sektoren, doch wird dem keine besondere Bedeutung zugemessen. Das gleiche gilt für den Planeten Jupiter in bezug auf Maler.

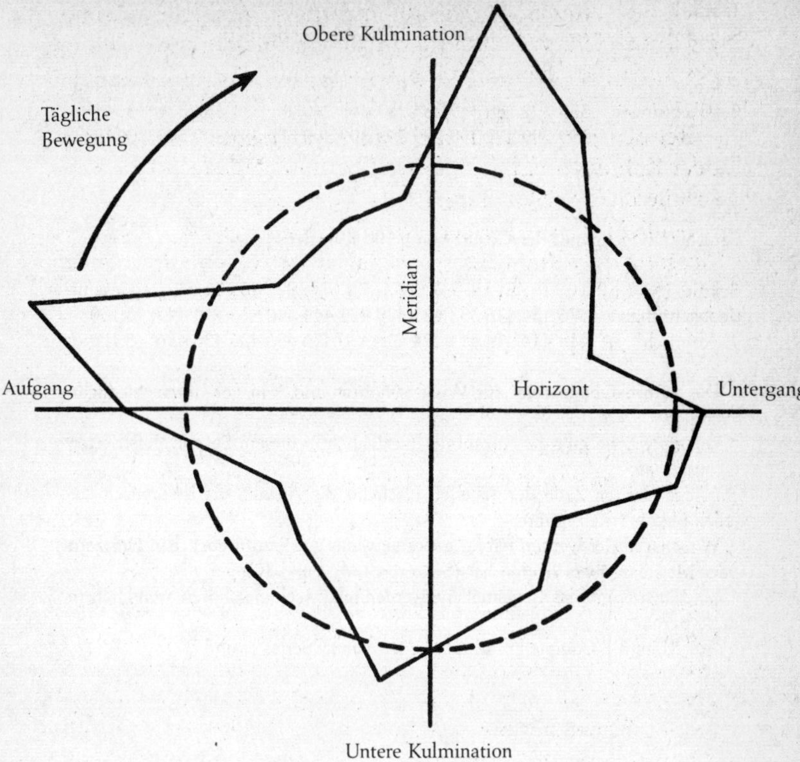

Diagramm 2

Der Einfluß der Planeten während ihrer täglichen Bewegung

Dieses »ideale« Schema ergab sich aus den aufgezeichneten Beobachtungen über die Geburt von erfolgreichen Vertretern ihres jeweiligen Faches. Es sind vier Zeiten maximaler Intensität zu erkennen: an den beiden Horizonten und an den beiden Meridianen. Der Moment, wenn der Planet soeben aufgegangen ist oder den oberen Kulminationspunkt überschritten hat, wirkt sich intensiver aus als der Zeitpunkt des Untergangs oder der untere Kulminationspunkt. Wir werden sehen, daß dieses Gesetz auch für die Temperamente und die kosmische Vererbung gilt.

Aus M. Gauquelin, *Les Hommes et les astres.*

Tabelle I
Saturn zum Zeitpunkt der Geburt von 3.648 Wissenschaftlern

Sektor	1	2	3	4	5	6	7	8	9	10	11	12	Gesamt
Beobachtungen	355	292	286	349	284	283	318	290	289	311	267	324	3648
Theoretisch	299	299	299	299	299	299	309	309	309	309	309	309	3648

Tabelle II
Saturn zum Zeitpunkt der Geburt von 5.100 Künstlern

Sektor	1	2	3	4	5	6	7	8	9	10	11	12	Gesamt
Beobachtungen	376	434	448	358	421	429	421	444	440	436	444	449	5.100
Theoretisch	414	414	414	414	414	414	436	436	436	436	436	436	5.100

Die Saturn-Tabelle zeigt für Wissenschaftler und Künstler unterschiedliche Werte.

Die erste Zeile gibt die Anzahl der tatsächlich in diesem Sektor registrierten Geburten an.

In der zweiten Zeile der Tabellen erscheint die Anzahl, die theoretisch auf jeden Sektor fallen müßte.

Wissenschaftler werden häufig geboren, wenn der Saturn eben den Horizont oder Meridian überschritten hat (Sektoren 1, 4, 7 und 10).

Für Künstler gilt das Gegenteil. Sie werden relativ selten geboren, wenn Saturn diese Bereiche beherrscht.

Aus M. und F. Gauquelin, *Recapitulative Volume,* Series A und B.

Die »ideale« Kurve

Die Tabellen I und II bieten zwei anschauliche Beispiele für die »lebhaften« und die »flauen« Stunden der Saturn-Aktivität. Die Sektoren, die nach dem Untergangs- und am unteren Kulminationspunkt liegen, zeigen die gleichen statistischen Tendenzen wie jene, die beim Aufgangs- und am oberen Kulminationspunkt liegen: Lebhaft für Wissenschaftler, flau für Künstler. Offensichtlich sind die Tendenzen an diesen Stellen weniger ausgeprägt und erscheinen wie ein schwaches Echo auf den

Trend beim Aufgang und am oberen Kulminationspunkt. Dennoch sind sie deutlich vorhanden.

Was wir in diesem Fall beim Saturn beobachten können, trifft auch für den Mond, für Mars und Jupiter zu. Die Folge dieser Erscheinung ist an Diagramm 2 zu erkennen. Unsere Kurve entstand durch Addition aller Abweichungen von der theoretischen Norm, die man bei den 16000 bekannten Persönlichkeiten registrierte. Man erkennt daran ganz deutlich den Einfluß des Planeten auf seiner täglichen Bahn. Wir bezeichnen sie als »ideale« Kurve, weil es uns die große Anzahl der erfaßten Fälle erlaubt, beinahe perfekt die beobachteten planetarischen Tendenzen vorauszusagen, wenn die dem Zufall zuzuschreibenden unvermeidlichen Schwankungen eliminiert sind.

Im Jahr 1960 schrieben wir: »Mars, Jupiter, Saturn und der Mond nehmen zur Zeit der Geburt außergewöhnlicher Persönlichkeiten auch ganz besondere Positionen ein. Ihre tägliche Vierundzwanzigstundenbahn unterteilt man in vier Zyklen von jeweils sechs Stunden. Die wichtigsten Punkte liegen dort, wo das Gestirn eben den Horizont oder Meridian passiert hat. Die Sektoren, die dem Aufgangspunkt und dem oberen Kulminationspunkt entsprechen, haben eindeutig eine größere Bedeutung als die beiden anderen.« Die exakte astronomische Begrenzung der wichtigen Zonen unmittelbar über dem Horizont und nach dem Meridian ist in dem bereits erwähnten Buch *Les Hommes et les astres* beschrieben.

Der Leser sollte sich durch diese recht abstrakten Theorien nicht entmutigen lassen. Sie sind notwendig, um das Geheimnis der planetarischen Einflüsse deutlich zu machen, sie bieten aber auch gleichzeitig erste Erklärungen für dieses Geheimnis.

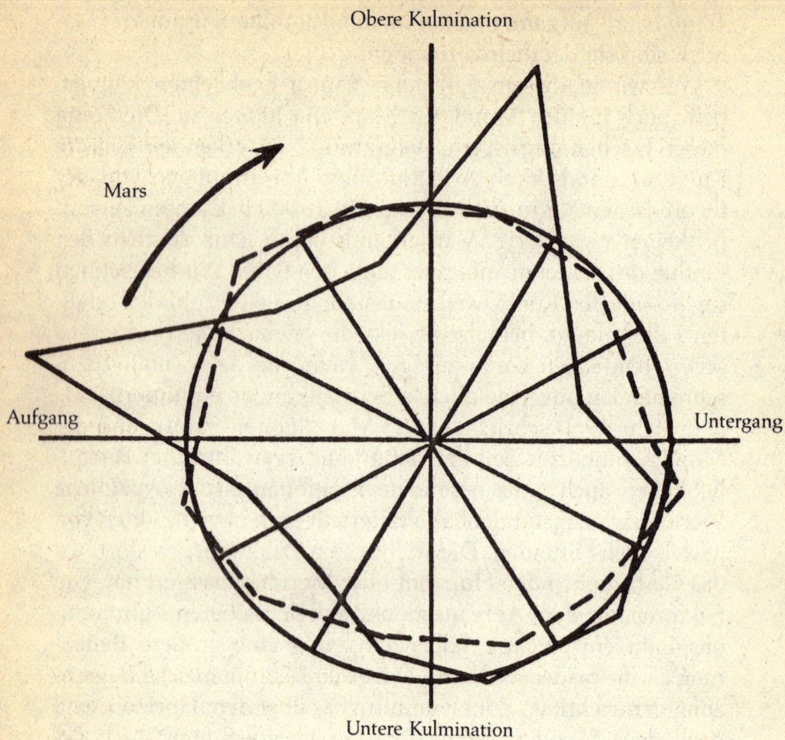

Diagramm 3

Die Mars-Kurve gibt die Geburtszeit erfolgreicher Sportler an.

Der Kreis stellt die theoretisch zu erwartenden Werte dar.

Die durchgehende Linie gibt die Mars-Position zum Zeitpunkt der Geburt von 2.088 besonders erfolgreichen Sportlern an. Die »lebhaften« Zeiten nach Aufgang und Kulmination sind ganz deutlich zu erkennen.

Die gestrichelte Linie zeigt den Mars zur Zeit der Geburt von 717 durchschnittlichen Sportlern. Die besonders »lebhaften« Stunden nach Aufgangs- und Kulminationspunkt sind verschwunden.

Aus M. Gauquelin, *Les Hommes et les astres.*

Beweis durch unbekannten Personenkreis

Ist es wirklich möglich, daß die Position der Planeten unsere Berufswahl bestimmen kann? Wir glauben das nicht. Wir haben deshalb zur Kontrolle einige Personengruppen mit den gleichen Berufen wie ihre brillanteren Kollegen zusammengestellt, die sich in ihrem Fach nicht besonders auszeichneten.

Diese zweite Serie von Angehörigen bestimmter Berufe lieferte keineswegs die gleichen bemerkenswerten Resultate wie die erste Gruppe. Unsere Kontrollgruppe bestand aus:

1458 Wissenschaftlern, die keine großen Entdeckungen machten, die nicht viel veröffentlichten und die nie irgendeinen Preis oder eine Auszeichnung erhielten. Bei diesen unbekannten Kontrollpersonen zeigte sich keine Häufung der Geburten, wenn Mars oder Saturn eben den Horizont überschritten hatten. Diese »normalen« Wissenschaftler waren, kosmisch gesehen, als Durchschnittsmenschen geboren.

717 Berufssportlern, die keine besonderen Erfolge aufweisen konnten. Sie hatten weder Rekorde aufgestellt noch große Wettbewerbe gewonnen und waren nicht ausgewählt worden, ihr Land in der von ihnen ausgeübten Sportart bei internationalen Wettbewerben zu vertreten. Von dieser Gruppe waren 124 Personen geboren, nachdem der Mars aufgegangen war oder kulminierte. Der Durchschnittswert für diese Sektoren wäre 122 gewesen. Es handelt sich hier also um eine so gut wie vollkommen normale Verteilung (siehe auch Diagramm 3).

2840 Soldaten aus allen Rängen. Sie zeichneten sich weder innerhalb ihres Dienstgrades noch durch besondere militärische Heldentaten aus. Unter ihnen gab es weder überzeugende Führungspersönlichkeiten noch Helden. Die Verteilung der Mars- und Jupiter-Positionen war normal.

2123 Kongreßabgeordnete und Senatoren, denen es nie gelungen war, in wichtige Positionen ihrer politischen Partei aufzusteigen. Es gab keine bemerkenswert hohen Jupiter-Werte in bestimmten Sektoren.

Bei der Gruppe der Künstler blieb der planetarische Effekt aus, wenn es sich um unbekannte Maler handelte. Das gleiche Ergebnis zeigte sich bei Schauspielern, wenn man ihre Planetenposition mit der ihrer Ersatzspieler verglich. Die Gruppe »unbekannter« Künstler und Schauspieler wies keinerlei planetarischen Merkmale auf, die sie vom Durchschnitt unterscheidet.

Bevor also positive Resultate zu beobachten sind, ist es notwendig, daß ein gewisser Erfolg errungen und die Schwelle zum Ruhm überschritten wurde. Außerdem bestätigte sich: Je höher die Stufe, die jemand in seinem gewählten Beruf erreicht hat, um so wahrscheinlicher ist es, daß er in »planetarischer Übereinstimmung« mit Gleichrangigen geboren ist. Diese Tendenz wurde bei berühmten Staatsmännern, erfolgreichen Sportlern und Kriegshelden, bei Theater- und Filmgrößen und bekannten Malern beobachtet.

Die Struktur unserer Resultate

Diagramm 4 (siehe Seite 59) ermöglicht es, auf einen Blick die Struktur unserer Forschungsergebnisse zu erfassen. »Gleichnamige« Berufe, also Berufe mit gleichen Vorzeichen, zeigten eine vergleichbare planetarische Disposition. »Ungleichnamige« Berufe sind Ausdruck gegensätzlicher planetarischer Verbindungen.

So bilden zum Beispiel die »Künstler« einen Kontrast zu den »Wissenschaftlern«. Zur Gruppe der Wissenschaftler zählten wir Ärzte, Physiker, Astronomen, Chemiker usw. Sie kamen auf die Welt, wenn Mars oder Saturn gerade eben den Horizont oder den Meridian passiert hatten. Zu den Künstlern rechneten wir Maler, Musiker, Schauspieler und, bis zu einem gewissen Grad, Schriftsteller. Bei den späteren Künstlern besteht kaum die Neigung, unsere Welt zu betreten, wenn Mars oder Saturn gerade am Horizont oder im Meridian erscheinen.

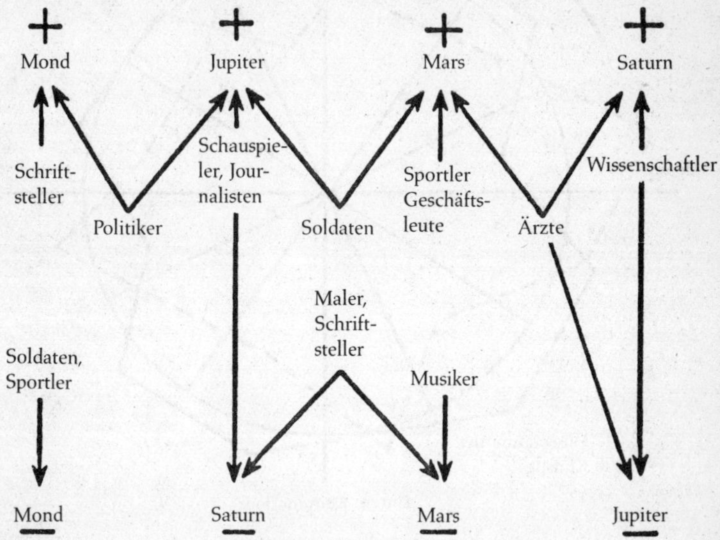

Diagramm 4

Das Zeichen + bedeutet »lebhafte Stunden«: Hohe Geburtenfrequenz nach Aufgangs- und Kulminationspunkt.

Das Zeichen – bedeutet »flaue Stunden«: Geringe Geburtenfrequenz nach Aufgangs- und Kulminationspunkt.

Die Pfeile bezeichnen die deutliche Verbindung, die zwischen einem Beruf und einem Planeten beobachtet wurde.

Diese Beziehungen zwischen Berufen und Planeten sind nicht zufällig entstanden, sondern sind Ausdruck einer inneren Struktur, die berücksichtigt werden muß, will man die Resultate verstehen.

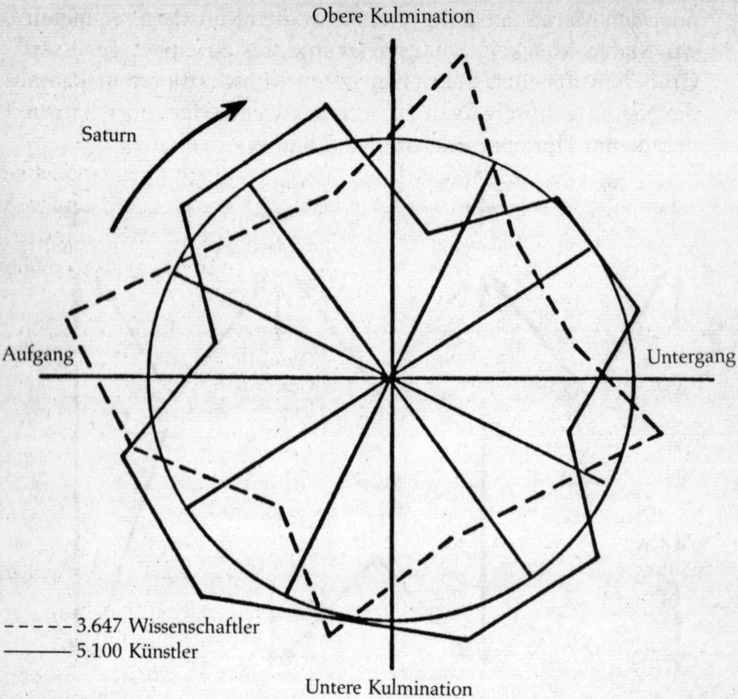

Diagramm 5

Das Saturn-Diagramm zeigt für Wissenschaftler und Künstler einen unterschiedlichen Verlauf.

Der klassische Gegensatz zwischen Kunst und Wissenschaft ist an diesem Vergleich zwischen 5.100 Künstlern und 3.647 Wissenschaftlern zu beobachten. Angegeben ist die Position des Saturn zur Zeit der Geburt. Die »lebhafte Zeit« der Künstler (durchgehende Linie) fällt zusammen mit den »flauen Stunden« der Wissenschaftler (gestrichelte Linie). Der Kreis zeigt den theoretischen Durchschnittswert für jeden Sektor an.

Betrachtet man Diagramm 5 auf Seite 60, ist man erstaunt, wie selten es zu einer erfolgreichen künstlerischen oder literarischen Laufbahn bei Personen kommt, die geboren sind, während Mars oder Saturn sich in den beschriebenen Positionen befinden.

Andere traditionell antagonistische Berufsgruppen sind Militärs und Musiker. In unseren Statistiken sind keine anderen zwei Verteilungen der Mars-Positionen zu finden, die so eindeutig einander entgegengesetzt sind wie diese Berufsgruppen. Wie paßt da der Militärmusiker in dieses Bild? Wir können diese Frage beantworten, da wir eine Gruppe von 382 Leitern von französischen Armeemusikkapellen untersucht haben. Wir beobachteten, daß sich zur Zeit ihrer Geburt der Planet Mars auf seiner täglichen Bahn ganz normal verhielt. Im Verhältnis zum Mars liegen die Militärmusiker also genau in der Mitte zwischen der reinen Musik und dem Kampf.

Es gibt aber auch Berufsgruppen, die sich ohne Widerspruch miteinander vertragen, so zum Beispiel Sportler und Soldaten. In jeder Epoche galt der Sport als eine Art Vorbereitung auf Kampf und Krieg: Boxen, Speerwerfen und Bogenschießen machen das heute noch deutlich. Sportler und Soldaten kommen auf die Welt, wenn der Mars auf seiner täglichen Bahn den gleichen Punkt erreicht hat. Ähnlich ist es bei Schauspielern und Politikern, da ja für beide Berufe repräsentative Fähigkeiten notwendig sind. Für ihre Geburtsdaten gilt das gleiche Jupiter-Diagramm.

Die Untersuchung der Planeteneinflüsse hat ihre Bedeutung bestätigt. Die Statistiken ergaben nicht etwa eine chaotische Regellosigkeit, sondern ganz präzise, planmäßige Strukturen. Bis jetzt ist der allem zugrundeliegende Plan erst in Umrissen zu erkennen. Als nächstes müssen wir die Mentalität untersuchen, die dem jeweiligen Berufsbild zugrundeliegt.

5. Kapitel

Erfolg und Charakter

Die beiden Faktoren für jeden Erfolg

Es gibt zwei Faktoren, die jedem Erfolg im Leben zugrundeliegen. Der erste ist sozialer Art. »Über die Zukunft fast eines jeden Menschen ist bereits entschieden«, so schrieb Alain Girard, »wenn er auf die Welt kommt. Er entwickelt sich von Kindheit und Jugend an unter dem Einfluß der Familie.« Die Statistik beweist es. Die meisten erfolgreichen Menschen stammen bereits aus Familien in privilegierter sozialer Stellung. Ganz allgemein kann man sagen, daß zwei Drittel aller berühmten Menschen aus einer Schicht von nur 5 Prozent der Bevölkerung kommen, die sich vor allem aus den reichsten und begabtesten Menschen zusammensetzt. Die Neigung zu einem bestimmten Beruf wird von einer Generation an die nächste weitergegeben. Es besteht kein Zweifel, daß dieser Umstand günstige Voraussetzungen schafft.

Bei diesem gesellschaftlichen Aspekt des Erfolgs spielen die Planeten keine Rolle. In bezug auf die Planetenbewegung ist jedermann sozial völlig gleichgestellt. So gehört es auch zu den Argumenten gegen die Astrologie, daß durchaus die Möglichkeit besteht, daß der Sohn eines Bankiers und der Arbeitersohn zur gleichen Zeit in der gleichen Stadt geboren werden. Das soziale Umfeld des Kindes in der Wiege ist für unsere Beobachtungen belanglos.

Es gibt aber noch einen zweiten Erfolgsfaktor, wie auch Alain Girard weiß: »Nur eine kleine Anzahl der Kinder aus den privilegierten sozialen Gruppen erringt echte Erfolge. So bedeutend der soziale Faktor auch ist, er schaltet keineswegs die Wirkung der individuellen Wesensmerkmale aus. Um Erfolg zu haben, ist eine ›ganz spezielle Fähigkeit‹ nötig. Diese Fähigkeit setzt sich zusammen aus den angeborenen Talenten des Individuums und dem Ehrgeiz, mit dem sie eingesetzt werden... Dieser innere Drang zu aktivem persönlichen Einsatz ist die erste Voraussetzung für jeden Erfolg, und es gibt keine andere innere Einstellung, keine äußeren Lebensbedingungen oder natürlichen Talente, die ihn ersetzen könnten. Ich kann nicht widerstehen, in diesem Zusammenhang Buffon zu zitieren, der über die Genialität sagt: ›Genie ist nichts als die Fähigkeit zu größerer Geduld‹. Innerhalb einer jeden Gruppe und ganz besonders auch in den privilegierten sozialen Gruppen sind die Chancen ganz unterschiedlich, daß sich ein Individuum über seinesgleichen erhebt. Aber es gibt noch einen anderen selektiven Prozeß, der nicht leicht zu beschreiben und zu erkennen ist. Er steht in Zusammenhang mit den ureigensten Charaktereigenschaften eines jeden Menschen, mit seinen intellektuellen Fähigkeiten und den psychischen Kräften, die er einsetzen kann. Sie sind bei jedem Menschen sehr unterschiedlich ausgeprägt.«

Es ist dieser zweite Faktor, der hinter jedem Erfolg steht, der Faktor der Persönlichkeit, der das Geschick des Menschen mit der Stunde seiner Geburt verbindet. Diese Verbindung ist psychologischer Natur.

Die Art des Erfolgs kann von einer zur anderen Berufsgruppe verschieden sein. »Es ist durchaus wahrscheinlich«, schrieb Claude Lévy-Leboyer, »daß es einen genialen Persönlichkeitstypus gibt, dem alle berühmten Menschen angehören. Aber mir scheint es vernünftiger, die Eigenschaften homogener Untergruppen zu untersuchen, die eine gleichartige berufliche Tätigkeit ausüben. Zum Beispiel besitzen erfolgreiche Geschäftsleute... Persönlichkeitsmerkmale, die man bei bekannten Wissenschaftlern oder Schriftstellern nicht findet. Es ist charakteristisch für sie, daß sie schnell urteilen, einen sehr stark ausgeprägten Realitätssinn zeigen, das Bedürfnis zur Lösung anstehender Probleme, ungewöhnliche Energie und Aktivität sowie einen Drang nach ständiger Weiterentwicklung besitzen (man setzt sich sofort ein neues Ziel, sobald das alte erreicht ist). Ihre

Befriedigung gewinnen sie direkt durch Leistung, selbst wenn das immer noch größere Anstrengungen erfordert.«

Mit anderen Worten: Nach Lévy-Leboyer gibt es ein spezielles Temperament der Geschäftsleute. Unsere Statistiken zeigen, daß bei diesem Personenkreis häufiger Geburtszeiten kurz nach Aufgang oder Kulmination des Mars vorkommen. Das führt uns zu der Frage, ob die vorangegangene Beschreibung nicht zum Teil auf das Mars-Temperament im allgemeinen zutrifft.

Die Psychologin Anne Roe führte Projektionstests (Rorschach-Test, Thematischer Apperzeptions-Test) mit einer Gruppe von Wissenschaftlern durch, zu denen auch Biologen und Physiker gehörten. »Alle Teilnehmer leisteten ausgezeichnete Forschungsarbeit ... alle zeigten ein ausgeprägtes Bedürfnis, persönliche Unabhängigkeit zu erringen und zu bewahren. Die psychosoziale Entwicklung der Physiker und Biologen war bestimmt von Streben nach Isolation, einem eingeschränkten gesellschaftlichen Leben und begrenzten Kontakten zu anderen Menschen.«

Vor nicht allzu langer Zeit analysierten zwei andere Psychologen, Cattell und Drevdahl, die Antworten eines umfangreichen Persönlichkeitsfragebogens, den eine Gruppe von Biologen, Physikern und Psychologen ausgefüllt hatte. Die Ergebnisse zeigten, daß hervorragende Wissenschaftler charakterfest und wagemutig sind, zugleich aber die Neigung besitzen, der Außenwelt reserviert gegenüberzutreten und sich zu isolieren.

Nach unseren Statistiken besteht bei Wissenschaftlern die Tendenz zu Geburtszeiten kurz nach Aufgang oder Kulmination des Saturn. Wir wollen deshalb untersuchen, ob das Saturn-Temperament für die oben beschriebenen Charaktereigenschaften verantwortlich sein kann.

Wir werden zuerst versuchen, die Persönlichkeitsmerkmale zu bestimmen, die für den Erfolg in jedem der Berufe notwendig sind. Vielleicht zeigt es sich, daß ein Mars-Temperament, ein Jupiter-Temperament, ein Saturn-Temperament oder ein Mond-Temperament jeweils einem bestimmten Berufsbild entspricht.

Fragebogen mit einhundert Persönlichkeitsmerkmalen

Den Fragebogen auf den folgenden Seiten haben wir selbst zusammengestellt und einer großen Anzahl von Personen mit akademischer Ausbildung vorgelegt.

Die Testpersonen mußten den Fragebogen ausfüllen und angeben, welches ihrer Meinung nach die günstigsten und ungünstigsten Charakterzüge für den Erfolg in den angegebenen Berufen sind. Wer von den Lesern Lust dazu hat, kann diese Fragen ebenfalls beantworten und seine Meinung zum Ausdruck bringen.

Die Liste weist einhundert Persönlichkeitsmerkmale auf, denen zehn Spalten mit jeweils einem Beruf zugeordnet sind. Setzen Sie ein Plus-Zeichen (+) bei jedem Persönlichkeitsmerkmal ein, von dem Sie glauben, daß es häufig bei Menschen zu finden ist, die diesen Beruf erfolgreich ausüben.

Setzen Sie ein Minus-Zeichen (–) bei den Persönlichkeitsmerkmalen ein, von denen Sie glauben, daß sie selten bei Menschen auftreten, die diesen Beruf ausüben.

	Wissenschaftler	Künstler	Soldaten	Journalisten	Schauspieler	Sportler	Politiker	Geschäftsleute	Schriftsteller	Große Ärzte
1. gutgekleidet										
2. redegewandt										
3. geistreich										
4. begeisterungsfähig										
5. furchtsam										
6. hart										
7. kühn, beherzt										
8. zäh										
9. beharrlich										
10. übergenau										
11. polemisch										
12. reserviert										
13. witzig										
14. sportlich										
15. passiv										
16. schüchtern										
17. anmaßend										
18. mutig, tapfer										
19. pünktlich										
20. launisch										
21. unentschlossen										
22. altmodisch										
23. überschwenglich										
24. zügellos										
25. besitzt Selbstbeherrschung										
26. rasche Auffassungsgabe										
27. verträumt										
28. wenig unternehmungslustig										
29. nüchtern										
30. aufmerksam										
31. realistisch										
32. eifrig										
33. lebhaft										
34. unbeständig										

	Wissenschaftler	Künstler	Soldaten	Journalisten	Schauspieler	Sportler	Politiker	Geschäftsleute	Schriftsteller	Große Ärzte
35. humorvoll										
36. impulsiv										
37. leichtsinnig										
38. abenteuerlustig										
39. gesellig										
40. bescheiden										
41. sensibel										
42. großspurig										
43. ordentlich										
44. hochtrabend										
45. ruhig										
46. gelassen										
47. fleißig										
48. taktvoll										
49. grob, gefühllos										
50. schlicht										
51. sorgfältig										
52. ungezwungen, entspannt										
53. rauh, ungehobelt										
54. humorlos										
55. streitsüchtig										
56. selbstsicher										
57. unermüdlich										
58. korrekt										
59. systematisch										
60. snobistisch										
61. anspruchsvoll										
62. schroff										
63. unternehmungslustig										
64. amüsant										
65. dominierend, tyrannisch										
66. autoritär										
67. pessimistisch										
68. sanft, freundlich										

	Wissenschaftler	Künstler	Soldaten	Journalisten	Schauspieler	Sportler	Politiker	Geschäftsleute	Schriftsteller	Große Ärzte
69. eitel										
70. intellektuell										
71. nonkonformistisch										
72. verschwenderisch										
73. undiszipliniert										
74. furchtlos										
75. unerschrocken										
76. verwegen										
77. schlau, gerissen										
78. vorsichtig										
79. eigensinnig										
80. unbesonnen										
81. harmlos, gutartig										
82. überlegt										
83. nonchalant, lässig										
84. überheblich										
85. gesprächig										
86. dynamisch										
87. dickköpfig										
88. konservativ										
89. aggressiv										
90. unsportlich										
91. theatralisch										
92. leicht zu beeinflussen										
93. opportunistisch										
94. energisch										
95. wortreich, geschwätzig										
96. konventionell										
97. selbstzufrieden										
98. exzentrisch										
99. streng										
100. schwankend										

Das Psychogramm der Berufe

Wenn Sie diesen Fragebogen ausgefüllt haben, dann können Sie Ihre Meinung mit der des von uns befragten Personenkreises vergleichen. Aus fünfzigtausend erhaltenen Antworten haben wir das Bild des Wissenschaftlers, des Künstlers, des Soldaten usw. zusammengestellt. Nun wollen wir dieses Bild mit den entsprechenden planetarischen Beobachtungen vergleichen. Dabei ist es nützlich, die Tabelle III (Seiten 72 und 73) zu Hilfe zu nehmen. Sie gibt an, welche planetarischen Neigungen welcher Art von beruflichem Erfolg entsprechen.

Ein Beispiel: Bei Ärzten erscheinen gehäuft Geburtszeiten, wenn Mars oder Saturn gerade den Horizont oder Meridian überschritten haben. Ärzte gelten als übergenau, nüchtern, realistisch, aufmerksam usw. Dagegen sind sie weder launisch noch verträumt, sie sind nicht leicht zu beeinflussen und nicht exzentrisch. Andererseits zeigt sich bei Malern eine Häufung der Geburtstermine bei der genau entgegengesetzten Mars- und Saturn-Position. Sie sind launisch, unentschlossen, verträumt, leicht zu beeinflussen. Dagegen sind sie *nicht* tapfer, realistisch, aufmerksam und gelassen.

Berufs-»Familien«

Kürzlich fiel uns auf, daß ähnliche Berufe mit einer vergleichbaren Anordnung der Planeten verbunden sind. Das erscheint nur logisch, denn ähnliche planetarische Voraussetzungen müssen ja gewisse Ähnlichkeiten im Temperament zur Folge haben.

Es gibt daher Charakterzüge, die bei mehreren Berufen auftauchen. So ist beispielsweise die Eigenschaft, »mutig« zu sein, nicht nur charakteristisch für Ärzte, sondern auch für Sportler, Soldaten und Geschäftsleute. Da sich bei den Angehörigen dieser vier Gruppen gleichermaßen eine Vorliebe für Geburtszeiten ergab, wenn der Mars soeben den Horizont oder Meridian überschritten hat, wird Mut wahrscheinlich von dieser Marsposition beeinflußt.

Es gibt außerdem bestimmte Gruppierungen von Wesensmerkmalen, die verschiedenen Berufen gemeinsam sind. Das vielleicht interessanteste Beispiel ist der Komplex der charakteristischen Eigenschaften in den Psychogrammen von Schauspielern, Journalisten und Politikern. Die folgenden Eigenschaften wurden häufig bei allen drei Gruppen genannt: redegewandt, geistreich, polemisch, anmaßend, überschwenglich, gesellig, ungezwungen, selbstsicher, anspruchsvoll, überheblich, gesprächig, theatralisch, opportunistisch, geschwätzig und selbstzufrieden. Dabei zeigte sich bei allen Mitgliedern dieser Berufsgruppen eine Vorliebe für Geburtszeiten, wenn Jupiter am Horizont auftaucht oder den Meridian überschreitet. Das Diagramm 6 (siehe Seite 71) macht deutlich, daß in unseren Statistiken über die Verteilung der Jupiterpositionen keine anderen Gruppen erscheinen, die einander so ähnlich sind wie diese drei.

Natürlich könnte man daraus schließen, daß die Ähnlichkeit der Jupiterpositionen mit einer Ähnlichkeit des Temperaments verbunden sein muß. Trifft das zu, dann würden die Eigenschaften, die Schauspieler, Journalisten und Politiker gemeinsam haben, in großen Zügen die Basis des »Jupiter-Charakters« darstellen.

Das gleiche würde für den Mars, den Saturn und den Mond gelten. Es ist selbstverständlich, daß diese Folgerung weiter untersucht und überprüft werden muß. Sie ist nur haltbar, wenn die von unseren Testpersonen ausgefüllten Fragebogen sorgfältig ausgewertet werden. Stimmt die Vorstellung, die dieser Kreis gebildeter Menschen von den beruflichen Erfolg fördernden Eigenschaften hat, tatsächlich mit der psychologischen Realität überein?

Wir werden jeden einzelnen Charakter für sich untersuchen und zu diesem Zweck die Biographien großer Männer heranziehen.

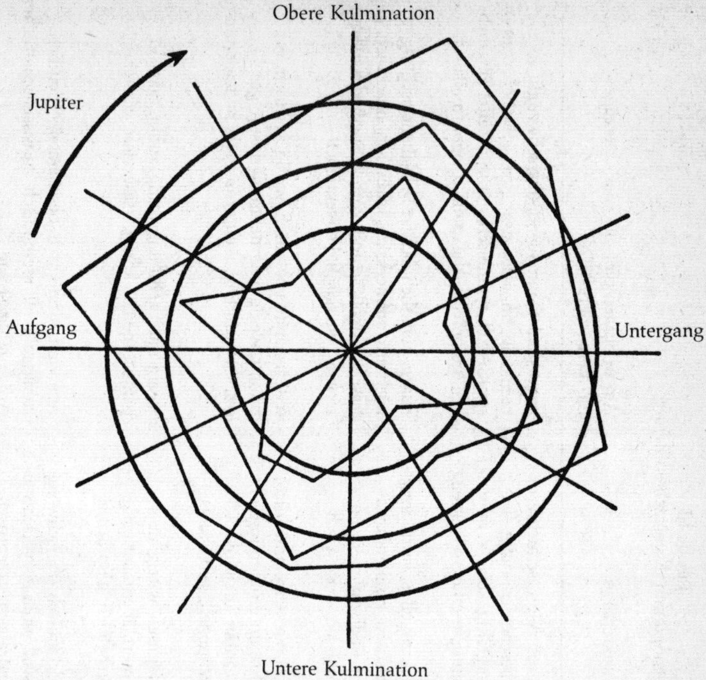

Innerer Kreis: 1.409 Schauspieler
Mittlerer Kreis: 903 Journalisten
Äußerer Kreis: 1.003 Politiker

Diagramm 6

Übereinstimmung beim »Jupiter-Temperament«?

Das Jupiter-Diagramm zeigt für Schauspieler, Journalisten und Politiker die gleichen Positionen. Auch in den Psychogrammen dieser Gruppen zeigen sich viele Gemeinsamkeiten.

Aus M. und F. Gauquelin, *Récapitulative Volume.*

Tabelle III
Psychogramm der einzelnen Berufe

Planetarische Auswirkungen*)		Besonders typische Charakterzüge für diesen Beruf**)	Am wenigsten typische Charakterzüge für diesen Beruf***)
WISSENSCHAFTLER Saturn Jupiter	 + –	beharrlich, übergenau, reserviert, schüchtern, altmodisch, verträumt, bescheiden, ruhig, fleißig, taktvoll, schlicht, sorgfältig, korrekt, freundlich, vorsichtig, eigensinnig, methodisch, streng	gutgekleidet, anmaßend, überschwenglich, unbeständig, impulsiv, zwanglos, selbstsicher, anspruchsvoll, tyrannisch, autoritär, eitel, überheblich, gesprächig, theatralisch, opportunistisch
KÜNSTLER Mars Saturn	 – –	launisch, unentschlossen, zügellos, verträumt, impulsiv, sensibel, snobistisch, nonkonformistisch, verschwenderisch, undiszipliniert, nonchalant, leicht zu beeinflussen, exzentrisch	mutig, pünktlich, besitzt Selbstbeherrschung, nüchtern, aufmerksam, realistisch, ordentlich, gelassen, taktvoll, schroff, korrekt, methodisch, konservativ, energisch, konventionell
SOLDATEN Mars Jupiter Mond	 + + –	hart, sportlich, pünktlich, nüchtern, ordentlich, gelassen, grob, humorlos, unternehmungslustig, dominierend, autoritär, furchtlos, dickköpfig, energisch, konventionell, selbstsicher	redegewandt, polemisch, witzig, launisch, verträumt, wenig unternehmungslustig, gesellig, sensibel, sanft, nonkonformistisch, undiszipliniert
JOURNALISTEN Jupiter Saturn	 + –	redegewandt, kühn, polemisch, witzig, überschwenglich, unbekümmert, abenteuerlustig, zwanglos, amüsant, überheblich, gesprächig	wenig unternehmungslustig, ruhig, taktvoll, peinlich genau, korrekt, reserviert, vorsichtig
SCHAUSPIELER Jupiter Saturn	 + –	gutgekleidet, anmaßend, launisch, überschwenglich, zügellos, anspruchsvoll, amüsant, verschwenderisch, gesprächig, theatralisch, exzentrisch	reserviert, altmodisch, bescheiden, ordentlich, ruhig, taktvoll, methodisch, zu wissenschaftlicher Arbeit fähig, streng

SPORTLER		hart, ausdauernd, sportlich, mutig, unbekümmert, einfach, unternehmungslustig, energisch	gutgekleidet, redegewandt, witzig, verträumt, großspurig, snobistisch, gerissen, nonchalant, unsportlich, theatralisch, geschwätzig
Mars	+		
Mond	–		
POLITIKER		gutgekleidet, redegewandt, polemisch, unbescheiden, zwanglos, anspruchsvoll, dominierend, autoritär, überheblich, gesprächig, aggressiv, theatralisch, opportunistisch	übergenau, schüchtern, bescheiden, sensibel, ruhig, taktvoll, einfach, harmlos
Jupiter	+		
Mond	–		
GESCHÄFTSLEUTE		gutgekleidet, gewandt, besitzt Selbstbeherrschung, nüchtern, realistisch, ordentlich, unsensibel, autoritär, methodisch, dynamisch	schüchtern, verträumt, unbeständig, sensibel, nonkonformistisch, nonchalant, leicht zu beeinflussen, exzentrisch
Mars	+		
SCHRIFTSTELLER		redegewandt, witzig, verträumt, sensibel, sanft, schlau, nonchalant, unsportlich, leicht zu beeinflussen	zäh, sportlich, Selbstbeherrschung, nüchtern, gelassen, grob, humorlos, unermüdlich, zu wissenschaftlicher Arbeit fähig, unternehmungslustig, methodisch, energisch, pünktlich
Mond	+		
Saturn	–		
Mars	–		
ÄRZTE		übergenau, nüchtern, aufmerksam, realistisch, bescheiden, ordentlich, gelassen, fleißig, sorgfältig, korrekt, zu wissenschaftlicher Arbeit fähig, vorsichtig, methodisch, mutig	launisch, verträumt, überheblich, gesprächig, leicht zu beeinflussen, selbstzufrieden, exzentrisch
Mars	+		
Saturn	+		
Jupiter	–		

*) Ein Pluszeichen (+) nach dem Planeten weist auf eine hohe Geburtenzahl zur Zeit des Aufgangs oder der Kulmination hin. Ein Minus-Zeichen (–) bedeutet eine geringe Geburtenzahl zu den genannten Zeiten.

**) Diese Eigenschaften erzielten in unserem Test eine Punktzahl von mehr als 20.

***) Bei diesen Eigenschaften lag die Punktzahl unter 10.

Zweites Zwischenspiel

Vier Porträts von Theaterleuten

Die nächsten Seiten sind vier berühmten Vertretern des französischen Theaters gewidmet. Jean-Louis Barrault ist Schauspieler, Regisseur und Theaterleiter, Jean Vilar der Direktor des Théâtre National Populaire. Marcel Achard ist ein erfolgreicher Bühnenschriftsteller und Mitglied der Académie française. Gustave Nadaud war einer der bekanntesten Chansonniers des letzten Jahrhunderts. Alle hier verwendeten Zitate stammen aus ihren Biographien.

Jean-Louis Barrault

»Ein scharfgeschnittenes Gesicht, eine sehr hohe Stirn, eine sehr lange Nase, eine Heftigkeit, die sogar schroff wirken könnte, wäre sie nicht so bewegt, das widerspenstige Haar, und vor allen Dingen der Ausdruck gelassener Heiterkeit und die vollkommene Beherrschung seines Talents, ohne es nur im geringsten demonstrativ zur Schau zu stellen: Das ist Jean-Louis Barrault.«

»J.-L. Barrault: Ein lebendiges Beispiel für die Kraft des Glaubens, denn er glaubt an das Theater, mit ganzem Herzen und mit ganzer Seele. Er glaubt daran, nicht nur als Schauspieler, sondern als der vollkommene Theatermann ... Er liebt es, an sich selbst hohe Anforderungen zu stellen und sie mit seinem leidenschaftlichen Willen und der ganzen Kraft seiner Persönlichkeit zu meistern ... eine Flamme, die so hell und warm in das Herz des Publikums dringt, war seit vielen Jahren nicht mehr auf der Bühne zu sehen ... Er fordert von den anderen ehrliches Bemühen, aber er mißt deren Anstrengung nicht an seinem eigenen Einsatz ... ein leidenschaftlicher und großzügiger Mensch, der Risiken nicht scheut, der Herausforderungen liebt, und der seine Arbeit über allen Reichtum stellt ... Sein ganzes Wesen strömt eine außerordentliche Lebenskraft aus, so daß niemand überrascht ist, daß er großen Einfluß auf seine Freunde hat. Er ist der Anführer, der Hindernisse überwindet und vollkommene Triumphe feiert ... Er hätte auch ein ganz ausgezeichneter Tänzer werden können ... Sein Körperbau, seine Gedanken über die Bewegung und seine Liebe zur Bewegung sind die eines Tänzers ... gut, großzügig, freundlich, mit der natürlichen Wärme eines Menschen mit einer angeborenen Begeisterungsfähigkeit, ist Jean-Louis Barrault ein guter, vertrauensvoller und aufrichtiger Freund ... Leidenschaftliche Begeisterung ist nicht die angemessene Beschreibung für J.-L. Barrault. Das Wort Leidenschaft allein paßt besser zu ihm. Diese Leidenschaft kennt keine Grenzen. Er verwendet auf alles, was er liebt, eine ungeheure friedfertige Intensität, und alles an ihm, absolut alles, spiegelt diese gleiche Intensität ... Alles, was er tut, tut er aus ehrlichem Herzen, mit Inbrunst und in der Absicht, es gut zu machen und der Kunst zu dienen, die für ihn das Wichtigste ist ... Sein Enthusiasmus für alle Aspekte seines Berufes wirkt ansteckend ...«

Der folgende Auszug stammt aus einem Text von Jean-Louis Barrault. Er trägt den Titel »Das Glück der Mühsal«. Darin kommen das Lebensgefühl dieses großen Theatermannes und seine psychologischen Einsichten deutlich zum Ausdruck:

»Die Notwendigkeit und das Glück der Mühsal. In der Schule staunen wir über den unwiderstehlichen Drang, dem die Raupe instinktiv folgt. Die Anstrengung, die der Sammler unternimmt ... Die Anstrengung des Sportlers, die Anstrengung des Künstlers. Das Glück ihrer Mühen. Die Freude am Leiden. Das Glück des Verlangens nach Schmerz bei Baudelaire. Die Mühe, die Anstrengung, ist Glück an sich ... Es ist kein anderer Anlaß nötig, als das Bedürfnis nach dieser Anstrengung. Und ich glaube, das Glücksempfinden ist der Grund für das Bedürfnis, eine Mühe auf sich zu nehmen. Die Anstrengung an sich führt die Freude direkt herbei. Natürlich ist es zuerst die Freude, der erste in einem sportlichen Wettbewerb zu sein, die größte Sammlung der Welt zu besitzen, der beste Jäger der ganzen Gegend zu sein usw. Aber daneben gibt es noch dieses besondere, schwer zu beschreibende Glücksgefühl, wenn man plötzlich ein Gewicht auf den Schultern spürt. Da ist auf der einen Seite der angenehme Gedanke, daß man das Glück hat, die Rolle des Rodrigo auf der Bühne des Théâtre Français zu spielen, daneben aber auch ein schmerzhaftes, entsetzliches, grausames Glücksgefühl, den Rodrigo spielen zu müssen; ... in fünfzehn Minuten auf der Bühne des Théâtre Français zu stehen. Ich weiß nicht, welche Art des Glücks ich vorziehe. Ich fürchte, es ist das grausame Glück, das Glück der Mühsal, das Glück, das aus der Willenskraft erwächst ... Das Theater ist weitgehend eine Kunst der Anstrengung und eine Kunst der Willenskraft ... und welche Energie muß aufgewandt werden, um ein Stück aufzuführen! Vielleicht ist es gerade diese Anstrengung, die mir am meisten Spaß macht, wenn ich ein Stück inszeniere. Und vielleicht ist es dieses Bedürfnis nach Mühsal, die mich oft dazu treibt, das Unmögliche zu versuchen ...«.

Später sagt Barrault über den Sport: »Sport ist Anstrengung in ihrer reinsten Form. Der Nichtsportler kann sich gar nicht vorstellen, welche physische und geistige Anstrengung der echte Sportler aufwenden muß. Muskelkraft, das Ertragen der Einsamkeit, immer wieder Konzentration und immer wieder Entspannung, das alles erfordert eine ungeheure Willenskraft während seiner Bemühungen. Genau wie der echte Sportler nicht am Wettkampf teilnimmt, um der erste zu sein, sondern vor allem, um etwas zu leisten, habe ich diese Aufgabe nur aus dem Bedürfnis übernommen, gute Arbeit zu leisten und die größtmögliche Anstrengung zu unternehmen. Sich anzustrengen, das gehört zu den Fähigkeiten des Menschen, die in ihm das größte Glück hervorrufen.«

Es ist interessant, daß zu der Zeit, als Jean-Louis Barrault am 8. September 1910 um 6 Uhr morgens in Vésinet bei Paris geboren wurde, nur ein einziger Planet am Horizont aufstieg und es auch im Kulminationspunkt keinen anderen Planeten gab. Dieser Planet war der Mars. Das ist der Planet, der am häufigsten dominiert, wenn erfolgreiche Sportler geboren werden.

Jean Vilar

»Gestern abend beim Schein der Lampe, als es Nacht geworden war«, schrieb Claude Roy, »hörte ich dem Schweigen Vilars zu. Er war ganz still in dieses Schweigen und in diesen Traum versunken, in dem die Natur regiert und die Gedanken frei zu sein scheinen. Ja, gerade in dieser Stille, in einer ganz bestimmten Stille, finde ich den früheren Vilar und den Vilar, wie er jetzt ist. Ein Paradox, ich weiß: Einen Schauspieler und Regisseur, der selbst spricht und andere sprechen läßt, gerade durch sein Schweigen zu beschreiben. Aber Vilar ist auch eine Stimme. Eine Stimme, beherrscht und selbstbewußt, wie es charakteristisch ist für einen Menschen von feiner Lebensart . . .«

»Dieser Vilar vermittelt den Eindruck, als habe er schon tausend Jahre gelebt. Wie ich den Zeitungen entnehme, ist er erst dreißig . . . ein Neuling unter den Regisseuren, ernst und streng, ja sogar ›jansenistisch‹.«

»Vilar ist schüchtern, ziemlich reserviert und unbeholfen. Aber sein unaufdringlicher Eifer, seine hartnäckige Leidenschaft für die Theaterarbeit und seine Bedürfnislosigkeit erinnern an Dullin.«

»Jean Vilar gibt sich gelassen und abweisend, aber ich glaube, daß er keineswegs so ruhig und gelassen ist, wie es den Anschein hat. Wenn er Distanz hält, dann geschieht das zugleich aus Vorsicht und aus Selbstdisziplin.«

»Der junge Vilar . . . blieb still, weil er noch nichts war. Der Vilar von Avignon und am Théâtre National Populaire wurde schweigsam, weil er zu viel geworden war. Er war zuerst abweisend aus Schüchternheit, aus einem provinziellem Stolz heraus und auf Grund der Unbeholfenheit eines armen jungen Mannes, der sich seiner selbst noch nicht sicher ist. Er blieb weiterhin zurückhaltend, auch nachdem er Erfolg hatte, weil er damit beschäftigt war, mit der Bescheidenheit der wirklich Starken immer wieder alles zu überdenken und in Frage zu stellen. Manche Menschen haben sogar das Gefühl, daß seine Zurückhaltung mit einer gewissen Kälte verbunden ist. Seine vorsichtige und bedächtige Art, andere zu führen, unterstreicht noch seinen von Natur aus zurückhaltenden Charakter. In seinen persönlichen Beziehungen wird eine gewisse angeborene Schroffheit und Schwerfälligkeit sichtbar, die ihn als eine wichtige Persönlichkeit erscheinen läßt, die sich zurückzuhalten weiß.«

»Er ist von Natur aus nachdenklich und bedächtig. Probleme werden im Zeitlupentempo gelöst, dabei wird das Pro und Contra immer wieder geduldig hin- und hergewälzt. Dann plötzlich trifft er eine klare, eindeutige und unwiderrufliche Entscheidung. Er braucht nur er selbst zu sein, um geheimnisvoll zu erscheinen. Wirkt seine Art auch anfangs oft konfus, so ist er in Wirklichkeit geduldig und beharrlich und weiß, daß er sich auf seine Vernunft und seinen Instinkt verlassen kann, so schwer es dann auch sein mag, ihn zu verstehen. Überschwenglichkeit gehört nicht zu seinem Charakter. Vilar liegt es nicht, sich in der Öffentlichkeit geschickt zur Geltung zu bringen, aber er besitzt die Gabe, andere ganz unauffällig zu führen. Er ist reserviert und wirkt niemals sehr fröhlich. Zwingt er sich dazu, aus sich herauszugehen, hat er die charakteristische Unbeholfenheit eines sehr schüchternen, introvertierten Menschen. Er ist freundlich, aber nicht vertraulich; er ist aufmerksam, bleibt aber dabei immer ziemlich kühl. Vilar hat es nicht nötig, seinen Schauspielern zu schmeicheln und ›um den Bart zu gehen‹, um ihnen zu zeigen, daß er sie schätzt und ihre Arbeit respektiert. Er behandelt seine Freunde mit rauher Zärtlichkeit. Er scheint oft in ein stummes Selbstgespräch versunken, als ob er den Tiefen im eigenen Innern auf den Grund gehen wollte. Vilars Haltung hat mich immer in ziemlich respektloser Weise an den wohlerzogenen Italiener erinnert, der seine Spaghetti sorgfältig um die Gabel wickelt, bis kein loses Ende mehr heraushängt, und dann das ganze Paket auf einmal in seinem Mund verschwinden läßt... Vilar schließt nicht leicht Freundschaft, und er ist denen, die ihn gern haben, auch kein bequemer Freund. Denn wenn man freundschaftliche Beziehungen zu anderen Menschen unterhalten möchte, muß man ganz ohne Zweifel zuerst einmal damit beginnen, eine Beziehung zu sich selbst zu entwickeln.«

Claude Roy kommt in seinem Buch, aus dem wir leider nicht ausführlicher zitieren können, zu dem Schluß: »Jean Vilar ist ein vollkommener Arbeiter, Schauspieler, Bürger, Freund – und ein Mensch von außerordentlicher Würde.«

Um das Bild Jean Vilars zu vervollständigen, wollen wir einige Zeilen eines von ihm selbst geschriebenen Textes anführen. Er trägt den Titel »Brief an eine junge Schauspielerin« und drückt deutlich seine Einstellung dem Leben gegenüber aus:

»Der Künstler am Theater muß sein Leben lang von Ehrgeiz getragen werden, aber dieser Ehrgeiz will sehr sorgfältig überdacht sein. Es darf nicht der Wunsch des Schauspielers in den Vordergrund treten: ›Ich will der Erste sein.‹ Es kann nicht heißen: ›Ich will berühmt werden in meinem Fach.‹ Meine Güte! Es kann auch nicht heißen: ›Ich bin der Größte, auch wenn ich über meine Freunde hinweggehen muß.‹ Es kann nicht heißen: ›Vor allem große Rollen, überall und mit allen Mitteln, und als nächstes dann das große Geld.‹ Aus solchen Überlegungen und all den anderen, die wir hier nicht weiter ausführen können, besteht der Jahrmarkt der Eitelkeiten am Theater, der nur dazu dient, Marionetten hervorzubringen, der die Persönlichkeit zerstört, aber möglicherweise den Schauspieler reich und weithin bekannt macht. Denn das alles, glauben Sie mir, sind Verhaltensweisen einer ›verarmten‹ Persönlichkeit. Mag diese Persönlichkeit noch so gefragt und umworben sein, mag man sie bewundern, so ist sie doch leer, nichtssagend, ohne Substanz, und im Alter von fünfzig Jahren zermürbt und demoralisiert. Es ist eine Persönlichkeit, die schon in der Mitte ihres Lebens zu einem berühmten Versager geworden ist. Ehrgeiz, der sich auf das falsche Ziel richtet, frißt jeden Tag an unserem Leben, an unseren Nerven und Organen. Wir müssen lernen, uns von der Sehnsucht nach falschem Ruhm freizumachen, das ist der erste Schritt zum Glück.«

Jean Vilar wurde am 25. März 1912 um 3 Uhr nachmittags in Sète in Südfrankreich geboren. Zu diesem Zeitpunkt stand als einziger Planet der Saturn am Himmel. Er hatte eben seinen Kulminationspunkt erreicht, eine typische Planetenstellung für die Geburtsstunde vieler Wissenschaftler.

Marcel Achard

»Marcel Achard sitzt ruhig in seinem Lieblingssessel und raucht. Er trägt ein auffallendes Gewand aus herrlich weicher gelber englischer Wolle, um das ihn selbst Balzac beneidet hätte. Ein weißes Seidentuch, ganz im Stil Baudelaires, hat er um seinen Hals drapiert. Das Gesicht darüber ist rund und offen, wie eine Zirkusarena. Sein Mund lächelt, die Brille blitzt, und er pafft an seiner Pfeife mit dem Kopf in Form eines Spielwürfels. Achard liebt nämlich das Spiel und die Karten. Schon als junger Mann konnte er tagelang ohne Unterbrechung Bridge spielen ... Heute ist Marcel Achard der ›typische Pariser Autor‹. Das bedeutet, daß er im Restaurant den besten Tisch bekommt und in den Bars den reinsten Whisky, daß er von vielen Regisseuren und Schauspielern herzlich begrüßt wird. Seine beiläufigen Bemerkungen werden in den Zeitungen zitiert, und am Abend sieht man ihn oft in Begleitung eines Filmstars. Diese Äußerlichkeiten und das Flair von Wohlhabenheit, das ihn dadurch umgibt, amüsieren ihn ungeheuer.«

Einige Jahre später schrieb ein anderer Journalist: »Sobald der Name Marcel Achard erwähnt wird, denkt jeder Reporter sofort an all die Klischees, die seit vielen Jahren benutzt werden, um ihn zu beschreiben: ... etwas absonderlich, sehr pariserisch, ein liebenswürdiger, gescheiter Clown, etc ... Über seinen Auftritt: Man kann sagen, daß er an diesem Morgen das Äußerste getan hat, um seine Erscheinung zur Vollkommenheit zu bringen. Er ist in ein prächtiges senffarbenes Gewand gehüllt, um den Hals trägt er ein Seidentuch mit Blütenmuster, an den Füßen ein Paar Cheyenne-Mokassins ... Sobald die Unterhaltung beginnt, kann man in den funkelnden Augen Achards jenen boshaften Schimmer entdecken, der anzeigt, daß der muntere kleine Kobold in ihm gerade aufgewacht ist.«

»Marcel Achard ist ein glücklicher Optimist ... Optimist ist er seit jeher gewesen, glücklich war er nicht immer. In den Anfangsjahren hatte er als Schriftsteller mit großen Schwierigkeiten zu kämpfen. Trotzdem verlor er nie den Mut, weil er ganz fest an den künftigen Erfolg glaubte. Als Mitarbeiter einer Zeitungsredaktion machte er sich manchen zum bitteren Feind, vor allem unter denen, die seine bissigen Bemerkungen nicht so recht verstanden. Er ist jedoch keineswegs bösartig und besitzt einen ausgesprochenen Sinn für Humor. Das ist problematisch, weil nicht jeder seine Art von Humor zu schätzen weiß ... Auf dem Theater wird dieser Humor am Beispiel seines Stückes ›Voulez-vous jouer avec moi‹ besonders deutlich. Während man noch einen Schauspieler suchte, der die Rolle des Crockson, eines Clowns, spielen sollte, las der Autor selbst bei den Proben diese Rolle. Das machte er so gut, daß er schließlich auch selbst den Clown spielte ... Achard wurde ein vieldiskutierter Mann.«

Ein strahlendes Gesicht, riesige Brillengläser, wie nur er sie tragen kann, immer eine geistreiche Bemerkung auf den Lippen: Das ist Marcel Achard, der nicht nur in Frankreich, sondern auch im Ausland zu den Großen des zeitgenössischen Theaters gehört.

»Paris ist nicht so trostlos und schrecklich, wie die Leute immer behaupten, solange dieser Mann, dessen ironische Bemerkungen in den Salons und Zeitungsredaktionen mit Lichtgeschwindigkeit weitergereicht werden, seine Vierzimmerwohnung in Courty, nur zwei Minuten vom Palais Bourbon entfernt, nicht aufgibt. In der Pariser Gesellschaft hat Marcel Achard in gewisser Weise die Nachfolge von Tristan Bernard angetreten, und da seine Bemerkungen sowohl von beißender Schärfe als auch sehr charmant sein können, wird ihm automatisch jeder geistreiche Kommentar zugeschrieben.«

Und so sieht Marcel Achard sich selbst: »Man ist allgemein der Ansicht, daß ich aus zwei verschiedenen Menschen bestehe, aus dem Dichter und dem Spaßmacher. Meine Freunde behaupten, daß die komischen Elemente in meinen Stücken mir als Dichter unrecht tun. Andere sagen, daß ich manchmal so sehr Dichter bin, daß der Komödiant verlorengeht. Das ist das Schlimmste, was einem Theatermann passieren kann. Natürlich ist es etwas sehr Seltenes, ein Dichter zu sein. Aber für den Bühnenautor ist es ungeheuer wichtig, daß er auch heiter und lustig sein kann, denn ein Dichter ist oft ein melancholischer Bursche, der es nötig hat, daß der Komödiant ihn tröstet und ermuntert. Der Dichter kann nur arbeiten, wenn er von der Muse inspiriert wird, sonst sitzt er da und legt die Hände in den Schoß. Der Komödiant aber kann das Schweigen immer überbrücken ... Ich bestehe ganz entschieden auf dem Titel ›Entertainer‹, ich bin ein Unterhaltungskünstler. Es ist für manche schwer zu begreifen, daß jemand im Zustand geistiger Zufriedenheit schreiben kann. Nun, auch wenn meine Arbeit vielleicht niemals mehr ernst genommen wird, so muß ich doch gestehen, daß ich bei meiner Arbeit keine inneren Qualen ausstehe. Ich arbeite heiter und mit guter Laune, aber trotzdem bleibt es Arbeit.«

Marcel Achard wurde am 5. Juli 1899 um 20 Uhr in Sainte-Foy bei Lyon geboren, nachdem Jupiter den Kulminationspunkt erreichte. Diese Planetenposition ist bei vielen Schauspielern und Bühnenautoren zu finden.

Gustave Nadaud

Er war ein sehr gefragter Chansonnier. »Und da er ein gutmütiger Mensch war, wollte er stets gefällig sein und trat auf, sooft er darum gebeten wurde, und sang, solange ihm die Menschen zuhörten. Mit seiner freundlichen, liebenswerten Lebenseinstellung lebte er in den Tag hinein. Seine Werke waren immer das Ergebnis und das Bild seiner Gedanken oder momentanen Eindrücke. Dieser Chansonnier war ein treuer Freund, und er gewann durch seine Freundlichkeit und Bescheidenheit zahllose Freunde. Er hat ein umfangreiches literarisches Werk hinterlassen, obgleich er, wie so viele Chansonniers, faul wie ein Haussperling war und lieber herumtrödelte. Er schrieb nur, wenn er sich dazu aufgelegt fühlte. Er bemühte sich nicht, Reime für bestimmte Zeilen zu finden, sondern wartete, bis sie ihm spontan einfielen. Nadaud setzte sich niemals an einen Schreibtisch. Er komponierte seine Lieder auf der Straße, im Theater, oben in einem zweistöckigen Bus oder im Bett ... Gustave Nadaud hatte außerordentlichen Erfolg in den Salons. Jahrelang bemühte man sich um seine Gesellschaft. Er war der Liebling all der schönen Damen, die niemals müde wurden, ihm zuzuhören, wenn er seine Lieder vortrug. Die schon erwähnte charakteristische Bescheidenheit behielt Nadaud trotz seines Ruhmes das ganze Leben lang. Er wollte nichts als bescheiden leben, aber er wollte immer unabhängig bleiben ...«

»Dieser Mann vereinigte in seiner Person Vornehmheit, Einfachheit, gute Laune, Hingabe und vor allem Bescheidenheit. Er besaß überall Freunde, aber sonderbarerweise keine Feinde. Seine unaufdringliche Popularität ließ ihn niemals selbstgefällig und eitel erscheinen. Und was für ein geistreicher Mensch er war! Witzige Einfälle flogen ihm nur so zu, er ging verschwenderisch damit um, wurde dabei aber niemals boshaft. Als Poet und Gentleman war Nadaud häufig in den Salons zu finden, immer freundlich, immer heiter. Trotz seiner bescheidenen finanziellen Verhältnisse nahm er nie irgendeine Bezahlung an, auch wenn er dadurch ein Vermögen hätte verdienen können.«

Eine andere Beschreibung gilt seiner physischen Erscheinung: »Eher klein als hochgewachsen, eher einfach als ansehnlich, weder dunkel noch blond, weder gewöhnlich noch vornehm. Gustave Nadaud war gut angezogen, und trotzdem nicht elegant. Er erweckte den Eindruck eines guten Bürgers, der sich verirrt hat und ins Atelier eines Künstlers geraten ist. Sobald er seine Gastgeberin begrüßt hatte, pflegte er sich in eine Ecke zurückzuziehen, selbst in der Zeit, als er sich auf der Höhe seines Ruhmes befand. Wenn er sich entspannte, erschien sein Gesicht wegen der Form des Bartes nahezu quadratisch. Er hatte große, vorstehende Augen und einen Mund mit breiten Lippen. Das alles ließ nichts, aber auch gar nichts von seinem Talent ahnen … War er mit seinem Auftritt an der Reihe, ging er ruhig zum Klavier und setzte sich, eher wie jemand, der im Begriff ist, seine Serviette auszubreiten und hartgekochte Eier zu schälen. Sein Gesicht war ausdruckslos, aber sobald er mit seinem Vortrag begann, leuchtete seine ganze Erscheinung von innen heraus … Es gehörte zu den schönsten Momenten an einem solchen Abend, zu beobachten, wie nach Mounet-Sully, der seine Verse förmlich herausschrie, dieser charmante Chansonnier sich ans Klavier setzte, dem Publikum den Kopf zuneigte, verschmitzt in seinen weißen Bart lächelte und sehr ruhig und wie für sich seine Lieder sang: ›L'Ennui du Sultan‹ oder ›L'Epingle sur la Manche‹ …«

Nadaud war derart bekannt und beliebt, daß er sehr viele Einladungen erhielt und nur selten zum Essen daheim blieb. Wohin er auch kam, er aß und sang und verpflichtete sich seinen Gastgebern zu Dank … Er war glücklich, wenn er seine übrige Freizeit mit seinen Freunden verbringen konnte.

In einigen seiner Lieder kommt Gustave Nadauds Lebensgefühl besonders deutlich zum Ausdruck:

Allein arbeiten, so wie du es willst.
Von keinem Befehle annehmen,
Lob erringen und Erfolg,
wenn dir das beschieden ist.
Und ein Einkommen von dreitausend Francs!
Obgleich viertausend noch besser wären.
Aber das ist zu viel Ehrgeiz.
Ich habe drei gesagt – und das reicht mir!

Oder auch:

Der erste Schritt zur Weisheit
besteht darin,
dem Reichtum aus dem Wege zu gehen ...
Auch du kannst das, so wie ich es getan habe ...

Schließlich noch seine Beschreibung der vollkommenen Frau:

Ich wünsche mir, daß diese entzückende Frau meint,
ich sei freundlich, liebenswürdig, witzig und charmant,
und ich sehe gut aus.
Ich wünsche mir, daß sie mich bewundert –
aber ohne mir zu schmeicheln!

Der Mond ging eben auf, als Gustave Nadaud am 20. Februar 1820 um 11 Uhr vormittags in Roubaix in Nordfrankreich geboren wurde. Es kommt häufig vor, daß zur Geburtsstunde eines Dichters gerade der Mond am Horizont erscheint.

Jedes Temperament hat seinen Planeten

Jeder dieser vier charakterisierten Männer ist durch das Theater bekannt geworden. Ihr Geschick weist gewisse gemeinsame Züge auf, aber sie sind keinesfalls von ähnlichem Charakter, noch haben sie die gleiche Einstellung oder das gleiche Lebensgefühl. Jean-Louis Barrault ist ein »sportlicher« Theatermensch. Für ihn gehören Anstrengung und Mühe zu den wesentlichen Voraussetzungen des Glücks. Marcel Achard mit seinem runden Gesicht »wie eine Zirkusarena«, dessen sarkastische Bemerkungen so oft zitiert werden, ist ein extravertierter Optimist. Jean Vilar wiederum ist schüchtern und zurückhaltend. Er wägt die Vor- und Nachteile einer jeden Angelegenheit ab und ist ein erklärter Feind jeder Publizität. Schließlich ist da noch der ruhige, unbeschwerte Chansonnier Gustave Nadaud mit seinen zahlreichen Freunden. Er war ein redlicher, bescheidener

Mensch, gesellig, selbstlos und beliebt, eine »gute Seele« ohne echte Feinde.

Es sind vier berühmte Theaterleute, jeder von unterschiedlichem Wesen und unter einem anderen Planeten geboren, wie aus Diagramm 7 (siehe Seiten 87 und 88) ersichtlich ist.

In der Tat verbrachte Jean-Louis Barrault sein Theaterleben als Sportler, Jean Vilar als Wissenschaftler, Gustave Nadaud als Dichter und Marcel Achard als ein Mann des Theaters. Das ist eine wichtige Erkenntnis, denn es bedeutete, daß es keinen bestimmten »Berufsplaneten« gibt. Andernfalls müßten ja alle großen Schauspieler unter dem Jupiter geboren sein.

Es gibt also nur »Temperament«-Planeten, um es einmal so auszudrücken, und bei Schauspielern besteht eine Neigung zu Geburtszeiten, nachdem Jupiter am Horizont erschienen ist oder den Meridian gekreuzt hat, weil die meisten von ihnen ein Temperament besitzen, das diesem Planeten entspricht. Das Jupiter-Temperament strebt nach Erfolg in der Welt der Bühne, aber es ist ebenso möglich, am Theater erfolgreich zu sein, wenn man ein anderes Temperament besitzt, wie das Beispiel von Jean-Louis Barrault, Jean Vilar und Gustave Nadaud zeigt. Die Behauptung, daß jedes Temperament seinem Planeten zuzuordnen ist, bedarf noch der wissenschaftlichen Bestätigung.

Diagramm 7 (siehe Seiten 87 und 88)

Astronomische Geburtsdiagramme von vier Theaterleuten

In jedem Fall ist nur ein einziger Planet unmittelbar über dem Horizont oder nach dem Meridian zu beobachten. Dieser Planet ist in jedem der Diagramme deutlich hervorgehoben.

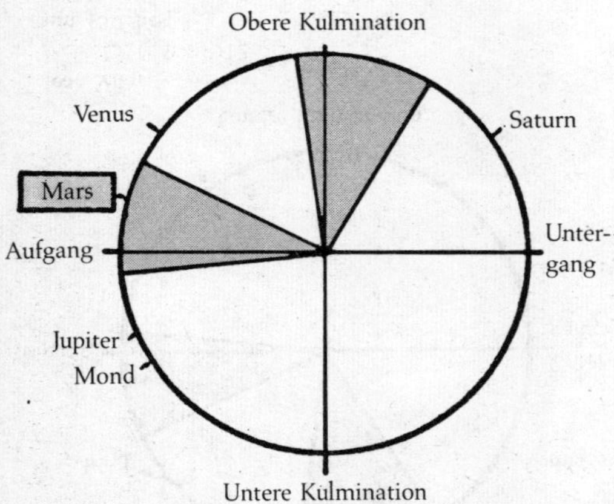

Jean-Louis Barrault
Geb. 8. September 1910
um 6 Uhr morgens
in Le Vésinet

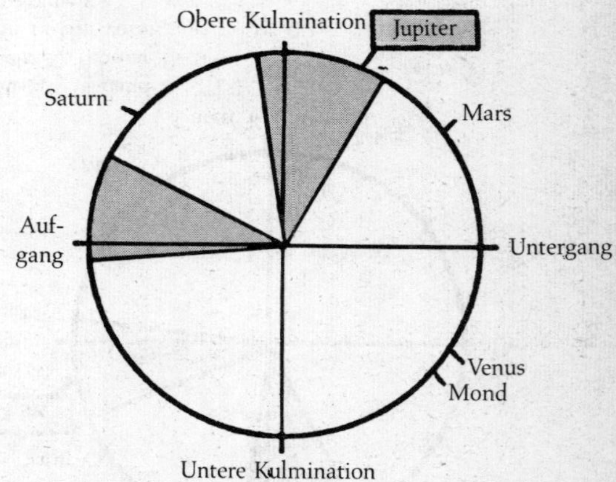

Marcel Achard
Geb. 5. Juli 1899
um 20 Uhr
in Sainte-Foy, Lyon

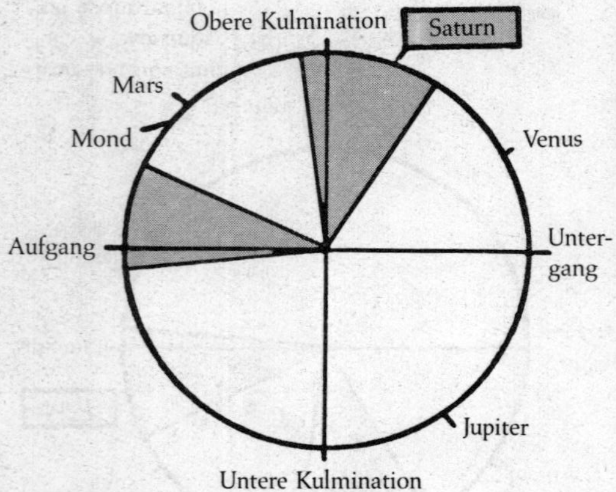

Jean Vilar
Geb. 25. März 1912
um 15 Uhr
in Sète

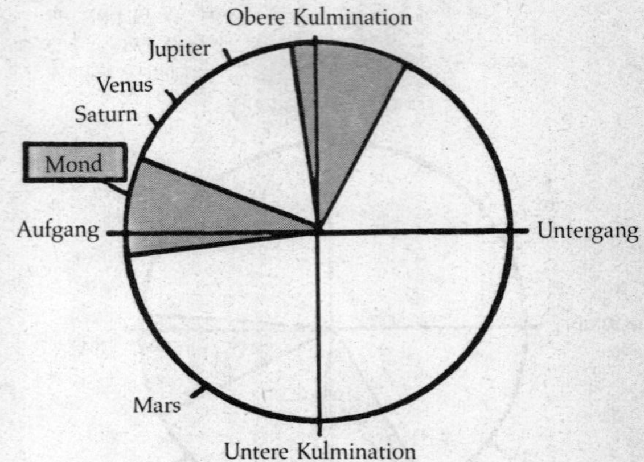

Gustave Nadaud
Geb. 20. Februar 1820
um 11 Uhr vormittags
in Roubaix

6. Kapitel

Planeten und Charakter

Die Notwendigkeit biographischer Untersuchungen

Unser Ziel ist es, die jedem Planeten zugeordneten Temperamente zu beschreiben. Wir hoffen, daß uns dieses Vorhaben durch die eingehende Betrachtung einzelner bekannter Persönlichkeiten gelingt. Es genügt nicht, eine allgemeine Beziehung zwischen Berufsbildern und Planeten herzustellen, wenn sich diese Zusammenhänge nicht am individuellen Beispiel bestätigen.

Wir haben bereits darauf hingewiesen, daß sich bei Schauspielern, Journalisten und Politikern die Tendenz ergab, daß zu ihrer Geburtszeit soeben Jupiter den Horizont oder Meridian überschritten hatte. Wir schlossen daraus, daß bei diesen Gruppen eine Ähnlichkeit im Charakter vorliegen muß. Zweifellos besitzen die *meisten* Schauspieler, Journalisten und Politiker Intelligenz, sie wissen zu argumentieren, sind gute Redner und fühlen sich in Gesellschaft wohl usw. Damit ist aber der wichtigste Punkt noch nicht bewiesen, daß nämlich der Charakter einer beliebigen unter dem Jupiter geborenen Persönlichkeit dieser Beschreibung entspricht. Das scheint im Falle unseres dritten Schauspieler-Porträts, dem des Bühnenautors Marcel Achard, zuzutreffen. Achard ist nach Kulmination des Jupiter geboren, es war kein anderer Planet am Himmel sichtbar, und Achard wurde tatsächlich ein intelligenter, redegewandter Mensch, der sich in Gesellschaft wohlfühlt, ganz wie es zu erwarten war.

Aber trifft das in jedem Fall zu? Es ist nicht schwer, Biographien von Persönlichkeiten aufzutreiben, deren Charakter sehr gut dem Planeten entspricht, unter dem sie geboren wurden.

Als Beweis kann das aber nur gelten, wenn man eine große Anzahl von Biographien objektiv untersucht. Die am Einzelbeispiel sichtbar gewordene Wechselbeziehung muß sich in anderen Fällen bestätigen. (Selbstverständlich können solche Beispiele nur zum Beweis herangezogen werden, wenn eine statistische Untersuchung vorangegangen ist, die die Verläßlichkeit der Regel bewiesen hat. Die Beispiele dienen nur noch dazu, die Gesetzmäßigkeit deutlich zu machen. Alle in diesem Buch angeführten Beispiele folgen diesem Grundsatz. Das bedeutet aber nicht, daß jedes einzelne Individuum den Charakter besitzt, der seinem Geburtsplaneten entspricht. Es gibt gewisse Ausnahmen; sie sind allerdings nicht sehr zahlreich.)

Charaktermerkmale als Grundlage der Untersuchung

Wir entwickelten im Jahr 1967 ein Arbeitsprogramm. Die Dokumente, die wir gesammelt hatten, um eine Beziehung zwischen Planeten und Berufen zu beweisen, waren wiederum nützlich für unseren Versuch, eine Beziehung zwischen den Planeten und dem Charakter aufzuzeigen. Unsere Unterlagen enthielten Datum und Geburtszeit von sechzehntausend bekannten Europäern. Es waren aber noch weitere Untersuchungen notwendig, und dazu mußten wir biographische Arbeiten zu Rate ziehen, in denen jede Person sehr genau beschrieben wurde. Es war eine Riesenarbeit, einige Tausend biographische Texte ausfindig zu machen, durchzuarbeiten, systematisch auszuwerten und zu analysieren. Das bedeutete, daß wir viele Stunden in den Bibliotheken verbringen mußten und danach unzählige Tage in unserem Laboratorium. Ohne die Unterstützung unserer Mitarbeiter hätten wir das ganze Unternehmen nie zum Abschluß bringen können, und ich will ihnen allen an dieser Stelle für ihre Hilfe danken.

Die Lebensbeschreibungen enthielten kritische Beurteilungen des Charakters, Angaben über Verhaltensmuster und Anekdoten. Der Anlaß unserer Untersuchungen war es, die in allen diesen Biographien erwähnten Charakterzüge zu analysieren und in Beziehung zueinander zu setzen. Das folgende Beispiel, eine Kurzbiographie aus einem Sport-Lexikon, soll unser Vorgehen deutlich machen. Der Text wird vollständig wiedergegeben.

Alfred Nakache

»Von allen erfolgreichen Sportlern, die bei den Schwimmwettbewerben in den letzten fünfzig Jahren zu Ehren kamen, zeigte zweifellos der Nordalgerier Alfred Nakache die größte *Entschlossenheit,* den größten *Mut* und die stärkste *Energie.* Zwischen 1932 und 1948 war er einer der besten Schwimmer bei internationalen Wettkämpfen. Er beendete seine außergewöhnliche Karriere, indem er der Liste seiner Leistungen drei europäische Rekorde und zwei Weltrekorde hinzufügte. Der 1915 in Constantine geborene Alfred Nakache kam trotz seines recht unorthodoxen Stils durch *harte Arbeit, Entschlossenheit* und *Mut* zum Erfolg. Er zeigte hervorragende Leistungen sowohl in Freistil als auch im Brustschwimmen; er gewann zwischen 1935 und 1948 fünfunddreißig nationale Titel, und er hatte das seltene Privileg, Frankreich fünfundfünfzigmal bei internationalen Wettbewerben zu vertreten. Zum ersten Mal wurde er 1934 ausgewählt, für sein Land zu starten. Er war aber auch noch Mitglied der französischen Mannschaft bei den Olympischen Spielen in London 1948 und qualifizierte sich dort sogar für das Halbfinale im 200 m-Brustschwimmen.

Alfred Nakache ist sowohl durch seine Leistungen als auch durch sein Leben das Beispiel dafür, daß bestimmte *moralische* und physische *Qualitäten* notwendig sind, um so viele Siege zu erringen. Später wurde er Sportlehrer und erwarb die dafür notwendigen Qualifikationen mit Auszeichnung. Während des Zweiten Weltkriegs wurde er in das gefürchtete Konzentrationslager Buchenwald deportiert. Auf Grund seiner körperlichen *Widerstandsfähigkeit* und seiner *Willenskraft* gelang es ihm, trotz aller schrecklichen Erfahrungen mit dem Leben davonzukommen und danach seine bemerkenswerte sportliche Laufbahn fortzusetzen. Sein *Mut* und seine *Freude am Wettkampf* sind in Sportkreisen Legende geworden. Seine Trainer behaupten, daß er niemals zu schlagen war, wenn er 25 m vor dem Ziel mit einem Gegner auf gleicher Höhe lag.« (E.-G. Drigny)

Wir haben alle Charaktermerkmale kursiv hervorgehoben, die der Sportchronist zur Beschreibung Nakaches benutzte: Willenskraft, Mut, Energie usw. Jede dieser Bezeichnungen schrieben wir auf eine Indexkarte, so daß es also eine Karte für seine »Willenskraft« gab, eine weitere für »Mut« usw. Auf der Vorderseite jeder Karte trugen wir Familiennamen, Vornamen und Datum, genaue Zeit und Ort der Geburt ein. Auf der Rückseite verzeichneten wir die planetarischen Positionen von Mond, Mars, Jupiter und Saturn zum Zeitpunkt der Geburt. Die rein äußerlichen Beurteilungen nahmen wir nicht in unsere Unterlagen auf (zum Beispiel den »ziemlich unorthodoxen Stil«), ebensowenig die Merkmale, die sich auf seine intellektuellen Fähigkeiten bezogen (beispielsweise die Aussage, daß er die nötigen Qualifikationen mit Auszeichnung erwarb). Wir waren bei dieser Untersuchung nur an charakterologischen Merkmalen und Verhaltensmustern interessiert.

Nakache dient nur als Beispiel. Wir gingen in ähnlicher Weise auch bei den anderen Berühmtheiten aus allen Lebensbereichen vor, bei Sportlern ebenso wie bei Schauspielern, Wissenschaftlern, Schriftstellern usw. Wir hatten bald Tausende von Indexkarten angelegt. Sie enthielten Tausende von Charaktermerkmalen, die durch die systematische Auswertung der Biographien sichtbar wurden. Darauf erfolgte eine statistische Analyse der Karten mit Hilfe eines Computers. Während unserer gesamten Untersuchung galten drei Prinzipien als Grundlage dieser Arbeit:

1. Niemals eine Biographie ignorieren, weil dieser Charakter nicht im Einklang mit der »Persönlichkeit« zu stehen scheint, die wir nach dem Planeteneinfluß erwarten, unter dem der Betreffende geboren ist.

2. Niemals einen in einer Biographie erwähnten Charakterzug außer acht lassen, weil er nicht in den Zusammenhang der allgemeinen Beschreibung des Betreffenden zu passen scheint.
3. Jeden Charakterzug für sich einer statistischen Analyse unterziehen, ehe man versucht, zum Zweck der Charaktersynthese Gruppen von Charakterzügen zusammenzustellen.

Die Ergebnisse unserer Untersuchung der Biographien von vier Berufsgruppen, nämlich von erfolgreichen Sportlern, Schauspielern, Wissenschaftlern und Schriftstellern, erwiesen sich als besonders informativ. Da jeder dieser Gruppen ein Planet zuzuordnen ist, können wir anhand dieser vier Beispiele alle Aspekte des Problems beleuchten. Wir werden also das Mars-Temperament und die Sportler, das Jupiter-Temperament und die Schauspieler, das Saturn-Temperament und die Wissenschaftler und schließlich das Mond-Temperament und die Schriftsteller untersuchen.

Obgleich uns diese Forschungsarbeit zu vielen neuen Erkenntnissen führte, ist damit das Thema noch längst nicht erschöpfend behandelt.

7. Kapitel

Das Mars-Temperament und die Sportler

»Wenn es dir gelingt, die Mauer des Leidens zu durchbrechen und bis zur echten Agonie zu kommen, dann bist du wirklich ein erfolgreicher Sportler.«
Don Schollander
Olympiasieger

Wir beschäftigten uns mehr als zwei Jahre mit den Biographien erfolgreicher Sportler. Dabei informierten wir uns durch Nachschlagewerke wie zum Beispiel *L'Athlège* und *Le Dictionnaire des Sports* und durch Sportzeitschriften. Die Wochenschrift *Le Miroir des Sports* ist Frankreichs älteste Sportzeitung. Die erste Nummer erschien bereits 1920. Wir arbeiteten jede einzelne Ausgabe von 1920 bis 1940 durch, das waren mehr als eintausend Ausgaben mit mehr als fünfzigtausend Seiten. Aus diesem Material stammen unsere insgesamt fünfhundert Sportler-Biographien. Die Geburtszeiten und die planetarischen Koordinaten hatten wir bereits im Verlauf unseres vorangegangenen Projekts über die Beziehungen zwischen Planeten und Berufen registriert. Die Ergebnisse dieser Arbeit wurden seinerzeit von unserem Laboratorium unter dem Titel *Planètes et Profession* veröffentlicht.

Wir werden jeweils zuerst eine psychologische Beschreibung des Sportlers geben, wie sie von Sportjournalisten und Psychologen veröffentlicht wurde. Diese kurze, aber objektive Beschreibung stellt den Ausgangspunkt unserer Analyse dar.

Sport unter der Lupe

Vor kurzem hörten wir, wie ein gebildeter Mensch in einem Gespräch über Eddy Merckx, den vielfachen Gewinner der Tour de France, sagte: »Eddy Merckx? Das ist einfach ein Bursche, der ein bißchen schneller als die anderen in die Pedale tritt, das ist alles.« Es gibt jedoch einen sehr wichtigen psychologischen Faktor für die Tatsache, daß Merckx ein bißchen schneller in die Pedale tritt als alle anderen. Natürlich muß er vor allem außerordentlich kräftige Muskeln haben. Aber sind kräftige Muskeln alles, was ein Superchampion braucht? Wie wird jemand zum erfolgreichen Sportler?

»Eins ist sicher«, schrieb Dr. Cappon 1968 in der Geigy-Dokumentation *Le Sport,* »es ist nicht nur eine Sache der natürlichen Fähigkeiten, der Muskelkoordination oder des angeborenen Talents. Ich kenne einen Karatekämpfer, der kurzsichtig ist und unter neurologischen Beschwerden leidet. Betrachten wir andererseits die schönen, muskulösen Körper, die sich ohne jeden Sinn und Zweck an den Stränden bräunen lassen, oder, noch schlimmer, im Lehnsessel vor der Höhensonne hängen … Die physische Vollkommenheit kann deshalb nicht die unerläßliche Voraussetzung für sportlichen Erfolg sein. Worin besteht also der Unterschied zwischen denjenigen, die den Vier-Minuten-Rekord gebrochen, und denen, die es nicht geschafft haben? Der Unterschied ist grundsätzlich psychologischer Art. In der Tat, wenn der Körper bis an die Grenze seiner Leistungsfähigkeit beansprucht wird, dann ist es der Geist, der den Unterschied ausmacht.« Derselbe Autor fügt hinzu, daß für eine anhaltend gute Leistung »die Notwendigkeit besteht, das empfindliche Gleichgewicht zu wahren zwischen der Spannung, die alle physischen und geistigen Reserven des Menschen mobilisiert, und der Gelassenheit, die Angst und Fehlleistungen ausschließt. Jeder muß wissen, wie er mit Angst, Lampenfieber, Enttäuschung und Entmutigung fertig wird. Wem es gelingt, der kann sich rühmen, die gleichen geistigen Voraussetzungen mitzubringen wie die großen Feldherren oder die bedeutenden

Industriekapitäne.« Diese Aussage ist sehr interessant. Bei unseren Untersuchungen stellten wir nämlich fest, daß zahlreiche erfolgreiche Sportler ebenso wie militärische Führungskräfte und große Industriemanager geboren sind, nachdem Mars den Horizont oder den Meridian überschritten hat.

Es genügt nicht, physisch der Stärkste zu sein, um einen sportlichen Wettbewerb zu gewinnen. Man muß auch und vor allem geistig der Stärkste sein. Gewinnen kann nur, wer seine ganze Persönlichkeit vollkommen zu mobilisieren vermag.

Beweise

Welche Meinung vertreten Sportexperten, Journalisten und Trainer? Wir wollen einige Beispiele zitieren, die aus der Zeitschrift *Le Miroir des Sports* stammen. Der Journalist Paul Hamelle schrieb: »Kein Sportler kann ein echter Champion werden, wenn er nicht außer seinem natürlichen Talent auch Kampfgeist besitzt.« Ludovic Feuillet, ein bekannter Trainer, erklärte: »Entschlossenheit, ich sage damit nichts Neues, spielt eine wichtige Rolle für den Erfolg in der Laufbahn eines Radrennsportlers.« Henri Desgrange, der Begründer der Tour de France, schrieb über Henri Pélissier: »Er besitzt alle Merkmale eines echten Champions. Er ist gut gebaut, er besitzt Entschlußkraft, er strengt sich bis an die Grenzen seiner Leistungsfähigkeit an, und er kann böse werden.« Jean Samazeuilh, ein bekannter Kritiker und früher selbst Sportler, schrieb über sein Fachgebiet: »Was bedeutet im Tennis der Ausdruck: ›Er ist besser als . . .‹? Sehr oft ist das Können der Spieler durchaus ebenbürtig, es ist nur der Kampfgeist des einen, der ihn zum Sieger macht.«

Die Motivation der Sportler

Psychologen haben unterschiedliche Ansichten darüber entwikkelt. Michel Bouet von der Universität Rennes in Frankreich beschrieb gewisse Grundtendenzen bei Sportlern: Das Verlangen nach körperlicher Aktivität, Geltungsbedürfnis, Geselligkeit, Freude am Wettkampf, der Wunsch zu siegen und Champion zu sein, Aggressivität und Kampfbereitschaft, Liebe zur Natur, Freude am Risiko und Verlangen nach Abenteuer. Einige Beispiele sollen diese Motive deutlich machen.

Das Bedürfnis, Kraft und Energie einzusetzen: »Wenn der Mensch versucht, sich im sportlichen Wettkampf mit anderen zu messen, dann will er in erster Linie die Freude am Sport genießen«, schreibt Bouet. Dieses Bedürfnis nach Bewegung und Schnelligkeit wird von allen Sportliebhabern sehr intensiv empfunden. Anders ausgedrückt: Der Sportler liebt es nicht, an einem Ort zu bleiben. Er ist mit Aristoteles der Meinung, daß Bewegung eine Quelle der Freude ist. Er braucht viel Platz und den freien Himmel. Yvon Goujon, ein international bekannter Fußballstar, stellte fest: »Aus mir wäre ein schlechter Seemann geworden. Auf einem Boot würde ich mich langweilen. Ich hasse es, stillzusitzen und zu warten. Ich bin kein Träumer. Ich liebe das Leben und die Bewegung.«

Es ist nicht zu übersehen, daß das Bedürfnis nach Kraftaufwand, der Drang, sich bis an die Grenze des Leistungsvermögens zu verausgaben, eng mit dem Körperbau und dem Charakter zusammenhängt. Von den drei Typen, die der amerikanische Psychologe Sheldon festgestellt hat, ist die somatotone Persönlichkeit am stärksten muskulös und auch am »sportlichsten«. Im Gegensatz dazu stehen der zerebrotone Typ, bei dem der Intellekt dominiert, und der viszerotone, der vorwiegend sozial orientiert ist. Diese letztgenannten beiden Typen sind verhältnismäßig wenig an sportlicher Betätigung interessiert. Man hat sogar herausgefunden, daß unter den Teilnehmern an den Olympischen Spielen in Mexiko die Zahl der somatotonen Persönlichkeiten besonders hoch war.

Geltungsbedürfnis: »Alles in allem scheint der Sport ein riesiges Podium zur Selbstdarstellung zu sein. Man kann ohne Übertreibung sagen, daß der Sport im Grunde mehr psychische als physische Aktivität voraussetzt.« Im Sport nimmt die Persönlichkeit sozusagen »Gestalt« an. Das Geltungsbedürfnis drückt sich nicht nur in dem Wunsch aus, über andere zu dominieren und Macht und Ruhm zu gewinnen. Im Sport entdeckt der Mensch auch sich selbst, er lernt, sich zu beherrschen, er erprobt seine Kräfte. »Erst durch die sportliche Betätigung wurde es mir möglich, meinen Charakter zu formen«, bekannte ein erfolgreicher Sportler. »Für mich ist der Sport eine großartige Bestätigung meiner Persönlichkeit geworden«, erklärte ein anderer.

Wettbewerbsgeist; der Wunsch, zu siegen: Ein gewisser Wettbewerbsgeist auch im täglichen Leben (es kann sich um eine berufliche Wettbewerbssituation handeln, um eine Rivalität in der Liebe oder ähnliches) gehört zur Grundeinstellung des »echten« Sportlers und unterscheidet ihn sehr deutlich vom Spieler, denn das Spiel stellt, auch wenn es ebenfalls ein bestimmtes Maß an körperlicher Anstrengung voraussetzt, keine spezifischen Anforderungen. Tritt aber ein Sportler in einen Wettbewerb ein, ganz gleich, auf welcher Ebene das geschieht, so ist sein Ziel immer, der Erste zu werden, Rekorde zu brechen oder den Konkurrenten zu schlagen.

Baron Pierre de Coubertins Grundsatz, daß beim Sport nicht der Sieg, sondern das Mitmachen das Wichtigste ist, liegt weit von der Wahrheit entfernt. In Wirklichkeit lassen die Unwägbarkeiten des Sports auch dem Schwächsten immer noch die Hoffnung, daß es ihm gelingen könnte, den Stärkeren zu besiegen. Er denkt: »Du bist zwar unbesiegt, aber nicht unbesiegbar.« Dieser Drang zu gewinnen ist von Geburt an bei jedem Menschen mehr oder weniger stark ausgeprägt. Im allgemeinen sind die zu allem entschlossenen Kämpfer auch die Sieger. Wir erinnern uns, was der Sportjournalist über den großartigen Schwimmer Nakache schrieb: »Sein Mut und seine Freude am Wettkampf sind in Sportkreisen Legende geworden. Seine Trainer behaupten, daß er niemals zu schlagen war, wenn er 25 m vor dem Ziel mit einem Gegner auf gleicher Höhe lag.«

Der Wunsch, ein erfolgreicher Leistungssportler zu werden, ist schon von Kindheit an zu spüren. Für manche Menschen wird der Sport ebenso zur geistigen wie zur körperlichen Schulung. René Lacoste war seiner eigenen Einschätzung nach nicht besonders begabt für das Tennisspiel. Aber er beschloß, ein erfolgreicher Tennisspieler zu werden. Seine Zähigkeit und Ausdauer waren unerschöpflich. Lange Zeit studierte er täglich jede seiner Bewegungen vor dem Spiegel. Auf dem Tennisplatz übte er dann die gleiche Bewegung an die hundertmal, bis er sie perfekt beherrschte. Er legte ein Taschentuch in eine Ecke des Platzes und bemühte sich, den Ball immer genau dorthin zu schlagen. Außerdem erfand er eine Maschine, die den Ball mit unterschiedlicher Geschwindigkeit auf verschiedene Stellen des Spielfelds warf. Daran trainierte er, den Ball unter allen nur möglichen Bedingungen zurückzuschlagen. In einem kleinen Notizbuch machte er sich genaue Aufzeichnungen über seine Fortschritte und über die Gründe für seine Siege und Niederlagen. Nach einigen Jahren war er soweit und gewann das Tennisturnier von Wimbledon.

Wer ein erfolgreicher Sportler werden will, darf sich niemals entmutigen lassen. Er muß die bittersten Enttäuschungen überwinden, und er muß unermüdlich trainieren. Der Leichtathlet Jim Ryun (Rekorde über 1500 Meter) trainiert durchschnittlich drei Stunden täglich. Er läuft am Morgen in langsamerer Gangart, ehe er seine Vorlesungen an der Universität besucht, und spart sich den anstrengenderen Teil des Trainings für den späten Nachmittag auf. »Es ist leicht zu erkennen, daß diese Art des Trainierens einen eisernen Willen erfordert, den Verzicht auf alle anderen Vergnügungen und eine Härte gegen sich selbst, zu der nur wenige Menschen fähig sind.« Der Olympiasieger Zatopek pflegte beim Training schwere Militärstiefel zu tragen. Elliot, ebenfalls Olympiasieger, pflegte täglich über Sanddünen zu laufen, immer bergauf und bergab.

Aggressivität und Kampflust: Michel Bouet schrieb: »Sport scheint aus dem *agon* geboren zu sein, einem griechischen Wort, das soviel wie Kampf bedeutet.« In früherer Zeit diente der Sport als Vorbereitung auf den Krieg. Viele Formen des Sports, etwa Ringen, Boxen, Laufen, Speerwerfen und Fechten, haben diesen martialischen Aspekt bewahrt. Kam es zum Kampf, dann war der Sieg in erster Linie eine Frage der Schnelligkeit, der Kraft und der Geschicklichkeit. Selbst in »zivilisierteren« Sportarten, etwa im Tennis, messen sich die Spieler in »Turnieren«, wie es einst die Ritter getan haben. Das Rakett hat den Degen und die Schleuder abgelöst, aber es steckt immer noch eine ganze Menge Aggression dahinter, wenn der Ball mit aller Kraft so übers Netz geschmettert wird, daß er mit Sicherheit außerhalb der Reichweite des Gegners aufschlägt. Im Sport gibt es seit jeher den Gegner, den es zu besiegen oder vielleicht sogar zu bestrafen gilt.

Sind Leistungssportler aggressiver als andere Menschen? Ja, ganz ohne Zweifel. Aber wie Michel Bouet müssen wir unterscheiden zwischen Aggressivität und der Lust am Kampf. Die kaum beherrschte Aggressivität des Kriminellen treibt ihn dazu, brutale und verwerfliche Straftaten zu begehen. Im alltäglichen Leben handelt es sich bei ihm in der Regel keineswegs um einen tatkräftigen Menschen, sondern eher um eine träge, schwache Persönlichkeit ohne echtes Ziel. Auf der anderen Seite gibt es nur ganz wenige Fälle von Verbrechen bei Sportlern. Sie sind im allgemeinen sozial angepaßt und überaus gemeinschaftsfähig. Sie sind eher kampflustig als aggressiv. Außerdem ist auf dem Sportplatz die aggressive Persönlichkeit nur selten besonders erfolgreich, denn sie ist zu schnell bereit, gegenüber einem gewandteren Gegner eine Verletzung zu riskieren. Der Spieler, der einfach Freude am Kampf hat, wird dagegen bis zum Schluß seine ganze Kraft einsetzen. Er spielt fair. Im Fußball heißt es, daß der kämpferische Spieler sich um den Ball kümmert, während der aggressive Spieler eine deutliche Neigung zeigt, sich mit dem Mann zu beschäftigen. Ein richtiger Sportler ist über einen leichten Sieg nicht glücklich, der verdirbt ihm die Freude am Kampf. Er läßt sich durch seine eigenen Erfolge niemals zu blinder Spielleidenschaft verführen, sondern er beurteilt sie ganz bewußt kritisch. Der aggressive Sportler hält sich für überlegen, er behandelt den Gegner verächtlich und schwindelt und betrügt, wo er nur kann. Der kämpferische Sportler hat eine gesündere Einstellung. Es ist aber nicht zu leugnen, daß viele von den großen Sportlern, die im Laufe ihrer Karriere Kampfgeist bewiesen haben, dennoch nicht frei von einem gewissen Maß an kontrollierter Aggressivität sind.

Die Freude am Risiko ist ebenfalls Teil der Mentalität des Sportlers. Dieses Motiv spielt nicht bei allen Sportarten eine Rolle. Die gefährlichsten sind Autorennen, Fliegen und Motorradrennen. Dabei erfordern gerade diese Sportarten keinen besonders hohen Aufwand an Muskelkraft. Trotzdem gilt »Sport« immer noch mehr oder weniger als Synonym für einen Kontakt, der mit einer bestimmten Brutalität verbunden ist. Das Risiko bedeutet für den Sportler einen zusätzlichen Reiz. Dazu kommt sein Wunsch, den Gegner zu besiegen und das Bedürfnis, die eigene Angst zu überwinden. Es ist erstaunlich, daß im Sport dennoch die tollkühnen Draufgänger, die jeder Gefahr gegenüber vollkommen blind sind, viel seltener vorkommen als man glaubt. Natürlich nehmen Sportler freiwillig Risiken auf sich. So fliegt zum Beispiel der Skiläufer in einem halsbrecherischen Tempo den Hang hinunter. Der Verteidiger wirft sich dem Stürmer der gegnerischen Mannschaft entgegen, um ihm den Ball abzunehmen. Der Tormann hechtet gegen die Beine seines Gegners, der im Begriff ist, den Ball ins Tor zu schießen. Sie überwinden ihre Angst, denn wer den Sieg will, darf sich niemals von Angst beherrschen lassen.

Der Sportler und das Leben

Im Gegensatz zu einer alten, weitverbreiteten Anschauung zeigt der Sportler im normalen Leben im allgemeinen genau die gleichen Eigenschaften, also Leistungsfähigkeit und Mut, wie in seiner sportlichen Laufbahn. René Lacoste wurde ein erfolgreicher Geschäftsmann, ebenso sein Freund und Tenniskamerad Jean Borotra, desgleichen Louison Bobet, der dreimal die Tour de France gewann.

In politisch schwierigen Zeiten reagieren Sportler häufig ganz hervorragend, ja sogar heldenhaft. An Etienne Mattler, einem Fußballspieler, der an zweiundvierzig internationalen Begegnungen teilnahm und Kapitän der französischen Nationalmannschaft war, schätzte man vor allem die Tapferkeit auf dem Spielfeld. Einmal hielt er ein ganzes Spiel trotz ungeheurer Schmerzen durch. Er hatte sich den Fuß verstaucht und einen Bänderriß zugezogen. Während des Krieges entsprach seine Haltung ganz diesem Charakter. Er wurde Mitglied der Résistance. Monatelang ging das Gerücht um, er sei erschossen worden. Tatsächlich war er lange im Gefängnis (»Ich verlor in dieser Zeit nie den Mut«, sagte er später, »ich machte in meiner Zelle Turnübungen und ging immer wieder im Kreis herum, und dabei habe ich ein Paar Schuhe völlig verschlissen.«), bis ihm die Flucht gelang und er, verborgen unter einer Fuhre Heu, über die Schweizer Grenze gebracht werden konnte.

Alle diese Tatsachen können nicht verhindern, daß der Champion, dessen Karriere zu Ende geht, gewisse Schwierigkeiten hat, sich wieder dem »normalen« Leben anzupassen. Es ist aber selten, daß es einem Sportler nicht gelingt, dieses Problem auf positive Weise zu lösen.

Sportler mit »eisernem Willen«

Verschaffen uns die Erkenntnisse über den Planeten Mars ein Bild von diesem Temperament? Wir mußten unsere Karteikarten mit Tausenden von Charakterzügen durchsehen, um die Eigenschaften zu finden, die der Geisteshaltung des Leistungssportlers entsprechen. Dann prüften wir, ob der Mars häufig im Aufgangs- oder Kulminationspunkt stand, wenn Personen mit diesen speziellen Eigenschaften geboren wurden.

Unsere Sprache ist reich an Wörtern zur Beschreibung von Charaktereigenschaften. Aber unsere alltägliche Sprache ist nicht »wissenschaftlich«. Sie ist vielmehr vage, unbestimmt, manchmal sogar widersprüchlich und vieldeutig. Außerdem sind manche Ausdrücke gebräuchlicher als andere. In Sportler-Biographien wird von den Journalisten das Wort »mutig« sehr oft verwendet. »Unerschrocken« ist nicht so gebräuchlich, und »forsch« ist noch weniger verbreitet. Und doch geben diese drei

Wörter im großen und ganzen verschiedene Abstufungen der gleichen psychologischen Grundtendenz wieder.

Wir haben versucht, jeden einzelnen Wesenszug zu analysieren. Viele Merkmale erschienen aber zu selten in den Biographien, als daß es möglich wäre, sie in eine ernsthafte statistische Untersuchung mit einzubeziehen. Deshalb haben wir die Charakteristika, aus denen sich das Temperament des Leistungssportlers zusammensetzt, in Gruppen eingeteilt. Mit Hilfe unserer Indexkarten haben wir ein Porträt des Champions konstruiert, das umfassender und detaillierter ist, als wenn wir nur bestimmte wichtige Begriffe zur Beschreibung herangezogen hätten, denn es gibt Anhaltspunkte, das Temperament des erfolgreichen Sportlers zu erkennen. Die Auswahl dieser Wesensmerkmale fiel uns sehr schwer. Sie wurde schließlich allein von Vernunftgründen bestimmt. Wir nahmen unsere frühere Untersuchung als Grundlage und folgten der Ansicht von Sportexperten und den Überlegungen der Psychologen, die sich mit dem Temperament von Sportlern beschäftigt hatten.

Die folgende Liste von Eigenschaften, die wir nach unseren Unterlagen zusammengestellt haben, beschreibt dieses Temperament. Selbstverständlich ist die Liste nicht endgültig. Es ist möglich, daß es sich als notwendig erweisen wird, bestimmte Begriffe hinzuzufügen oder zu entfernen.

Porträt des Sportlers mit »eisernem Willen«

Beharrlich, eifrig, aktiv, aggressiv, lebendig, lebhaft, kühn, abenteuerlustig, streitsüchtig, unbesonnen, grob, brutal, eigensinnig, begeistert, rücksichtslos, ist mit dem Herzen bei der Arbeit, schlägt hart zu, leicht erregbar, kampflustig, handelt beherzt, reserviert, siegreich, besitzergreifend, mutig, schneidig, resolut, entschlossen, sucht Schwierigkeiten, zäh, dynamisch, tüchtig, ausdauernd, energisch, durchtrainiert, unternehmungslustig, betreibt seinen Sport fanatisch, leidenschaftlich, ist gläubig, antriebsstark, feurig, offen, gewinnend, großzügig, forsch, heroisch, heftig, unbarmherzig, unnachsichtig, unbezähmbar, unermüdlich, kompromißlos, wettbewerbsfreudig, besitzt Selbstbeherrschung, stolz, kraftvoll, hartnäckig, angriffslustig, dickköpfig, standhaft, furchtlos, direkt, jähzornig, durchdringender Blick, wißbegierig, widerstandsfähig, tollkühn, schroff, gelassen, spielt mit vollem Einsatz, verläßlich, überwindet Schwierigkeiten, verwegen, abstinent, unnachgiebig, ein Quälgeist, eigenwillig, fleißig, tapfer, höflich, stürmisch, männlich, voller Vitalität, beweglich, widerspenstig.

Ein gutes Bild des Mars-Temperaments

Wir mußten nun beweisen, daß Sportler mit »eisernem Willen«, die Charaktermerkmale aus der vorstehenden Liste besaßen, stärker »marsianisch« sind als andere, daß also unser impressionistisches Porträt des willensstarken Sportlers das Mars-Temperament spiegelt. Die Ergebnisse übertrafen bei weitem unsere Erwartungen. Die vorstehende Liste von Charakterzügen bezieht sich auf 1870 Geburtsdaten von Champions aus unserer Kartei. Wir erfaßten die Position des Mars zum Zeitpunkt der Geburt jeder einzelnen Person. Dann verglichen wir diese Verteilung der Mars-Positionen mit der Verteilung in unserer Gesamtübersicht der Sportler-Geburtsdaten. Die Resultate zeigten, daß erfolgreiche Sportler, denen man Mut und Entschlossenheit zuschrieb, doppelt so häufig wie andere Sportler geboren waren, nachdem der Mars eben den Horizont oder Meridian überschritten hatte. Die Verteilung des Mars zur Geburtsstunde dieser Sportler mit »eisernem Willen« zeigte statistische Anomalien und unterschied sich beträchtlich von der Verteilungskurve für die Gesamtgruppe der Sportler (siehe Diagramm 8). Alle entsprechenden Zahlenangaben sind in dem 1973 von unserem Laboratorium veröffentlichten *Planète et psychologie des champions de sports,* Band 2 der Serie C, enthalten. Um eine Vorstellung von unseren Forschungsresultaten zu geben, hier ein Beispiel, das die beiden Charaktereigenschaften

»mutig« und »eigenwillig« betrifft. Wir fanden in den Beschreibungen von 149 Sportlern eine der beiden genannten Eigenschaften. Außerdem waren von diesen Sportlern 85 geboren, als der Mars in einem der vier Sektoren in unmittelbarer Nähe des Horizonts oder Meridians stand. Theoretisch wäre eine Zahl von 49,7 zu erwarten gewesen, die Abweichung von der Norm beträgt also + 35,5.

Auch Yvon Goujon war bei Aufgang des Mars geboren. Er hatte bekanntlich gesagt: »Ich hasse es, stillzusitzen und zu warten. Ich bin kein Träumer. Ich liebe das Leben und die Aktivität.« Ebenfalls bei Aufgang des Mars ist Etienne Mattler geboren, Eddy Merckx nach Kulmination des Mars. Er war so berühmt, daß entlang der gesamten Strecke der Tour de France amerikanische Journalisten stationiert waren, die in aller Ausführlichkeit über das Rennen berichteten. Eddy Merckx ist das beste Beispiel für einen Sportler mit eisernem Willen. Er wurde in Meensel-Kiezegen in Belgien am 17. Juni 1945 um 11 Uhr vormittags geboren, als der Mars eben den Meridian überschritten hatte.

Sportler mit »schwachem Willen«

Es gibt Sportler, die in ihren Biographien ganz anders beschrieben werden. So unterscheidet sich zum Beispiel der Radrennsportler Armand Blanchonnet im Temperament vollkommen von Eddy Merckx.

»Man bezeichnete ihn als ›Phänomen‹, und das war durchaus keine Übertreibung. Blanchonnet besitzt in der Tat außergewöhnliche physische und physiologische Gaben, die ihn in die Lage versetzen, große Leistungen mit erstaunlicher Leichtigkeit zu vollbringen. Unglücklicherweise haßt dieser begabte Sportler länger anhaltende Anstrengungen in jeder Form und konnte sich nicht an ein hartes Training gewöhnen. Er machte deshalb nicht die Karriere, die man von ihm erwarten konnte.« (Raymond Huttier)

»Der gutaussehende Blanchonnet war ein recht apathischer Mensch, aber ein guter Sprinter... besonders, wenn es um Frauen ging. Er empfand eine unerschöpfliche Zuneigung zum schönen Geschlecht. An sich ist dagegen nichts zu sagen, aber für einen Mann, der in die Pedale treten soll, ist es weniger empfehlenswert. Er war von Natur aus apathisch und bewegte sich lustlos. Er regte sich niemals auf. Er hatte einen wundervollen Körper, ausgezeichnete Lungen und ein hervorragendes Herz. Hätte sich Blanchonnet nur an ein geregeltes Training gewöhnt, dann hätte er so gut wie alles erreichen können.« (G. Berretrot)

Es gibt viele Sportler wie Blanchonnet, die vielleicht nicht seinen hohen Grad der Unbekümmertheit erreichen, aber auch nicht den stahlharten Kern besitzen, der für den wahren Sportler charakteristisch ist. Journalisten sind dann schnell bei der Hand, auf diese kleinen Schwächen hinzuweisen und einen Charakter zu verurteilen. Verständlicherweise sind aber »unsportliche« Charaktermerkmale in den Veröffentlichungen über Sportler nicht so zahlreich wie Hinweise auf sportliche Qualitäten. Trotzdem entdeckten wir in unserem Material 780 derartige Fälle und haben danach die folgende Liste zusammengestellt. Sie bildet einen Kontrast zu den Attributen, die für die Champions mit dem eisernen Willen gelten.

Porträt des willensschwachen Champions

Liebenswürdig, anonym, ängstlich, künstlerisch, klug, rührend, aufmerksam, nicht sehr mutig, freundlich, sensibel, schwermütig, zu ruhig, launisch, gutmütig, gefällig, charmant, höflich, hat Komplexe, intelligent, versöhnlich, korrekt, verbindlich, furchtsam, konfus, verzagt, kultiviert, deprimiert, enttäuscht, bekümmert, nicht selbstbewußt, dilettantisch, diplomatisch, unterwürfig, sanft, bescheiden, meidet Anstrengung, trainiert wenig, voller Ausflüchte, ausgezeichnete Veranlagung, schwach, absonderlich, schlau, nett, glücklich, menschlich, gutgelaunt,

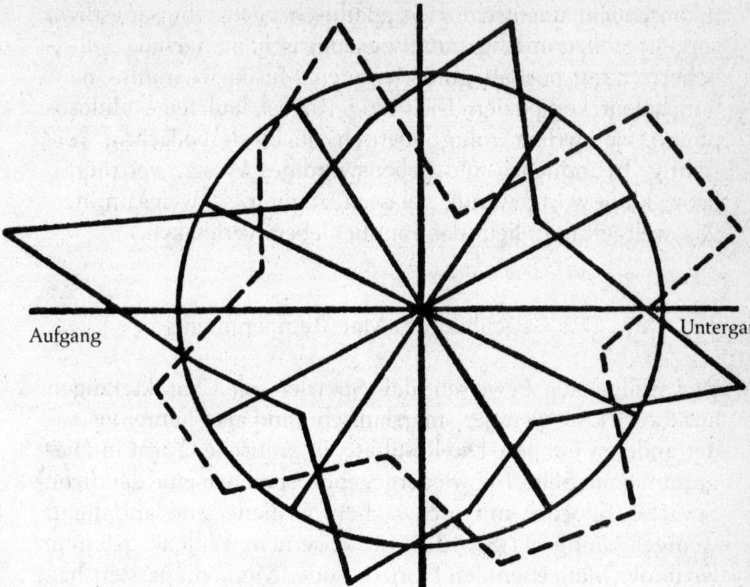

Diagramm 8

Mars und der Unterschied zwischen den Sportlern mit »eisernem Willen« und mit »schwachem Willen«.

Der Kreis stellt die Durchschnittszahl der Sportler dar, die geboren sind, während der Mars auf seiner täglichen Bahn die verschiedenen Sektoren durchläuft.

Die durchgezogene Linie symbolisiert die erfolgreichen Sportler mit »eisernem Willen«, die häufiger als mittelmäßige Sportler geboren werden, wenn der Mars eben den Horizont oder Meridian überschritten hat.

Die gestrichelte Linie zeigt die willensschwachen Sportler, die nicht so häufig wie Sportler mit »eisernem Willen« unter dieser Mars-Position geboren werden.

Aus M. und F. Gauquelin: *The Mars Temperament and Sports Champions.*

unfehlbar, leicht zu beeindrucken, unauffällig, unbrauchbar, inkonsequent, unentschlossen, apathisch, nachgiebig, ängstlich, sorglos, labil, unmäßig, intuitiv, exzentrisch, mangelnde Selbstbeherrschung, boshaft, gute Manieren, Musiknarr, mutlos, naiv, nonchalant, kompliziert, friedfertig, Pazifist, faul, feige, philosophisch, wunderlich, ruhig, poetisch, nüchtern, bedächtig, vorsichtig, freundliches und liebenswürdiges Wesen, verträumt, listig, klug, wortgewandt, gelassen, zaghaft, schweigsam, nervös, weltgewandt, liebt das Familienleben, verletzlich.

Das Gegenbild des Mars-Temperaments

Wir wollen nun beweisen, daß Sportler mit Charakterzügen aus dieser Liste weniger »marsianisch« sind als Champions aus der anderen Gruppe. Die Resultate, in grafischer Form in Diagramm 8 auf Seite 107 wiedergegeben, sprechen eine deutliche Sprache. Sportler mit »schwachem Willen« sind auffallend weniger häufig als Sportler mit »eisernem Willen« geboren, wenn der Mars eben den Horizont oder Meridian passiert hat. So enthüllt also die Liste der Persönlichkeitsmerkmale, die den willensschwachen Sportler beschreiben, einen Charakter, der fast das genaue Gegenteil des Mars-Temperaments ist. Wir sehen darin einen interessanten Gegenbeweis für die Beziehungen zwischen Mars-Position und Charakter.

Unsere Erkenntnisse werfen aber auch ein bezeichnendes Licht auf die Psyche der Sportler. In vielen Fällen ist es nur der Charakter, der den erfolgreichen vom erfolglosen Sportler unterscheidet. Wer sich am meisten um den Erfolg bemüht, erreicht auch die höchste Stufe. Voraussetzung ist natürlich, daß er die nötigen Fähigkeiten besitzt. Wie wir im vorigen Kapitel sagten, macht sich die Beziehung zwischen Sport und Mars-Tendenzen besonders deutlich bei erfolgreichen Leistungssportlern, Olympiasiegern und Weltrekordlern bemerkbar. Bei durchschnittlichen Sportlern ist sie dagegen nur schwach zu spüren.

Experten auf dem Gebiet der Sportpsychologie haben diesen charakterologischen Aspekt sportlicher Erfolge bestätigt. William F. Staub, außerordentlicher Professor für Leibeserziehung am Ithaca-College in New York, untersuchte in einer Studie das Verhältnis der Persönlichkeitsmerkmale von Fußballspielern zu der von ihnen erreichten Stellung. Er benutzte dazu den Cattell-Fragebogen. Die Ergebnisse zeigen, daß die professionellen Spieler wesentlich häufiger als »unsentimental, direkt, selbstbewußt« beschrieben wurden und sehr viel seltener als »sanftmütig, raffiniert und empfindsam«.

Noch eine letzte statistische Angabe darf nicht fehlen. Der Mars unmittelbar über dem Horizont oder nach dem Meridian erscheint zur Geburtszeit von Sportlern mit eisernem Willen doppelt so oft wie bei normalen Durchschnittsbürgern (64 Prozent anstatt 33 Prozent). Der Prozentsatz bei den willensschwachen Sportlern ist dagegen sogar noch geringer als die für Normalbürger verzeichneten Zahlen (29 Prozent anstatt 33 Prozent). Das ist interessant, wenn wir uns in diesem Zusammenhang daran erinnern, daß der Prozentsatz für diese beiden Mars-Positionen bei Geburtszeiten von Künstlern und Musikern genau 28 Prozent beträgt. Es scheinen also die willensschwachen Sportler den Künstlern psychologisch näherzustehen als ihren Mannschaftskameraden mit dem starken Willen. Die Mars-Position zur Zeit der Geburt ist sehr stark der Ausdruck eines bestimmten Temperaments und hat relativ wenig mit der beruflichen Bestimmung des Menschen zu tun.

8. Kapitel

Das Jupiter-Temperament und die Schauspieler

»Schauspieler zu sein ist kein Beruf, sondern ein Abenteuer, und ein Abenteuer ist aufregender als ein Beruf.«

René Simon
Professor der Schauspielkunst

Der Jupiter ist der einflußreichste Planet für Schauspieler. Deshalb eignet sich diese Berufsgruppe auch am besten für eine Untersuchung des Jupiter-Temperaments.

Wir begannen unsere biographische Forschungsarbeit mit dem *Dictionnaire des comédiens français* von Lyonnet. Dieses interessante Buch enthält sehr lebendige Biographien der Bühnenschauspieler des 19. Jahrhunderts. Allerdings fanden wir darin keine Informationen über Schauspieler unserer Zeit. Wir mußten deshalb unsere Nachforschungen weiter ausdehnen. Eine der größten Bibliotheken von Paris, die *Bibliothèque de l'Arsenal,* enthält einen bibliographischen Schatz, die Rondel-Sammlung. Rondel ist der Name eines glühenden Theaterenthusiasten, der über einen Zeitraum von dreißig Jahren alle Artikel, Bücher und Kritiken sammelte, die über französische und ausländische Schauspieler aller Perioden erschienen. Wir haben diese Sammlung systematisch ausgewertet. Zum gegenwärtigen Zeitpunkt besitzen wir in unserem Archiv mehr als viertausend Fotokopien biographischer Dokumente über fast fünfhundert verschiedene Schauspieler. Jede Sparte der Schauspielkunst ist vertreten: komische und dramatische Schauspieler, Bühnenschauspieler, Filmstars, Chansonniers und auch bekannte Kabarettisten. Geburtszeit und Planetenstellung dieser Berühmtheiten haben wir im Rahmen der kürzlich durchgeführten Untersuchung erfaßt (»Planètes et professions«, veröffentlicht von unserem Laboratorium).

Diese Schauspieler-Biographien wurden nach dem gleichen System analysiert wie die der erfolgreichen Sportler. Alle charakterologischen oder Verhaltensmerkmale wurden unterstrichen und auf eine Karteikarte geschrieben. Jede Karte trägt die Charakterzüge einer bestimmten Person. Oben auf der Karte sind die persönlichen Daten angegeben, die Rückseite enthält die Planetenpositionen zur Zeit der Geburt. Für Schauspieler allein registrierten wir mehr als eintausend Charaktereigenschaften. Jede ist auf einer Karteikarte festgehalten.

Wir wenden die gleiche Methode an und beginnen damit, ein allgemeines Bild vom Charakter des Schauspielers zu zeichnen.

Die Mentalität des Schauspielers

Wie kann man die Mentalität des Schauspielers beschreiben? Dank des auf Seite 67 bis 69 abgedruckten Fragebogens kennen wir bereits die allgemeine Ansicht. Nun wollen wir uns mit der Meinung der Theaterexperten beschäftigen.

Über dieses Thema ist verhältnismäßig wenig veröffentlicht worden. Wir wollen versuchen, die allgemeine Einstellung herauszuarbeiten und verwenden als Grundlage das Buch *La Psychologie du comédien* von André Villier (Verlag Odette Lieutier, Paris, 1947).

Ganz allgemein gelten Schauspieler als extravertiert. »Man trifft viele Schauspieler, die allen irdischen Vergnügen zugeneigt sind«, schrieb Villiers. Der Schauspieler sollte die Welt lieben und sich in Gesellschaft wohlfühlen. Die Menschen wollen sein Talent sehen. Er soll liebenswert sein. »Neben gutem Aussehen ist ›Charme‹ eine Kardinaltugend des Schauspielers.« Elegante Bewegungen, ein angenehmes Lächeln und die Fähigkeit der mimischen Darstellung machen es dem Schauspieler leicht, Kontakt zu seinem Publikum zu finden und es zu beeinflussen. »Uns gefällt der Gedanke, daß natürliche Ungezwungenheit und Charme Teil der Persönlichkeit des Schauspielers bleiben, auch wenn er die Bühne verlassen und sein Gesicht abgeschminkt hat.« Das bedeutet, daß der Schauspieler sehr spontan sein muß, sowohl auf der Bühne als auch hinter der Bühne. Bedächtigkeit und Nachdenklichkeit sind Feinde der Spontaneität. Sie sind dem Charme abträglich und natürlich auch dem Einfluß des Schauspielers auf sein Publikum.

»Der Beruf des Schauspielers«, schrieb Louis Jouvet, »erfordert kein großes intellektuelles Wissen, wir brauchen keine Denker zu sein. Die Schauspielerei ist eine Frage des Gefühls.« Auch allzu große Subtilität ist dafür nicht notwendig. »Ein Spiel, das keinen anderen Vorzug hat, als lebendig zu sein, ist besser als ein sehr intellektuelles und dabei kaltes, nüchternes Spiel.« Der Schauspieler muß wissen, wie er seine Gefühle nach außen projizieren kann.

Im allgemeinen wünschen sich Schauspieler ein aufregendes Leben voller Fröhlichkeit und Spaß, mit Kleiderproben, Premieren und Parties. »Die Häuser und Ateliers von Künstlern sind ein Treffpunkt für alle Welt, es sind amüsante, geistreiche Salons.« Wie wir bereits erwähnten, müssen Schauspieler sehr spontan reagieren. Madame Dussane überträgt eine Definition von Dr. Dide auf Schauspieler: »Eine lebhafte Phantasie, heftige Emotionen, die Fähigkeit, Illusionen hervorzurufen, eine große Flexibilität des Charakters.« Ein Schauspieler sollte vielseitig interessiert und originell sein und eine glückliche Veranlagung besitzen. »Eine reisende Truppe verbreitet keine Melancholie. Wir haben vor und nach den Vorstellungen explosionsartige Ausbrüche einer ansteckenden Fröhlichkeit erlebt. Der schauspielerische Instinkt wird nicht nur im Rahmen der dramatischen Handlung sichtbar. Die Späße auf offener Bühne sind sprichwörtlich, selbst dort, wo Theater in seiner ernsthaftesten Form gespielt wird. Es gibt zahlreiche Beispiele für diese Art von angewandtem Witz. Mehr oder weniger ›spielt‹ der Schauspieler ständig, auch im Alltag. Er hat die Neigung, die trivialsten Ereignisse des Daseins zu dramatisieren.« Es ist kein

Zufall, daß der Begriff »schauspielern« für jeden angewandt wird, der seine Rolle im Leben übertreibt.

Im Privatleben mancher Schauspieler und Schauspielerinnen zeigt sich eine Moral, die frei von allen Konventionen ist: »Sie befriedigen ihre körperlichen Bedürfnisse ohne jede Spur eines schlechten Gewissens.« Eine gewisse Unordnung, Hang zur Exzentrizität, Glücksspiel und maßloses Kaufverhalten scheinen seit Jahrhunderten für viele Schauspieler typisch zu sein.

Kann der »bürgerliche« Schauspieler überhaupt ein erstklassiger Schauspieler sein? Lugné-Poe schrieb einst über Jules Berry: »Welche Genugtuung, von Angesicht zu Angesicht dem Schauspieler gegenüberzustehen, dem ›Geächteten‹, dem Mann, den ich am höchsten schätze, weil er ohne Vernunft ist, wenn er nicht auf der Bühne steht.« »Jacques Copeau hat oft dagegen protestiert, daß Schauspieler versuchen, den ehrbaren Konventionen des Mittelstands nachzueifern. An manchen Theatern macht man sie zu einer Art Verwaltungsbeamten, zu städtischen Angestellten. Das gibt ihnen natürlich berufliche Sicherheit, aber es entfremdet sie für immer jeglicher Verbindung zur Phantasie, zur Leidenschaft und zum Leben.«

Schauspieler sind sehr oft ehrgeizige, opportunistische Persönlichkeiten. Um Erfolg auf der Bühne oder im Film zu haben, ist Talent und Entschlossenheit notwendig. In gewissem Sinne ist die Schauspielerei der schlimmste aller Berufe, denn die Zeit bringt nicht automatisch den Erfolg oder den »großen Durchbruch«. Anders als der unverstandene Wissenschaftler kann der Schauspieler nicht damit rechnen, daß ihn der Ruhm auch noch nach seinem Tod einholt. Für den Schauspieler ist die Vergangenheit unwiderbringlich verloren. Er muß stets darum kämpfen, bekannt zu werden, solange er noch jung ist. Der Ruhm, nach dem sich jeder Schauspieler sehnt, kann bei allem Talent nicht erreicht werden, wenn es dem Schauspieler nicht gelingt, in jungen Jahren die Aufmerksamkeit der Öffentlichkeit auf sich zu ziehen und aus der Riege all der anderen Schauspieler hervorzuragen, die ebenfalls nach Ruhm streben. Er darf niemals sein Selbstvertrauen verlieren.

Zwei Arten Schauspieler

Nicht alle Schauspieler streben bloß nach Ruhm und sind entschlossen, mit allen Mitteln darum zu kämpfen und sich zu diesem Zweck den schlimmsten Übertreibungen der Reklame auszusetzen. Louis Jouvet unterschied zwischen zwei Schauspieler-Typen, nämlich den »bescheidenen, anständigen« und den »unbescheidenen, unverschämten« Schauspielern. »Der Schauspieler ist ein unverschämter Künstler: Er muß sich selbst zur Schau stellen. Spricht man aber von seiner moralischen und von seiner physischen Persönlichkeit, dann sollten wir auch zur Kenntnis nehmen, daß er stolz darauf ist, daß er sie ohne jede Scham und mit Befriedigung darstellt und keinen Versuch macht, dies zu verbergen.« (Louis Jouvet, *Supplément ou paradoxe sur le comédien*). Der Schauspieler hat etwas von einem »Exhibitionisten«. Der »unverschämte« Schauspieler spielt instinktiv und kraftvoll. Seine eigene Persönlichkeit ist in allen dargestellten Figuren zu finden. Das ist gleichzeitig seine Stärke und seine Schwäche.

Jean Truffier beschreibt den Bühnenauftritt des großen französischen romantischen Schauspielers Mélingue wie folgt: »Es begann damit, daß er sehr laut schrie, denn er war der Meinung, daß die Person in einem Drama sofort imponieren müsse, indem sie ein paar eindrucksvolle Befehlslaute von sich gab. Drückte jemand sein Erstaunen über dieses Verhalten aus, dann pflegte er zu antworten: ›Ich muß schreien, wenn ich zum erstenmal erscheine, sonst wüßte niemand, daß es Mélingue ist‹!« Mélingue wurde am 16. April 1807 um 3 Uhr nachts in Caen (Normandie) geboren. Jupiter war zu dieser Zeit gerade aufgegangen.

Dieser Schauspielertypus besitzt oft große Macht über sein Publikum. »Manche Schauspieler glänzen nicht durch ihre Kultur und Bildung, sondern finden Anerkennung durch Keckheit, Spontaneität und Natürlichkeit. Sie besitzen absolute Handlungsfreiheit, sie sind nicht der Kontrolle einer strengen Gesinnung unterworfen, und sie nehmen die Geschmacksverirrungen, die ihrem Mangel an Erfahrung und Bildung zuzuschreiben sind, überhaupt nicht wahr.«

Der »bescheidene« Schauspieler ist ganz anders. Er geht völlig in seiner Rolle auf, er setzt seine Beobachtungsgabe, seine Erfahrung, sein intellektuelles und emotionales Wissen ein. Das alles sind seine wichtigsten Hilfsmittel, die eigene Persönlichkeit auszudrücken. Der Nachteil dieses zweiten Typs kann »Aufrichtigkeit ohne Wärme, Technik ohne Seele« und ein Mangel an Spontaneität sein. Aber welch ein Genuß, wenn sich diese Kultiviertheit und Intelligenz mit einer von Natur aus vorhandenen Ausdrucksfähigkeit verbinden! Auch der »bescheidene« Schauspieler hat ein theatralisches Talent und ist kein Dilettant. Für ihn ist Erfolg nicht nur eine Frage der Berühmtheit und des Starkults, sondern der Entwicklung seiner Persönlichkeit innerhalb des von ihm erwählten Kunstzweigs. Es braucht nicht besonders betont zu werden, daß »bescheidene« Schauspieler unter den erfolgreichen Theater-Persönlichkeiten weniger häufig anzutreffen sind als »unbescheidene«.

Die drei folgenden Beispiele machen diese Behauptung deutlich.

Zuerst wollen wir uns mit dem Bild eines »unverschämten«, eines »unbescheidenen« Schauspielers beschäftigen, wobei dieser Begriff in dem von Jouvet beschriebenen Sinn gebraucht wird. Dieser Schauspieler, Jules Berry, wurde am 9. Februar 1883 um 21 Uhr in Poiters geboren, kurz nach Kulmination des Jupiters. Pierre Laroche beschreibt ihn folgendermaßen: »Dieser Schauspieler besitzt einen charakteristischen Stil, eine Mischung aus Unverschämtheit, fragwürdiger Eleganz, intellektueller Unbefangenheit und einem Mangel an Selbstkritik. Er spricht mit den Händen, trägt unmögliche Manschetten, zündet sich seine Zigarette auf unnachahmliche Weise an, bindet seine Seidenkrawatte mit perfekter Lässigkeit, und es erscheint immer so, als ob er seinen Text improvisieren müsse, was in der Tat auch sehr oft der Fall ist. Alle seine Rollen werden zu Jules Berry, aber es sind Jules Berrys, die realer sind als der echte Jules Berry. Er lebt diese Gestalten mit fieberhafter Intensität.

Er zeigt immer eine hervorragende Leistung.« Um dieses Bild zu vervollständigen, wollen wir einige Bemerkungen aus einem Artikel von Max Favalelli zitieren, den dieser anläßlich des Todes von Jules Berry schrieb: »Es war immer nur zum Teil sein eigener Charakter, den er auf die Bühne brachte, denn er wandte für seine Schöpfungen die gleiche Phantasie auf, mit der er sein ganzes Dasein gestaltete. Dieser brillante, geistreiche Mann schien seine Rollen jeden Abend zu improvisieren. Seine Wirkung auf das Publikum war außerordentlich ... Er war dreimal verheiratet, bei seiner dritten Ehe war er einundfünfzig und die Braut siebzehn Jahre. Es bildeten sich Legenden um ihn, man brachte ihn mit zahllosen amüsanten Anekdoten in Verbindung, und er wurde so zu einer der farbigsten Persönlichkeiten des französischen Theaters. Er war ein passionierter Spieler. Das Geld glitt ihm nur so durch die Finger. Er verschwendete ein Vermögen am Spieltisch und auf der Rennbahn von Longchamp, wo er seinen eigenen Rennstall besaß.«

Als Kontrast zu Berry wollen wir einen »bescheidenen« Schauspieler vorstellen, den großen Italiener Ruggero Ruggeri, der am 14. November 1871 um 7 Uhr morgens in Fano geboren wurde, als Jupiter weder den Aufgangs- noch den Kulminationspunkt passierte. Der Verfasser des folgenden Artikels, Silvio d'Amico, beschreibt sehr deutlich, was Ruggeri von den »unbescheidenen« Schauspielern unterscheidet, wie sie Louis Jouvet charakterisierte.

»Ruggeri war kein Schauspieler, dem schon mit zwanzig Jahren von seinen Bewunderern eine glänzende Zukunft vorausgesagt wurde; kurz, er war kein ›Star‹. Er wurde nur langsam und allmählich bekannt, durch fleißige, gewissenhafte Arbeit. Von einem großen Schauspieler erwartet man, daß er eine eindrucksvolle, dominierende Gestalt ist, muskulös, stark und temperamentvoll. Ruggeri entspricht keineswegs dieser Beschreibung. Er ist blaß, in seinen Gebärden sehr beherrscht, und er zeigt gewöhnlich stets den gleichen Gesichtsausdruck. Der große Schauspieler ist laut, während Ruggeri in gemäßigtem, wohlklingendem Ton spricht. Der große Schauspieler ist überschwenglich, während Ruggeri nachdenklich ist. Ruggeris Charakter wird nur allmählich sichtbar. Er ist ein gebildeter, zurückhaltender Mensch mit einem ausgesprochenen Gefühl für die kleinsten Nuancen, und er kennt seine Grenzen. Er spielt von innen heraus mit einer Art beherrschter Intensität.«

Eine der berühmtesten Schauspielerinnen aller Zeiten, Eleonora Duse, gehörte zum »bescheidenen« Typus. Sie war sogar ungewöhnlich zurückhaltend. Geboren wurde sie am 3. Oktober 1858 um 2 Uhr nachts in Vigevano in der Nähe von Pavia. Saturn (nicht etwa Jupiter!) war eben aufgegangen. »Eleonora Duse verabscheute jedes dilettantische Spiel, sie führte ein einfaches Leben, das nicht durch irgendwelche Liebesaffären kompliziert wurde, und sie brachte sich selbst, mit Körper und Seele, in ihr Spiel ein, wenn sie vor ihr Publikum trat. Ihr Privatleben außerhalb der Bühne schirmte sie ganz konsequent ab.« (Henry Lapauze) »Eleonora Duse bewunderte man wegen ihrer Intelligenz, wegen ihrer Bildung und wegen der Tiefe ihres Charakters. Sie war ganz anders als die meisten berühmten Schauspielerinnen. Ihre Kunst bestand nicht darin, eine aufregende künstliche Realität zu schaffen, sondern spezifisch weibliche Gefühle in ihrer vollkommensten, aber auch strengsten Form darzustellen. Jemand schrieb mit Recht, daß ›die Ausübung ihrer Kunst für sie Berufung war‹. Sie lebte geheimnisvoll und zurückgezogen.« Ein bezeichnender Ausspruch der Duse lautet: »Glück, das ist: die Tür hinter sich zu schließen, sich allein an einen Tisch in einem kleinen Zimmer zu setzen, und in der Abgeschiedenheit vom Leben das Leben zu gestalten.«

Es ist offensichtlich, daß außergewöhnliches Talent die Voraussetzung ist, um mit einer solchen Lebensauffassung, mit einem derart scheuen Wesen, berühmt zu werden. Es ist ebenso offensichtlich, daß das Porträt des »typischen« Schauspielers, das in der Regel eher von Zwanglosigkeit, Selbstsicherheit und Extravertiertheit bestimmt ist, auf diese große Schauspielerin nicht zutrifft. Wie das Beispiel der Duse beweist, sind auch schon »bescheidene« Schauspieler zu Ruhm gelangt, obgleich ihre Zahl nicht so groß ist wie die des anderen Schauspielertyps.

Unsere nächste Berühmtheit ist Charlie Chaplin. Wenn er auch nicht ganz so »bescheiden« ist wie Eleonora Duse, zeigen seine Biographien, daß er von den gleichen Problemen geplagt wurde wie die oft schon bedrückend »bescheidenen« Schauspieler. »Ich bin am 16. April 1889 um acht Uhr abends in East Lane, Walworth, geboren«, erzählte Charlie Chaplin selbst. Zu diesem Zeitpunkt war Saturn der beherrschende Planet. In der Tat wird Chaplin oft als »Zweifler« beschrieben, als ein Mensch, der sich selbst Probleme schafft. In dem Buch *Heroes I Have Known* schreibt Max Eastman:

»Und diese Übervorsicht, eine Art ängstliches, knauseriges Anklammern an das, was er besitzt, ist der Grund, weshalb sich Charlie nicht einmal voll und ganz an seiner eigenen kreativen Kunst erfreuen kann oder die unvergleichliche Gelegenheit nutzt, sie zu genießen. Sein Atelier ist mehr als die Hälfte der Zeit still wie ein Friedhof. Nicht etwa, weil ihm die Kraft, die Einfälle oder die Geldmittel fehlen, um es mit einer Flut wunderbarer Experimente zu erfüllen. Ihm fehlt die großzügige Hingabe.«

Charlie Chaplin war in beruflichen Dingen äußerst gewissenhaft. Man erzählt, daß er bei den Dreharbeiten zum Film *The Idle Class* (Die müßige Klasse) den gleichen Gag vor den laufenden Kameras neunmal wiederholte. Weil er immer noch nicht zufrieden war, machte er am folgenden Tag noch einmal neun Aufnahmen. Dieser Perfektionismus erklärt die starke Wirkung der Chaplin-Gags auf den Betrachter. Sie sind das Ergebnis beharrlicher Arbeit und einer perfekten Technik.

Marcia Moore und Mark Douglas berichten von einer weiteren Begebenheit: »Chaplin und Max Eastman nahmen an einem Persönlichkeitstest teil, den ein gemeinsamer Freund, Dr. Reitell, durchführte. Chaplins Punktezahl für ›Introvertiertheit‹ war so hoch, daß der Arzt ausrief: ›Du bist nicht weit entfernt, ein Einsiedler zu sein! Abgeschiedenheit von aller Welt ist anscheinend deine Vorstellung vom Himmel.‹ Zu dieser Zeit stand Chaplins eigenes Zuhause auf einem von einer Mauer umgebenen Hügel, ganz eingeschlossen von Bäumen. ›Wenn ich hier

Graben und Zugbrücke hätte‹, sagte er zu Eastman, ›könnte ich das ganze Jahr über allein leben und glücklich sein. Ich würde dich vielleicht ab und zu für einen Satz Tennis hereinlassen, aber auch nur, weil ich Bewegung brauche.‹ Chaplin wurde in seinem späteren Leben tatsächlich zum Einsiedler, der sich mit seiner Frau und der Familie in der Schweiz verbarrikadierte.«

Übrigens erhielt Chaplin für Selbstsicherheit eine ungewöhnlich niedrige Punktezahl.

»Du bist sehr gehemmt und hast eindeutig Minderwertigkeitsgefühle«, erkannte der Doktor. »Die starken Worte, die Zeichen der Aggressivität und die Beweise der Kraft dienen nur dem Selbstschutz. Dahinter versteckt sich eine ängstliche, sorgenvolle und verstörte Seele.«

Eines Tages kam Eastman vorbei und fand Chaplin im Zustand tiefsten Elends. Als Grund seiner Niedergeschlagenheit stellte sich heraus, daß Chaplin soeben 877000 Dollar zurückgewiesen hatte, die ihm für eine Serie von fünfundzwanzig Rundfunksendungen von jeweils fünfzehn Minuten angeboten worden waren.

»Warum kannst du das Angebot nicht annehmen?« fragte Eastman. »Du könntest doch irgend etwas sprechen.« »Darum geht es nicht«, antwortete Chaplin. »Du weißt, daß ich sehr gerne rede, das fällt mir nicht schwer. Aber ich kann einfach nicht so nahe an das Publikum herangehen. Ich muß unerreichbar und geheimnisvoll erscheinen. Sie sehen mich in einem romantischen Licht. Ich würde mehr verlieren als das Geld, wenn ich mich über das Radio zugänglich und familiär zeigen würde.«

Natürlich hatte Chaplin sein Publikum sehr gern, auch wenn er das Geheimnisvolle in dieser Beziehung übertrieb. Er wollte die Menschen aber auf seine eigene Art und Weise für sich gewinnen, und das gelang ihm auch. Chaplin steckte, wie alle komplizierten Menschen, voller Widersprüche. Es ist interessant, daß dieser »kleine Mann«, der die ganze Welt zum Lachen brachte, sich in seinem Wesen so grundlegend von der ungezwungenen, unbeschwerten Persönlichkeit unterscheidet, die

»exhibitionistische« Schauspieler wie Jules Berry und viele andere charakteristiert.

Wir kommen zurück auf unser spezielles Problem. Bei Durchsicht unserer Kartei mit den biographischen Angaben gelangten wir zu der Auffassung, daß es sich lohnen würde, die Schauspieler in zwei Gruppen zu teilen, um festzustellen, ob statistisch gesehen ihre Charakterunterschiede den jeweiligen planetarischen Einwirkungen zur Geburtszeit entsprechen.

Wir suchten aus unserer Kartei alle Charakterzüge heraus, die anscheinend zum typischen Schauspieler gehören, die also charakteristisch sind für den »unbescheidenen« Schauspieler, wie ihn Louis Jouvet definierte. Unsere Liste ist keineswegs endgültig. Nach weiteren Untersuchungen werden zweifellos Änderungen nötig sein.

Der typische »unbescheidene« Schauspieler

Geschäftssinn, bringt seine Ansichten laut zum Ausdruck, wird vom Publikum geliebt, ungezwungen, modisch, überlegen, ehrgeizig, überschwenglich, selbstbewußt, kühn, autoritär, abenteuerlustig, gesprächig, braucht Selbstbestätigung, spielt mit Vitalität, spielt dilettantisch, kapriziös, bissig, berühmt, begeistert durch seine Darstellung, leicht erregbar, Sinn für das Komische, kommunikativ, extravertiert, liebenswürdig, kritisch, kein Ästhet, heftig, verschwenderisch, despotisch, ist ein Don Juan, redegewandt, enthusiastisch, lebhaft, ein Schurke, witzig, verblüfft, neigt zu Übertreibung, exzentrisch, hitzig, stolz, leidenschaftlich, unterstützt riskante Theaterunternehmen, geistsprühend, fröhlich, gestikuliert oft, übertriebene Gestik, spöttisch, hochmütig, unverschämt, herrisch, gutgelaunt, Liebling des Publikums, begierig nach Erfolg, unbarmherzig, imposant, sorgt für Aufsehen, schneidend, unabhängig, undiszipliniert, ungehorsam, unerträglich, eifersüchtig, glücklich, boshaft, höhnisch, irdischen Vergnügungen zugewandt, sarkastisch, schlau, feindselige Gesinnung, originell, offen, wird zu persönlich, schillernde Persönlichkeit, brilliant, Interesse für Politik, allgemein beliebt, sorgt für Überraschungen, großzügig, provoziert gern, ungestüm, zu Scherzen aufgelegt, versteht reich zu werden, grob, freimütig, ungeniert, schockierend, humorvoll, erfolgreich, arrogant, liebenswert, vulgär, lärmend, störrisch, eingebildet, beseelt, schlagfertig, oberflächlich.

Es sieht so aus, als stelle dieses Schauspieler-Portrait eine treffende Beschreibung des Jupiter-Temperaments dar. Tatsächlich sind Schauspieler mit den in dieser Liste erwähnten Charakterzügen im allgemeinen viel häufiger als andere Schauspieler geboren, nachdem Jupiter den Horizont oder den Meridian überschritten hat (siehe Diagramm 9 auf Seite 123). Unserer Statistik liegen 2110 Fälle zugrunde. Bei einer so großen Zahl kann nicht mehr der Zufall für die Häufigkeit verantwortlich sein. Es scheint, als ob der typische Schauspieler das Jupiter-Temperament besitzt. Wir sollten aber bei dieser Gelegenheit erwähnen, daß die vorstehende Liste ein gutes Bild vom Jupiter-Temperament gibt, aber doch nicht das vollständige Jupiter-Temperament erfaßt, weil unsere Beschreibung ausschließlich auf Biographien von Schauspielern beruht und wahrscheinlich nicht vollständig ist. Die Einbeziehung von Persönlichkeiten aus anderen Berufsgruppen, etwa Politiker und Militärs, könnte die Liste ergänzen. Wir wollen uns jetzt jedoch mit dem Schauspieler-Typ beschäftigen, der ganz andere Eigenschaften besitzt.

Das Temperament des »bescheidenen« Schauspielers

Nach unserer Kartei stellten wir alle Eigenschaften zusammen, die Schauspielern zugeschrieben wurden, die aber den in der obigen Liste erwähnten Begriffen widersprachen. In dieser zweiten Aufstellung sind nun die Vorzüge und Unzulänglichkeiten des »bescheidenen« Schauspielers zusammengefaßt. Diese Eigenschaften spiegeln Ernsthaftigkeit, Zurückhaltung, Rechtschaffenheit und Aufrichtigkeit, aber auch einen Mangel an

Spontaneität und Geselligkeit und das Fehlen jeglicher Heiterkeit und Fröhlichkeit:

Nicht besonders reizvoll, mürrisch, verbittert, wenig Freunde, erfolglos, »Pechvogel«, tugendhaft, Sammlernatur, förmlich, seriöses Benehmen, mit sich selbst beschäftigt, gewissenhaft, korrekt, ängstlich, moralisch einwandfrei, mutlos, unfähig zur Selbstverteidigung, uninteressiert, würdevoll, diskret, liebt Unterhaltung ernsten Charakters, weinerlich, sanft, ehrlich, gehemmt, treu, ist gläubig, kühl, ihm fehlt Fröhlichkeit, eingeschränktes Gebärdenspiel, ernsthaft, verdrießlich, unentschlossen, angesehen, vertrauenswürdig, kann sich nicht durchsetzen, intellektuell, intelligent, macht keine Pläne, loyal, düster, mittelmäßiger Schauspieler, methodisch, peinlich genau, bescheiden, naiv, wachsam, stur, ordentlich, kann organisieren, ruhig, nicht sehr gesprächig, ihm fehlt Begeisterungsfähigkeit, geduldig, schlechter Pädagoge, beharrlich, macht hinterhältige Bemerkungen, pünktlich, beliebt, gelassen, genau, rechtschaffen, tiefgründig, nicht sehr flexibel, liebt Realismus, nachdenklich, gibt leicht auf, reserviert, setzt sich vorzeitig zur Ruhe, lebt zurückgezogen, klug, ungesellig, belesen, geht wissenschaftlich vor, voller Skrupel, streng, schlicht, aufrichtig, sorgfältig, melancholisch, nicht sehr stürmisch, still, zimperlich, furchtsam, giftig, spielt tragische Rollen, fleißig, traurig, tugendhaft, eifrig.

Wir haben die Jupiter-Position aller Schauspieler erfaßt, die einen Charakterzug aus der vorstehenden Liste der »bescheidenen« Eigenschaften aufwiesen. Danach verglichen wir diese Jupiter-Positionen mit denen der Gesamtheit der Schauspieler, deren Biographien wir ausgewertet hatten. Die Ergebnisse zeigt das Diagramm 9 auf Seite 123. »Bescheidene« Schauspieler (dargestellt als unterbrochene Linie) werden nicht so häufig wie andere Schauspieler geboren, wenn Jupiter gerade den Horizont oder Meridian überschritten hat. Das ist das genaue Gegenteil der Ergebnisse, die wir für die »unbescheidenen« Schauspieler (wiedergegeben als durchgehende Linie) erhielten.

Schauspieler von gegensätzlichem Temperament sind also

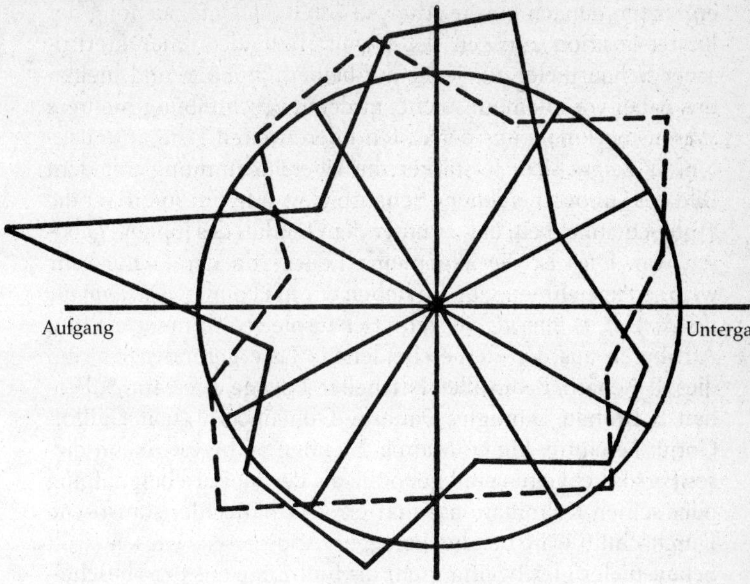

Diagramm 9

Jupiter und die »unbescheidenen« im Gegensatz zu den »bescheidenen« Schauspielern

Der Kreis stellt die Durchschnittszahl aller Schauspieler dar, die geboren sind, während Jupiter auf seiner täglichen Bahn die verschiedenen Sektoren durchläuft.

Die durchgehende Linie stellt die »unbescheidenen« Schauspieler dar, die häufiger als ihre »bescheidenen« Kollegen geboren sind, wenn Jupiter eben den Horizont oder Meridian überschritten hat.

Die gestrichelte Linie zeigt, daß »bescheidene« Schauspieler seltener als ihre »unbescheidenen« Kollegen unter diesen Jupiter-Positionen geboren sind.

Aus M. und F. Gauquelin: *Planètes et psychologie de l'acteur.*

auch unter entgegengesetzter Jupiter-Position geboren. Wir ergänzten danach unsere Analyse durch die Untersuchung der Jupiter-Position zur Zeit der Geburt besonders charakteristischer Schauspieler aus jeder der beiden Gruppen und hielten uns dabei vor allem an solche, in deren Beschreibung mehrere Wesensmerkmale aus der ersten oder zweiten Liste auftauchten. Es zeigte sich: Je stärker die Übereinstimmung mit dem Bild des »unbescheidenen« Schauspielers war, um so größer die Wahrscheinlichkeit, daß er unter dem Einfluß des Jupiters geboren war. Dies ist die allgemeine Regel, von der es nur sehr wenige Ausnahmen gibt. So haben wir in Lyonnets *Dictionnaire des comédiens français* siebzehn Schauspieler mit mehr als fünf Attributen aus der »unbescheidenen« Liste gefunden. Es sind dies: P. Achard, Beauvallet, Berthelier, Bocage, Bressant, S. Brohan, S. Brohan, Dantigny, Daubray, Dumaine, Fargueil, Guillot-Gorju, Lemaitre, Ligier, Marais, Mélingue, Thérésa. Neun dieser Persönlichkeiten sind geboren, als der Jupiter eben aufging oder seinen Kulminationspunkt erreicht hatte (der statistische Durchschnitt wäre bei drei gelegen). Andererseits wiesen zwölf Schauspieler gleichzeitig mehr als fünf Züge aus der »bescheidenen« Liste auf: Agar, Bouffé, Delaunay, Dupont-Vernon, Dupuis, Geoffroy, Got, Jean Paul, Lafont, Maubant, Numa, J. Provost. Die Geburtszeiten der Genannten fallen nicht mit dem Aufgang oder der Kulmination des Jupiter zusammen.

In diesem Zusammenhang erinnern wir uns daran, daß Jules Berry geboren war, nachdem Jupiter den Kulminationspunkt erreicht hatte. Eine ähnliche Jupiter-Position gab es bei der Geburtszeit von Ruggero Ruggeri und Eleonora Duse nicht.

Berufung und Temperament

Die vorstehenden Beispiele zeigen, bis zu welchem Grad die geheimnisvolle Neigung, die man als Berufung oder Talent bezeichnet, im Widerspruch zum Temperament stehen kann. Ein extravertierter Mensch, der die Berufung zum Theater spürt, wird eher eine Chance für den Erfolg haben als eine introvertierte Persönlichkeit mit der gleichen Leidenschaft für die Bühne. Selbst wenn er trotz allem erfolgreich sein sollte, wird der introvertierte oder »bescheidene« Schauspieler im Laufe seiner Karriere immer wieder mit Problemen zu kämpfen haben. Das ist ganz normal. Er übt ja den Beruf des Schauspielers aus und besitzt dabei das Temperament eines Wissenschaftlers. André Villiers schrieb darüber: »Der künstlerische oder intellektuelle Schauspieler kann durch seinen Mangel an notwendigem Instinkt zur Mittelmäßigkeit verurteilt sein. Er wird im Schatten des ›Hoppla, jetzt komm ich-Schauspielers‹ stehen, der sich von Natur aus besser für diese Laufbahn eignet. Er könnte sogar gezwungen sein, sich mit Nebenrollen zufriedenzugeben.« Ein Beispiel dafür ist der Fall einer relativ unbekannt gebliebenen Schauspielerin aus dem letzten Jahrhundert, Zélie Hadamard, die nicht unter Jupiter-Einfluß, sondern bei Aufgang des Saturn geboren war. »Schon in ihren ersten Rollen zeigte sie große Gewandtheit und ein hervorragendes Talent zur künstlerischen Gestaltung, ein sicheres Urteilsvermögen, eine perfekte Sprache, und überdies war sie auch noch sensibel und hochintelligent. Aber unglücklicherweise sind in der Welt des Theaters gerade das negative Eigenschaften. Sie war eine Künstlerin, die ebenso sehr oder sogar noch stärker ihren logischen Überlegungen folgte als ihrem Gefühl. Für sie wie für so viele andere Schauspieler können diese vernünftigen Gedanken zu einem Handikap werden, sobald sie mit Persönlichkeiten konkurrieren müssen, denen es leichter fällt, aus sich herauszugehen. Künstler dieses Typs müssen sich wesentlich mehr anstrengen, um sich zu behaupten ... Zélie Hadamard entwickelte ihre Rollen sorgfältig und gewissenhaft. Heute erkennen wir, wie sie ihre Gestalten herausarbeitete und warum sie immer so genau getroffen waren. Das erklärt aber auch, warum ihnen manchmal die Ungezwungenheit und Unmittelbarkeit zu fehlen schien. Erst kürzlich fragte Monsieur Got, ob es nützlich wäre, den Schauspielern zusätzliche Unterweisungen zu erteilen und ob die Entwicklung der kritischen Wahrnehmung für

die Kreativität des Schauspielers nicht sogar schädlich sein könnte. Zélie Hadamard rechtfertigt diese Überlegung, denn sie folgte ... mehr dem Verstand als ihrem Instinkt.«
(Felix Larcher)

Zélie Hadamard sagte sogar selbst, weshalb sie ihrer eigenen Meinung nach nicht den großen Ruhm erreichte: »Ich bin nicht der Mensch, der triumphale Erfolge hat. Aber ich hoffe, mir durch meine harte Arbeit und meine innere Überzeugung einen Namen zu machen.« Nach Felix Larcher ist das eine für eine Schauspielerin überraschende Einsicht. Für uns bedeutet diese Aussage das Eingeständnis der eigenen Unzulänglichkeit, aber auch Bescheidenheit.

Es ist interessant, in diesem Zusammenhang an La Bruyères Beschreibung eines reichen und eines armen Menschen in seinem Buch *Caractères* zu erinnern:

»Giton hat einen frischen Teint, ein rundes Gesicht, volle Wangen, einen festen, zuversichtlichen Blick, breite Schultern, einen dicken Bauch und einen sicheren, bestimmten Gang. Er spricht mit Selbstvertrauen. Er ist lebhaft, vergnügt, ungeduldig, eingebildet, jähzornig, ein Freidenker, schlau und gerissen, und er läßt seine laufenden Geschäfte gern in einem geheimnisvollen Dunkel. Er hält sich für talentiert und amüsant. Er ist reich.

Phédon dagegen ist hohläugig, er hat eine ungesunde Gesichtsfarbe, einen mageren Körper und ein schmales Gesicht. Er ist ganz in sich versunken, verträumt, und erscheint einfältig. Er versäumt es, zu sagen, was er weiß, und über ihm bekannte Ereignisse zu sprechen. Er ist abergläubisch, voller Bedenken und ängstlich. Er geht sachte und leicht, als hätte er Angst, mit seinen Füßen fest auf der Erde aufzutreten. Er geht mit gesenkten Augen und wagt es kaum, sie zu erheben und die Vorübergehenden anzusehen. Er ist arm.«

Wenn diese beiden, Giton und Phédon, Schauspieler werden wollten, könnte man jede Wette eingehen, daß Giton eher zu Ruhm gelangen würde, denn nach dieser Beschreibung besitzt er das Jupiter-Temperament.

9. Kapitel

Das Saturn-Temperament und die Wissenschaftler

Im letzten Kapitel haben wir uns Giton und Phédon als Schauspieler vorgestellt. Wenn beide jedoch eine wissenschaftliche Karriere anstrebten, dann würden Phédons Erfolgsaussichten ganz beträchtlich steigen. Wie aus unserer Studie hervorgeht, ist es üblich, Wissenschaftler als beharrlich, gründlich, zurückhaltend, bescheiden, penibel, präzise, sanft, vorsichtig, stur, methodisch und streng anzusehen. Andererseits gelten sie nicht als gutgekleidet, unbescheiden, überschwenglich, unbeständig, impulsiv, großspurig, zwanglos, streitsüchtig, selbstsicher, anspruchsvoll, dominierend, autoritär, selbstgefällig, überheblich, gesprächig, opportunistisch und selbstzufrieden.

In kurzen Worten: Der »klassische« Wissenschaftler ist genau das Gegenteil des Schauspielers. Ebenso entgegengesetzt sind auch die planetarischen Aspekte der beiden Gruppen. Jupiter ist der beherrschende Planet der Schauspieler, Saturn ist der bestimmende Stern der Wissenschaftler. Aus diesem Grund haben wir die Gruppe der Wissenschaftler ausgewählt, um so genau wie möglich das Saturn-Temperament zu beschreiben.

Wir gingen nach der gleichen Methode vor, die wir schon bei den Sportlern und Schauspielern anwandten. Wir haben eine große Anzahl von Biographien berühmter Wissenschaftler und Doktoren durchgearbeitet. Aus diesem Material stellten wir eine Liste von Charaktermerkmalen zusammen, die ein allgemeines Bild des typischen Wissenschaftlers ergeben, oder besser gesagt: des introvertierten Wissenschaftlers.

Wir wollen diese vollständige Liste an dieser Stelle nicht abdrucken. Es ergab sich nämlich, daß die für den »bescheidenen« Schauspieler bezeichnenden Merkmale auch hier gelten. Man kann deshalb auf die dort aufgeführte Liste zurückgreifen und sie durch folgende Eigenschaften ergänzen: Emsig, aufmerksam, geschickt, wenig zuversichtlich, standhaft, ideales Team-Mitglied, kein guter Gastgeber, sparsame Gestik, gleichmütig, unpersönlich, selbstbeherrscht, gründlich, macht sich gern Notizen, bleibt im Hintergrund, hartnäckig, schüchtern, wertvoller Mitarbeiter, vorsichtig, wirkt bekümmert, nicht sehr miteilsam, wird von Verantwortung gelähmt, bedächtig, verschlossen, seriös, vernünftig, Einzelgänger, Taktiker, zäh.

Bei der Geburt von Wissenschaftlern, die Charakterzüge aus dieser Liste häufiger besitzen als die Gesamtheit aller von uns untersuchten Wissenschaftler, hat der Saturn soeben den Horizont oder Meridian überschritten. Statistisch gibt es darüber überhaupt keinen Zweifel (siehe Diagramm 10 auf Seite 137). Wir müssen daraus schließen, daß die Persönlichkeit des »klassischen« Wissenschaftlers ein repräsentatives Porträt des Saturn-Temperaments darstellt. Das stimmt allerdings nur statistisch. Genau wie wir verschiedene Schauspieler-Typen kennengelernt haben, gibt es natürlich auch Wissenschaftler unterschiedlicher Wesensart. Der Saturn ist maßgebend für die Wissenschaftler, deren Charakter mit der vorstehenden Beschreibung übereinstimmt, und das ist eine sehr große Gruppe. Der Saturn spielt jedoch keine wesentliche Rolle bei der Geburt der Wissenschaftler des extravertierten Typs. Einem wissenschaftlichen Beruf kann man auch nachgehen, ohne daß man das traditionelle wissenschaftliche Temperament besitzt. Es ist sogar möglich, mit Erfolg wissenschaftlich zu arbeiten, auch wenn man mit einem völlig anderen Temperament ausgestattet ist, also beispielsweise Wert auf Geselligkeit legt. Man wird dann aber eher mit Schwierigkeiten zu kämpfen haben, weil nun einmal Spontaneität und eine lässige Art der gewissenhaften Forschungsarbeit nicht förderlich sind, die in der Stille und Abgeschiedenheit des Labors durchgeführt wird und Geduld, Überlegung, Zurückgezogenheit und Bescheidenheit voraussetzt.

Man könnte in diesem Zusammenhang auch von »echten« und »falschen« Wissenschaftlern sprechen. Das gilt natürlich nur in bezug auf den Charakter, denn man sollte niemals mit einem Vorurteil an die Beurteilung der Fähigkeit eines Menschen herangehen. Es ist durchaus möglich, ein sehr guter Schauspieler zu sein, auch wenn man das Temperament eines Wissenschaftlers besitzt. Ebenso kann jemand eine gesellige, heitere Persönlichkeit und dabei ein hervorragender Wissenschaftler sein. Der extravertierte Wissenschaftler geht ganz anders an seine Forschungsaufgaben heran als der introvertierte, er reagiert auch auf Erfolg und Kritik in vollkommen anderer Weise. Nach Edisons Definition setzt sich das wissenschaftliche Genie aus 99 Prozent Transpiration und einem Prozent Inspiration zusammen. Es gibt mehr Wissenschaftler des Saturn-Typs. Das ist leicht zu verstehen, weil dieses Temperament einfach besser mit den Anforderungen des Berufs harmoniert. Im Sinne Edisons ist die »Transpiration« ein charakteristisches Merkmal des Saturn-Charakters.

Wenn wir die von Blaise Pascal eingeführte klassische Unterscheidung zwischen einem »geometrischen« und einem »intuitiven« Geist anwenden, dann könnte man sagen, daß es »geometrische« und »inspirierte« Wissenschaftler gibt. »Geometrische« Wissenschaftler sind auf jedem Gebiet der Forschung tätig. Der »geometrische« Wissenschaftler mißt, vergleicht, erwägt jedes Pro und Kontra seiner Beobachtungen. Das entspricht genau dem Saturn-Temperament. Der »inspirierte« Wissenschaftler bewegt sich auf einer ganz anderen Wellenlänge. Natürlich arbeitet er genauso hart, aber er verfolgt auch Ideen, die anscheinend in keiner Beziehung zu den vorgegebenen Tatsachen stehen. Der »geometrische« Wissenschaftler vertraut auf das Experiment, während der »inspirierte« Wissenschaftler eher Theoretiker ist. Er besitzt im allgemeinen nicht das Saturn-Temperament.

Porträt des »klassischen« Wissenschaftlers

Wir wollen das Saturn-Temperament durch die Beschreibung zweier Wissenschaftler des »klassischen« Typs deutlich machen.

Der Biologe Louis Brocq wurde am 1. Februar 1856 um 22

Uhr in einem kleinen Ort namens Laroque-Timbaut geboren, unmittelbar nach Kulmination des Saturn. Edouard Rist, ein Mitglied der Akademie der Medizin, beschrieb die Persönlichkeit des Wissenschaftlers wie folgt:

»Sein Gesicht spiegelte Gedankentiefe und innere Qual. Er hatte eine schöne, edle Stirn, buschige Augenbrauen und tiefliegende dunkle Augen ... Dieser Kopf, geprägt von Intelligenz und dem Ausdruck eines erfüllten, intensiven Lebens, ruhte auf einem mageren, schwächlichen Körper. Seine schwarze Jacke trug er immer ordentlich zugeknöpft. Das gab ihm ein strenges Aussehen. Dieser Eindruck wurde noch unterstrichen durch seine Zurückhaltung, die bekümmerte Miene und eine natürliche Würde. Niemand war weiter als er davon entfernt, danach zu streben, Eindruck zu machen und Mittelpunkt zu sein. Niemand konnte ... reservierter sein als dieser Mann aus dem Süden Frankreichs ... Seine Sprache war ernst, er hob nie die Stimme, und er hielt seine Vorträge in einem tiefen, warmen Ton, der die Aufmerksamkeit seiner Zuhörer fesselte. Im Laufe seiner Karriere strebte er niemals nach irgendwelchen Titeln und Auszeichnungen. Er bewarb sich nicht um Lehraufträge an der Universität, und, trotz Ermutigung durch seine Freunde, auch nicht um die Mitgliedschaft in der Akademie. Er kündigte an, wenn es erst 1921 sei und Zeit für ihn, in Pension zu gehen, dann würde er die Medizin vollkommen aufgeben und in sein Landhaus nach Agen ziehen. Dort wollte er dann leben, umgeben von seinen Erinnerungen und den herrlichen Kunstwerken, die zu sammeln ihm während seiner Laufbahn große Freude bereitet hatte. Sein umfassendes wissenschaftliches Werk galt der Dermatologie. Obwohl er ein gründlicher und scharfsinniger Analytiker war, ließ er sich nie zu stark von unwesentlichen Details ablenken ... Während seines aktiven Berufslebens war dieser große Arzt das Gewissen seines Standes. Er arbeitete ohne Effekthascherei und ohne Pedanterie. Er war ein ehrlicher, einfacher Mann ... Aber er war nicht nur ein guter, sondern auch ein gerechter und aufrechter Mensch. Er besaß eine starke Abneigung gegen Intrigen, Heuchelei und Bosheit und fühlte sich oft tief verletzt, wenn er bei anderen solches Verhalten bemerkte. Dieser einsiedlerische, ungesellige, bekümmerte Mann war umgeben von vielen echten, treuen Freunden.«

Jean Martin Charcot war einer der größten französischen Neurologen. Er stellte als erster eine Beziehung zwischen Hypnose und Hysterie her. Sigmund Freud besuchte als junger Mann seine Vorlesungen im Salpétrière-Hospital in Paris und lernte dort die Grundlagen für seine späteren Theorien zur Psychoanalyse kennen. Charcot wurde am 29. November 1825 in Paris geboren, als eben der Saturn aufging.

Die folgende kurze Beschreibung Charcots stammt von Dr. S. Jonas: »Sein Kopf erinnerte an das Haupt eines ehrwürdigen Kardinals. Sein Gesicht zeigte keinen Ausdruck, eine ausdruckslose Totenmaske, in eisiger Starrheit entstanden. Charcot war eine nüchterne, wortkarge Natur. Er suchte die Einsamkeit, um nachzudenken. Als junger Mann schloß er nur wenige Freundschaften. Später im Leben waren seine persönlichen Beziehungen ebenso spärlich. Er war ein ernster Mensch, der genau beobachtete und sich über alles seine Gedanken machte.«

P. Legendre beschreibt Charcot folgendermaßen:

»Sein Rücken war gebeugt, als ob er das Gewicht des gewaltigen Hauptes tragen müßte, die ganze Last der Gedanken. Seine Gesichtszüge wirkten wie in Marmor geschnitten ... Er machte wenig Worte und zögerte manchmal wie ein schüchterner Mensch, der aber nicht als solcher erkannt werden möchte. Bei offiziellen Prüfungen hatte er wenig Glück. 1860 bestand er beim zweiten Versuch ganz knapp die ›Agregation‹, eine Staatsprüfung zur Erlangung einer Professur. Man erzählt über ihn die folgende Geschichte: Bei einer bestimmten Prüfung kam er durch eine unerwartete Frage aus dem Konzept und war schon dabei, in seiner Verwirrung den Raum zu verlassen, ehe noch die festgesetzte Prüfungszeit vorüber war. Nur eine gebieterische Geste seines Lehrers Rayer hielt ihn zurück. Danach bestand er die Prüfung. Diese Unfähigkeit zur Improvisation, diese Schwerfälligkeit, setzten ihn offensichtlich bei mündlichen Prüfungen in Nachteil gegenüber anderen Kandidaten, die frei sprechen und sich gut ausdrücken konnten. Dabei war er fleißig, gründlich, und aufrichtig interessiert an der Forschung und der methodischen, geduldigen Beobachtung von Details.«

Brocq und Charcot sind charakteristisch für den Typ des wortkargen, peniblen, reservierten, eher melancholischen, »geometrischen« Wissenschaftlers und deshalb auch ausgezeichnete Beispiele für den Saturn-Wissenschaftler.

Wir wollen uns nun der Gruppe von Wissenschaftlern zuwenden, die nicht das Saturn-Temperament besitzen, und deren Wesensmerkmale am Beispiel von drei Vertretern dieses Personenkreises untersuchen.

Porträt des »originellen« Wissenschaftlers

Ehre wem Ehre gebührt, deshalb wollen wir als erstes Beispiel den größten Wissenschaftler des 20. Jahrhunderts heranziehen, nämlich Albert Einstein. Er wurde am 14. März 1897 um 11.30 Uhr morgens in Ulm geboren, wie aus den Akten der Stadtverwaltung hervorgeht. Saturn war zu dieser Zeit noch weit vom höchsten Punkt seiner Laufbahn am Himmel entfernt, während Jupiter ein paar Minuten zuvor eben den Kulminationspunkt erreicht hatte. Ronald Clark schreibt in seiner Biographie mit dem Titel *Einstein – The Life and Times:* »In den Augen des großen Mannes lauerte ständig ein Funkeln, eine fundamentale Respektlosigkeit jeder Autorität gegenüber, ein unerwarteter Sinn für das Lächerliche, der sein tiefes Lachen von ganz unten auslösen konnte, das die Fensterscheiben erzittern ließ.« Vielleicht kennt mancher Leser das Foto, auf dem Einstein die Zunge herausstreckt und das um die ganze Welt ging, oder aber seine Kommentare zu Tagesereignissen. Dabei erscheint der große Mann fast als ein Clown, der nur zufällig den Doktorhut trägt. Die nachstehende Begebenheit wurde von dem Astronomen Harlow Shapley überliefert:

»An diesem Tag ehrte die National Academy of Sciences in Washington eine Reihe bedeutender Wissenschaftler. Keiner dieser Herren war ein brillianter Redner, und so zogen sich die formellen Ansprachen eintönig dahin und wollten kein Ende nehmen. Ich hatte ein ungutes Gefühl. Plötzlich lächelte Einstein, wandte sich seinem Nachbarn zu und flüsterte ihm etwas ins Ohr. Dieser, ein Holländer, hatte offensichtlich Mühe, ein schallendes Gelächter zu unterdrücken. Später wiederholte er den Kommentar, der seinen Heiterkeitsausbruch hervorgerufen hatte: ›Ich glaube‹, hatte ihm der große Mann anvertraut, ›ich habe soeben eine neue Theorie über den Begriff der Ewigkeit entwickelt‹.«

In der bereits erwähnten Biographie berichtet Ronald Clark auch die folgende Geschichte:

»Im Jahr 1920 beschloß eine Gruppe deutscher Rassisten, die Relativitätstheorie zu widerlegen, die sie als einen Beweis für das ›jüdische Komplott, das die Welt besudelt‹ betrachteten. Der erste Schritt dieser Gruppe bestand darin, die Berliner Philharmonie zu mieten und eine Kundgebung gegen Einstein zu organisieren. Der Wissenschaftler zögerte nicht, an dieser Veranstaltung teilzunehmen. Da saß er nun in seiner Loge, und es war deutlich zu erkennen, daß es ihm Spaß machte. Man sah, daß Einstein bei den absurden Behauptungen über die Relativität in Lachen ausbrach und höhnisch falschen Applaus spendete.« (Die beiden Anekdoten wurden im Oktober 1972 im Rahmen eines Artikels in *Reader's Digest* veröffentlicht.)

Der Bildhauer Epstein gab folgende Schilderung: »Einstein hatte immer Freude an einem Scherz und war oft voller Spott über die Nazi-Professoren, von denen einhundert in einem Buch seine Theorien verworfen hatten. ›Hätte ich unrecht‹, sagte er, ›dann wäre ein einziger Professor ausreichend gewesen‹.«

Mit seinem Sinn für Humor, seiner Heiterkeit und Mißachtung der Konventionen erscheint Einstein tatsächlich von Natur aus eher extravertiert als introvertiert gewesen zu sein. Wir müssen wohl kaum darauf hinweisen, daß dies in keiner Weise seinem Genie Abbruch tut, denn Genialität scheint mit den Planetenbahnen ebensowenig zu tun zu haben wie der Intelligenzquotient.

Wir kommen zu unserem zweiten Beispiel, das sich vom

ersten ganz beträchtlich unterscheidet. Jacques Gilles Maisonneuve war ein berühmter Chirurg am führenden Krankenhaus von Paris. Trotz seines guten Rufs wurde er nie in die Akademie der Medizin gewählt. Der Grund war aber nicht etwa, wie bei Brocq, eine allzu große Bescheidenheit, ganz im Gegenteil.

Alfred Rouxeau verfaßte die überaus lebendige Beschreibung des Arztes Maisonneuve, der am 10. November 1809 um 17.15 Uhr in Nantes geboren wurde. Zu dieser Zeit war Jupiter gerade über dem Horizont in Nantes aufgegangen, Mars hatte eben seinen Kulminationspunkt am Himmel erreicht.

»Maisonneuve setzte wenig Vertrauen in die Lehren seiner Professoren und glaubte nur, was er selbst gesehen hatte. Er war außerordentlich selbstsicher und besaß einen fast grenzenlosen Optimismus ... Man mußte ihn fast mit physischer Gewalt aus seiner Position entfernen, um den Weg für seinen Nachfolger freizumachen. Trotz seines übermäßigen Selbstbewußtseins blieb er Kollegen gegenüber stets hart und unnachgiebig. Als Chirurg bewies er großen Mut, obgleich diese Kühnheit logisch und vernünftig zu begründen war. Er wagte viele chirurgische Eingriffe als erster. Wurde er heftig kritisiert, verteidigte er sich mit Leidenschaft und machte sich dadurch starke Feinde. Diese Feinde waren es auch, die seine Aufnahme in die Akademie hintertrieben ... Sie nannten ihn ›den Metzger vom Seine-Ufer‹ (das Hauptkrankenhaus liegt in der Nähe der Seine), weil seine chirurgischen Eingriffe oft ziemlich brutal erschienen.«

Zweifellos kann man Maisonneuve nicht gerade zu den »klassischen« Wissenschaftlern rechnen. Allerdings sind längst nicht alle extravertierten Wissenschaftler derart schwierige Persönlichkeiten.

Das nächste Porträt schildert einen Botaniker, Mitglied der Akademie der Wissenschaften. Sein Name ist René Maire. Er wurde am 29. Mai 1878 um 17.15 Uhr im Osten Frankreichs geboren, als Jupiter soeben den unteren Meridian in seiner Heimatstadt Lons-le-Saunier passiert hatte. Zu dieser Zeit stand der Saturn soweit wie nur möglich von Horizont und Meridian entfernt. »In wissenschaftlichen Dingen war er von einer Ichbezogenheit, über die man nur staunen konnte. Diese Eigenschaft war aber nicht der Ausdruck einer fragwürdigen Denkungsart. Mit entwaffnender Offenheit bezog Maire einfach alles auf seine Arbeit ... Tatsächlich blieb er im alltäglichen Leben ein Kind, ohne jede Spur von Bosheit. Er las gern und hatte große Freude an Wortspielen. Er erfand sogar für seine Kollegen Namen nach den Regeln der binären Nomenklatur und bezeichnete sich selbst als *Macrosatanas rufus*. Um seine Tafel versammelten sich immer zahlreiche Gäste, denen er so manche kulinarische Überraschung bot. War das Essen vorüber, schlug er stets eine Partie Domino vor ... Im Jahre 1932 unternahm die Französische Mykologische Gesellschaft eine Exkursion in seine Heimat. Diese Reise wurde ein großer Erfolg. Er war begeistert, daß er seinen Gästen die seltensten Arten zeigen konnte. Sein Sinn für Namen und Formen bewies Phantasie ... Seine Ichbezogenheit änderte nichts daran, daß er ein sehr guter, sehr einfacher, sehr nachsichtiger und sehr freundlicher Mensch war. Er war stets bereit, Kollegen zu helfen. Sie waren ihm immer willkommen, um seine reichhaltige Bibliothek zu benutzen, auf die er ganz besonders stolz war.«

Pilze statt Theater

Es gibt natürlich wichtige Unterschiede zwischen Einstein, Maisonneuve und Maire. Alle drei neigten jedoch zu Extravertiertheit, und darin unterscheiden sie sich grundsätzlich von dem in sich gekehrten Charakter, den wir bei Brocq und Charcot feststellten. Selbstverständlich findet man bei erfolgreichen Wissenschaftlern öfter die Merkmale, die sowohl bei Brocq als auch bei Charcot auftraten. In bezug auf das Temperament sind Einstein, Maisonneuve und Maire Außenseiter und Exzentriker. Diese Aussagen stimmen mit den statistischen Ergebnissen überein. Bei »introvertierten« Wissenschaftlern besteht eine Neigung zu Geburtszeiten, die vom Saturn bestimmt sind. Ihre Zahl ist auch größer als die der »extravertierten« Wissenschaftler. Das macht den Saturn zum bestimmenden Planeten dieser gesamten Berufsgruppe. Bei »extravertierten« Wissenschaftlern dominiert dagegen häufig der Jupiter. Das Diagramm 10 auf Seite 137 stellt diese Resultate graphisch dar. Man erkennt ganz deutlich die Gegenläufigkeit, die in bezug auf den Saturn zwischen den »klassisch introvertierten« und den »extravertierten« Wissenschaftlern wirksam ist.

Mit anderen Worten: Der extravertierte Wissenschaftler hat etwas vom Temperament des unbescheidenen Schauspielers, während der bescheidene Schauspieler bestimmte Wesensmerkmale des Wissenschaftlers besitzt. Wir betonen noch einmal, daß dies nur eine Frage des Temperaments und nicht des Talents ist. René Maire, kein Saturn-Charakter, interessierte sich ausschließlich für Pilze. Sein Leben lang klassifizierte er sie, beschrieb sie und gab ihnen Namen. Er war dabei glücklich, egozentrisch und hatte Freude daran, am gesellschaftlichen Leben teilzunehmen und seine Scherze zu machen. Aber er wählte trotz dieses Charakters keineswegs das Theater zum Schauplatz seiner Karriere. Das Studium der Pilze war für ihn Bühne und Publikum zugleich. Es ist immer eine rätselhafte Sache, wenn jemand einen Beruf wählt, der so stark dem angeborenen Temperament entgegengesetzt ist. Für Saturn-Schauspieler wie Jean Vilar und Eleonora Duse waren auch Bescheidenheit, Würde und Zurückhaltung kein Hindernis für eine Bühnenkarriere.

Ein Saturn-Fußballspieler

Es ist möglich, in jedem Beruf mit jeder Art Temperament Erfolg zu haben. Doch die Schwierigkeiten, unter denen dieser Erfolg erzielt wird, und der erforderliche Weg können sehr unterschiedlich sein. So ist es beispielsweise nicht einfach, mit dem Saturn-Temperament, dem Temperament eines Wissenschaftlers, in der Welt des Theaters Karriere zu machen, möglich ist es trotzdem. Ein interessantes Beispiel aus einem anderen Bereich ist André Lerond, der Kapitän der französischen Fußball-Nationalmannschaft, der an zwanzig internationalen

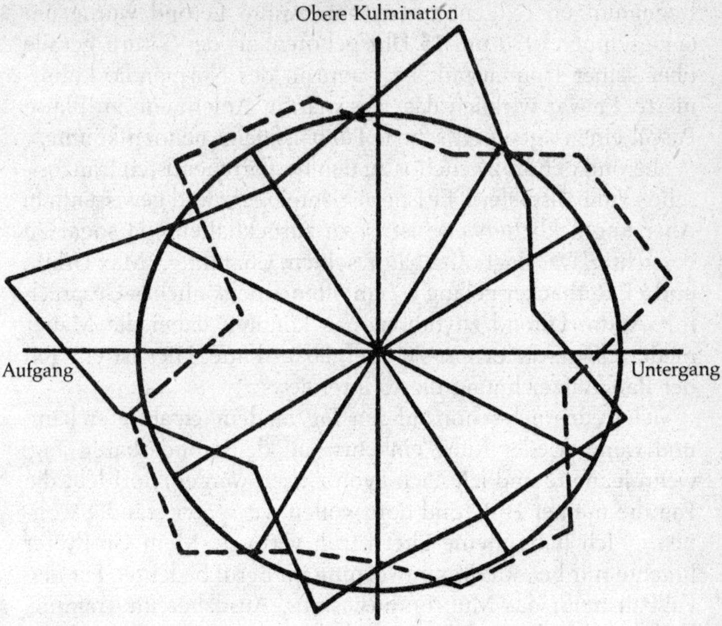

Diagramm 10

Saturn und introvertierte Wissenschaftler sind hier extravertierten Wissenschaftlern gegenübergestellt.

Der Kreis stellt die Durchschnittszahl der Wissenschaftler dar, die geboren sind, während der Saturn auf seiner täglichen Bahn die verschiedenen Sektoren durchläuft.

Die durchgehende Linie zeigt, daß introvertierte Wissenschaftler häufiger als alle anderen Kollegen geboren werden, wenn der Saturn soeben den Horizont oder den Meridian überschritten hat.

Die gestrichelte Linie zeigt, daß extravertierte Wissenschaftler weniger häufig als alle anderen Kollegen unter dieser Saturn-Konstellation geboren sind.

Aus M. und F. Gauquelin: *Planètes et psychologie du savant.*

Begegnungen teilgenommen hat. André Lerond wurde am 6. Dezember 1930 um 15 Uhr geboren, als der Saturn gerade über seiner Heimatstadt Le Havre in der Normandie kulminierte. Er war wirklich das, was man in Anlehnung an Blaise Pascal einen »geometrischen« Fußballspieler nennen könnte.

»Lerond gehört zweifellos zu den hervorragendsten französischen Fußballspielern. Er ist ernst, intelligent und gewissenhaft. Aber unglücklicherweise ist er zu zurückhaltend, ja sogar zu vorsichtig. Das liegt offenbar in seinem Charakter.« Max Urbini und J. P. Rethacker gelang es, ein offenes persönliches Gespräch mit André Lerond zu führen. Sie konnten dabei die Mauer niederreißen, die er um sich aufgebaut hatte. Hier ist ein Teil der Bandaufzeichnung dieses Interviews:

»Ich freue mich schon auf den Tag, an dem ich abtreten kann und wenn wieder Ruhe einkehrt, auf den wunderbaren Tag, wenn Jeanette und ich nach Lyon ziehen werden; dort lebt die Familie meiner Frau, und dort wollen wir später ständig wohnen ... Ich habe meine Eltern früh verloren. Mein Großvater brachte mir bei, was Verantwortung im Beruf bedeutet. Für den Fußball heißt das Mut, Enthusiasmus, Ausdauer im Training, und ständig die Beachtung jedes kleinsten Details und der Methode ... Ich versichere, daß ich kein großer Fußballer bin, aber ich habe mir einen kleinen Platz in diesem Spiel verdient, einfach weil ich es wollte. Ich würde mich niemals zu den Stars des professionellen Fußballs zählen, und ich möchte auch nie ein solcher Star werden. Ich möchte ein guter Vereinsspieler bleiben, der seine Arbeit so unauffällig wie nur möglich erledigt. Bei der Wahl des Berufs ... darf man die Vernunft nicht außer acht lassen. Du mußt versuchen, dir dein Glück zu erhalten, und dazu ist es notwendig, auch auf Kleinigkeiten zu achten. Wenn ich also vom Training nach Hause komme, achte ich auf alles. Ich kümmere mich darum, daß ich das Richtige esse und genügend Schlaf bekomme. Vielleicht übertreibe ich es sogar, ich habe mir nämlich zwei Aufstellungen mit sämtlichen Spielern der ersten und zweiten Liga gemacht. Jeder Spieler hat bei mir seine Karteikarte. Ich glaube, es ist gut, wenn man seine

Gegner kennt, alle ihre Stärken und Schwächen, ihre körperlichen und spieltechnischen Besonderheiten. Um noch einmal auf die Verantwortung im Beruf zurückzukommen: Ich bin der Meinung, nur mit ihrer Hilfe habe ich eine Karriere gemacht, mit der gar nicht zu rechnen war ... In meiner Freizeit lese ich sehr viel, und ich interessiere mich für alles, was mit Fitness und Gesundheit zusammenhängt ... Meine Frau hat mich immer unterstützt und ermutigt, wenn es einmal schlechtere Zeiten gab. Meine liebsten Hobbies sind Lesen und kleine Handwerksarbeiten, die gelegentlich anfallen.«

Dieser Bericht ist ganz charakteristisch für das Temperament eines Menschen, der nach Kulmination des Saturn geboren ist. Das Bedürfnis nach Zurückgezogenheit, Bescheidenheit und Verschlossenheit und die Beachtung des Details sind typische Eigenschaften des Saturn-Temperaments. Wenn ein erfolgreicher Sportler eine Kartei über seine Gegner führt, so zeugt das von einer echten wissenschaftlichen Veranlagung. Hier noch ein weiteres Zitat aus dem *Football Magazine:* »Mit seiner ernsthaften Art, seiner Gelassenheit und unumstrittenen Autorität ist Lerond der ideale Kapitän der französischen Mannschaft geworden. Er ist der zuverlässigste und beständigste Spieler, und er verhält sich nie unfair ... Aber wie er schon immer angekündigt hat, macht Lerond mit dem Fußball zu einem Zeitpunkt Schluß, an dem seine nationale und internationale Karriere noch längst nicht beendet ist. Lerond hat sich vom Fußball verabschiedet, wie er immer spielte: ohne großes Aufheben, ruhig und vernünftig. Dieser vorbildliche Fußballer hat uns verlassen.« Dieser vorbildliche Fußballer besitzt ein Saturn-Temperament. Sein freiwilliger vorzeitiger Rückzug vom Fußball hat es ihm ermöglicht, einen Beruf zu ergreifen, der besser zu seinem Charakter paßt. Er wurde Buchhalter.

In der kleinen psychologischen Welt der Saturn-Persönlichkeiten, zu denen der Schauspieler Vilar ebenso gehört wie der Wissenschaftler Brocq und der Sportler Lerond, ist es dem einzelnen möglich, ein ruhiges und sinnvolles Leben inmitten der großen Masse der Menschheit zu führen.

10. Kapitel

Das Mond-Temperament und die Schriftsteller

Ein Mann des Wortes wird oft geboren, wenn der Mond eben am Aufgangs- oder Kulminationspunkt erscheint. Wir wollen deshalb anhand der Biographien von Schriftstellern versuchen, das Mond-Temperament zu beschreiben.

Wir werden diesen Mond-Typus mit Hilfe kurzer Beschreibungen ganz verschiedener Persönlichkeiten deutlich machen. Ein gutes Beispiel ist der Chansonnier Gustave Nadaud, dessen Porträt wir bereits vorgestellt haben. Zum gleichen Persönlichkeitstyp gehört der bekannte Dichter Guillaume Appolinaire. Er wurde am 26. August 1880 um 5 Uhr morgens in Rom geboren, als der Mond über der Ewigen Stadt soeben den Kulminationspunkt erreicht hatte. Appolinaire wurde folgendermaßen beschrieben:

»Er war der originellste, schöpferischste und vielseitigste, aber auch der größte all der Dichter, die versuchten, zu Beginn dieses Jahrhunderts die Dichtkunst in Frankreich zu beleben. Er war sorglos und unbekümmert. Mannigfaltigkeit und Fülle gehörten zu den vielen Facetten seines dichterischen Genies ... ganz abgesehen von seiner außerordentlichen Originalität. Für alle, die ihn kannten, war er ein ziemlich verwirrender Magier. Er war ein guter Geschichtenerzähler und ein eifriger Leser. Er ließ sich von allem faszinieren, besaß einen gewaltigen Lebenshunger und eine gewisse Obszönität, die oft sarkastisch und provozierend wirkte. Aber er konnte auch empfindsam und romantisch sein. Appolinaire war ein Erfinder von Formen und Ideen ... ein leidenschaftlicher, kreativer, energischer Mann, der lyrischen Tradition Frankreichs verbunden ... Wie ein Zigeuner oder Trödelhändler sammelte Appolinaire die unterschiedlichsten Details und arbeitete solange mit Leidenschaft und Virtuosität, bis sie völlig in seinen Gedichten aufgegangen waren. So machte er seine Verse unter dem Anschein der anmutigen Improvisation zu gelehrten Abhandlungen.«

Als nächstes folgt die kurze Beschreibung eines Dichters, der zwar nicht ganz so berühmt wie Appolinaire, im letzten Jahrhundert jedoch recht populär war. Sein Name ist Joseph Albert Glatigny. Er wurde in Lillebonne im Herzen Frankreichs geboren, als am 21. Mai 1839 um 14 Uhr eben der Mond im Aufgangspunkt erschienen war.

»Er war der typische Bohemien, ein begabter Dichter, der Poesie mit Leidenschaft ergeben ... Schon im Alter von 17 Jahren wurde er vom Dämon der Dichtkunst heimgesucht. Er schrieb ein Stück und schloß sich einer Wandertruppe an. Er war der Typ des ewigen Nomaden. Seine Spezialität war die Improvisation von Versen, denn er besaß die Fähigkeit, alles sofort zu Reimen zu machen, was er um sich herum hörte ... Dabei machte dieser phantasievolle Träumer, dieser sonderbare Wanderer, ganz bemerkenswerte Reime.«

Nun will ich noch kurz André Berry beschreiben, einen Dichter unserer Zeit, der am Mittag des 1. August 1902 in Bordeaux geboren ist, nachdem der Mond eben den Kulminationspunkt erreicht hatte:

»Wie ein Troubadour liebt dieser fröhliche, unbeschwerte Dichter besonders die klassischen Formen und erweckte die Liedform zu neuem Leben. Seine Balladen haben oft einen überschwenglichen lyrischen Charakter. Kindheit und Liebe sind seine Grundthemen. Er ist phantasievoll, dem Geiste nach ein Bohemien, und dabei ein überaus produktiver Schriftsteller. Er ist gebildet, seine gute Laune scheint unerschöpflich, und er besitzt ein starkes kreatives Talent. Oft erlag dieser charmante Poet der Versuchung des Reisens. Er verließ immer wieder die Universität und bereiste europäische, afrikanische und asiatische Länder, gelegentlich sogar zu Fuß. Hin und wieder war er gezwungen, sich mit Gelegenheitsarbeiten durchzuschlagen.«

Zur Gruppe der Schriftsteller mit dem Mond-Temperament

gehörten auch der Romancier André Gide und der Lyriker Paul Jean Toulet. Gide besaß einen »veränderlichen und vielschichtigen Charakter«. Er wurde geboren, nachdem der Mond den Kulminationspunkt erreicht hatte. Paul Jean Toulet, von dem es hieß, er sei »sehr faul und lebt wie ein Dandy«, und lege überhaupt keinen Wert darauf, seine Gedichte zu sammeln, wurde bei Aufgang des Mondes geboren.

Der chamäleonartige Satellit

»Veränderlicher und vielschichtiger Charakter«, die Unbestimmtheit dieses Ausdrucks, der zur Beschreibung André Gides verwendet wurde, weist auf etwas Wesentliches hin. Das Mond-Temperament ist sehr schwer zu definieren, denn es ist nicht so deutlich ausgeprägt, so festgefügt, so »monolithisch« wie die drei bisher beschriebenen Temperamente. Es ist schwer, dieses Temperament mit unserem alltäglichen Wortschatz zu erfassen. Möglicherweise liegt das an dem Typus selbst, vielleicht ist unsere Methode nicht differenziert genug. Beschreibt ein Schriftsteller einen Berufskollegen, macht es die Großzügigkeit, ja sogar die Widersprüchlichkeit seiner Sprache oft schwierig, diese Beschreibung zu analysieren. Nur mühsam sind in diesem Dschungel der Worte statistische Kategorien aufzustellen. Trotzdem bleibt die größte Schwierigkeit das Mond-Temperament selbst, in seiner schwer faßbaren, unbestimmten und veränderlichen Art. Psychologisch gesehen erscheint der Mond als ein sehr wandelbarer Geselle.

Wir stellen wieder mit Hilfe der biographischen Methode die Charakterzüge fest, die ein psychologisches Bild dieses Temperaments ergeben. Wir sollten aber diese Charakterzüge mit allem Vorbehalt betrachten und sie besser in allgemeine, nicht zu spezifische Worte fassen. Das Mond-Temperament kann nur sehr vage, sozusagen in verschwommenen Konturen, definiert werden.

Hier sind einige Charaktermerkmale, die wir häufig bei

Schriftstellern fanden, die unmittelbar nach Aufgang oder Kulmination des Mondes geboren sind:

Umgänglich, liebenswürdig, besitzt viele Freunde, gesprächig, Bohemien, einfach, freundlich, anständig, charmant, gutmütig, klatschhaft, angenehmer Gesellschafter, entgegenkommend, nachdenklich, gefällig, unordentlich, hingebungsvoll, zerstreut, jammert und klagt, sanft, gutherzig, faul, großzügig, nett, höflich, von Stimmungen abhängig, es fehlt an Voraussicht, nachgiebig, leicht zu beeinflussen, freimütig, unsicher, modern, mäßig, weltzugewandt, träge, naiv, sorglos, unstet, ungezwungen, faul, romantisch, jugendlich, weithin bekannt, verträumt, verbindlich, snobistisch, oberflächlich, maßvoll, es fehlt an Ausdauer, schüchtern, tolerant.

Wir haben die von uns registrierten Autoren je nach der vertretenen Literaturgattung in verschiedene Gruppen eingeteilt. Es ergab sich, daß die vorstehend aufgeführten Merkmale sehr oft bei Romanschriftstellern und Lyrikern zu finden waren. Sie traten weniger häufig bei Essayisten, Literaturkritikern, Historikern und Philosophen auf. Die letztgenannten scheinen etwa in der Mitte zwischen dem Wissenschaftler, der sich der Analyse widmet, und dem schöpferisch tätigen Schriftsteller angesiedelt zu sein. Von Mars und Saturn bestimmte Geburtszeiten sind für diese Gruppe nicht ungewöhnlich. Bühnenschriftsteller sind dagegen oft geboren, wenn Jupiter im Aufgang oder in der Kulmination begriffen ist. Sie haben also mit den Schauspielern die Wesensmerkmale gemeinsam, die auf diesen Planeten zurückzuführen sind.

Unzählige Monde

Das Mond-Temperament, das sich durch eine größere Flexibilität auszeichnet als das Mars-, Jupiter- und Saturn-Temperament, ist ohne weiteres in allen Berufen zu finden, selbst dort, wo ein derartiger Charakter wenig förderlich erscheint, also etwa im Bereich des Sports, beim Militär und in der Wissenschaft. Bei

Personen, die solche Berufe ergreifen, kommt es aber nicht oft vor, daß bei ihrer Geburt der Mond eben den Horizont oder den Meridian überschritten hat. Das ist nur logisch, denn die typische Mond-Persönlichkeit ist gekennzeichnet durch Ungezwungenheit, Gutmütigkeit, veränderliche, leicht zu beeinflussende Stimmungen, Verträumtheit und wenig differenzierendes Sozialverhalten. Diese Charakteristika passen nun wirklich nicht zur Mentalität eines erfolgreichen Leistungssportlers oder eines in der Forschung tätigen Wissenschaftlers. Der Mond-Typ ist aber so anpassungsfähig, daß es trotzdem eine große Zahl von Sportlern und Wissenschaftlern gibt, die unter diesem Planeteneinfluß geboren sind.

Georges Carpentier war der wahrscheinlich bekannteste französische Boxer. Sein Kampf gegen Jack Dempsey im Jahre 1921 in Jersey City um die Weltmeisterschaft im Schwergewicht wird noch heute von vielen Kennern für den Kampf des Jahrhunderts gehalten. Carpentier wurde am 12. Januar 1894 um 18 Uhr in Liévin im Norden Frankreichs geboren. Der Mond hatte eben den Kulminationspunkt erreicht. In einem Abschnitt des *Dictionnaire des Sports* wird er folgendermaßen beschrieben: »Er hinterließ den Eindruck eines großartigen Boxers, eines vollkommenen Gentleman, und er war einer der bekanntesten Sportler Frankreichs.«

Ein Artikel von R. Peyronnet de Torrès in *Le Miroir des Sports* ist ausführlicher: »Er ist äußerst elegant und mit sicherem Geschmack gekleidet; er hat ein junges, regelmäßiges Gesicht. Sein Benehmen ist natürlich und freundlich, er ist intelligent und lebhaft. Seine Siege, seine angenehme Art und sein vornehmer Stil haben ein ungewöhnlich ›schickes‹ Publikum in die Boxveranstaltungen gelockt.« Hier noch ein weiteres Porträt, das in dem Magazin *But-Club* erschien: »Er ist ein gutaussehender Bursche, ein Märchenprinz. Man liebt ihn um seines freundlichen Lächelns, der anmutigen Bewegungen und einer natürlichen Würde willen. Carpentier war ein Künstler, ein Artist. Sobald er erst einmal reich geworden war, zeigte er mehr Interesse daran, mit seinem Namen Geld zu verdienen, als ernsthaft zu trainieren. Er nahm Einladungen zu allen möglichen Veranstaltungen an, er spielte bei vielen Festlichkeiten den Zeremonienmeister und besuchte zahlreiche Galavorstellungen. In den USA brachte er es zu beträchtlicher Popularität und wurde durch seine höfliche, vornehme Art rasch sehr beliebt. Aber seine Popularität verschwand ebenso schnell. Der Anlaß war die unglückliche ›Kochtopf-Affaire‹, bei der Carpentier ein Opfer seine Gefälligkeit wurde. Er hatte sehr unbedacht die Zustimmung gegeben, daß man seinen Namen zur Werbung für Haushaltartikel benutzte.«

Das nächste Beispiel betrifft zwei belgische Radsportler. Einer wurde geboren, als der Mond eben aufging, der andere bei Kulmination des Mondes. Der erste ist Jan Adrianssens, geboren am 6. Juni 1932 um 7 Uhr in Willebroeck in der Nähe von Antwerpen. »Über diesen stillen Radrennfahrer gibt es überhaupt keine Klatschgeschichten. Für alle, die nichts über seine sportlichen Leistungen wissen, bleibt Adrianssens ein völlig Unbekannter. Er hat einen runden Kopf, der ganz merkwürdig auf seinem kräftigen Körper sitzt. Er ist seinen Sportkameraden gegenüber ebenso zurückhaltend, wie der anonymen Masse, die ihn bei den Rennen beobachtet. Er respektiert die Anordnungen seiner Vorgesetzten. Manche glauben, daß man ihn ungerecht behandelt und nicht genügend gefördert hat, aber von ihm selbst hört man keine Klagen darüber.« (*Sport et vie* Nr. 14).

Der andere ist Karel Kaers, ein Champion des Straßenrennens, geboren am 3. Juni 1914 um 21 Uhr in Vosselaar, ebenfalls in der Nähe von Antwerpen. »Seine Größe ist eindrucksvoll ... er hat ein breites, jugendliches Lächeln, offen und vertrauensvoll. Es ist das Lächeln eines zwanzigjährigen Jungen, dem das Leben niemals übel mitgespielt hat ... Aus der luftigen Höhe seiner sechs Fuß lächelt er freundlich herab, um seine Schüchternheit ein wenig zu überspielen. Auffallend ist seine stets gute Laune, sein unaufhörlicher Optimismus, der Hand in Hand geht mit einer gewissen Unbekümmertheit.«

Wäre der Sport nicht eine Begegnung zwischen Gentlemen

und kein harter Kampf, wenn alle Sportler bei Aufgang oder Kulmination des Mondes geboren wären? Es ist unmöglich, daß es jemals soweit kommen wird, denn das Mars-Temperament, das typische Temperament der erfolgreichen Profi-Sportler, unterscheidet sich grundlegend vom Mond-Temperament. Das Veränderliche, Unbeständige des Mond-Temperaments erweist sich zu oft als Handicap für einen Sportler. Carpentier, der vor einem Weltmeisterschaftskampf mit dem Training aufhörte, wurde von seinem Gegner Battling Siki im Jahre 1924 geschlagen. Das war das Ende seiner Karriere. Adrianssens wurde niemals ein wirklich erstklassiger Radrennfahrer, und Kaers tat nach seinem Überraschungssieg bei den Weltmeisterschaften praktisch überhaupt nichts mehr, obwohl er offensichtlich Talent besaß. Unser bestes Beispiel für das Mond-Temperament ist der typische willensschwache Sportler Armand Blanchonnet, der außerordentlich talentiert und dabei ungeheuer faul war. Auch er war geboren, als der Mond eben aufging. Er unterschied sich im Temperament sehr stark von der ehrgeizigen Art des Eddy Merckx, diesem unermüdlichen Superchampion. Zur Zeit der Geburt von Merckx hatte ja auch der Mars soeben den Kulminationspunkt überschritten.

Bei Wissenschaftlern kommen ebenfalls nicht oft Geburtszeiten bei Aufgang oder Kulmination des Mondes vor. Das ist verständlich, denn das Saturn-Temperament ergibt eine schlechte Kombination mit dem Mond-Temperament. Wir kennen allerdings Wissenschaftler, die unter dem Einfluß des Mondes geboren sind. Dabei handelt es sich aber in der Regel um Theoretiker, die sich weniger der praktischen Forschung widmen. Die Forschungsarbeit erfordert Ausdauer und Beharrlichkeit, die der Mond-Persönlichkeit sehr schwer fällt. Ihre Stärken sind Inspiration, überraschende Entdeckungen und Ideen, die sie einer produktiven Phantasie verdanken. Dem Saturn-Wissenschaftler bleibt es überlassen, diese Theorien durch geduldige Arbeit zu beweisen oder zu widerlegen.

Das folgende Porträt beschreibt einen »inspirierten« Wissenschaftler, Henri Lebesgue. Er ist ein bekannter Mathematiker und Mitglied der Akademie der Wissenschaften. Henri Lebesgue wurde am 28. Juni 1875 um 7 Uhr in Beauvais im Norden Frankreichs geboren. Der Mond stand im Kulminationspunkt.

»Er war ein vorbildlicher Gatte und Vater, gesellig, ein guter Kamerad... Lebesgue besaß die Fähigkeit, alles mit Humor zu nehmen... Lebesgues Ironie war weder scharf noch verletzend. Er vermied persönliche Anspielungen und karikierte eher die Volksmeinung, so daß sich der einzelne nicht in seinem Stolz gekränkt fühlte. Lebesgue veröffentlichte sehr wenig, obwohl seine Ideen großen Einfluß auf die Mathematik hatten. Er genoß das Vergnügen, sich neue Theorien auszudenken. Aber er hatte kein Interesse daran, sie durch mühsame Kleinarbeit zu bestätigen... Er hatte eine ganz eigentümliche Art, die Berichte zu lesen, die andere geschrieben hatten. Er überflog den Artikel und versuchte, ausgehend von den wesentlichen Punkten, die Arbeit des Autors in Gedanken umzuschreiben und dabei die möglichen Fehler zu kommentieren, die der Autor vermieden hatte.« (Arnaud Denjoy, *H. Lebesgue,*Nachruf, 1941).

Nur das mathematische Talent und seine außergewöhnlichen geistigen Fähigkeiten machten Lebesgue zu einem berühmten Wissenschaftler, keinesfalls sorgfältige, beharrliche Arbeit.

Mond und Saturn: Eine schlechte Kombination

Das Mond-Temperament ergibt zusammen mit dem Saturn-Temperament eine ungünstige Kombination; das wurde durch unsere biographischen Studien an Sportlern statistisch bewiesen. Wir erfaßten die Positionen von Saturn und Mond zum Zeitpunkt der Geburt eines jeden Sportlers, der eine der Eigenschaften besaß, die in der Aufstellung für den Saturn (siehe Seite 151) genannt sind. So hieß es zum Beispiel über André Lerond: »Er ist ernst, intelligent und gewissenhaft. Aber unglücklicherweise ist er zu zurückhaltend, ja sogar zu vorsichtig.« Derartige Charakterzüge sind in der Liste für das Saturn-

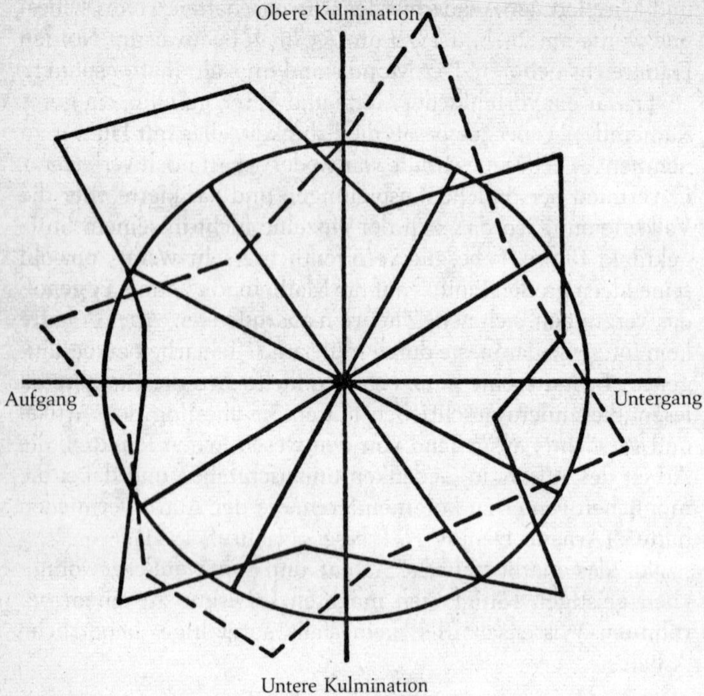

Diagramm 11

Mond und Saturn ergeben eine schlechte Kombination für Sportler.

Der Kreis stellt die Durchschnittszahl aller Sportler dar, deren Geburtszeiten in die verschiedenen Sektoren der täglichen Bahn des Saturn oder des Mondes fallen.

Die gestrichelte Linie zeigt, daß Sportler mit Eigenschaften des Saturn-Temperaments besonders häufig geboren wurden, nachdem der Saturn den Horizont oder Meridian erreicht hat.

Die durchgehende Linie zeigt, daß diese Sportler es »vermeiden«, geboren zu werden, wenn der Mond diese Positionen am Himmel einnimmt.

Aus M. und F. Gauquelin: *Planètes et psychologie des champions.*

Temperament aufgeführt. Also stellten wir die Sektoren fest, in denen sich Saturn und Mond befanden, als Lerond geboren wurde.

Nachdem wir diese Angaben für jeden Sportler ermittelt hatten, wurden die Resultate in zwei statistischen Kurven erfaßt; die erste entsprach der Saturn-Position, die zweite der Mond-Position. Danach legten wir diese beiden Kurven übereinander (siehe Diagramm 11 auf Seite 148). Der Kontrast ist verblüffend, denn es zeigt sich, daß die Verteilung der Gestirnspositionen genau gegenläufig ist. Wir hatten erwartet, daß der Saturn bei der Geburt von Sportlern, die von Fachjournalisten mit den in unserer Saturn-Liste enthaltenen Wendungen beschrieben wurden, besonders häufig unmittelbar über dem Horizont oder nach dem Meridian stehen würde. Aber wir waren doch überrascht, wie überaus selten der Mond bei der Geburt von Sportlern diese Positionen einnimmt. Die beiden Temperamente ergeben keine gute Kombination.

Dagegen gibt es zwischen dem Mond- und dem Jupiter-Temperament bestimmte gemeinsame Tendenzen. Das wurde bei unserer Studie über die Berufsgruppen deutlich. Mond und Jupiter lieferten für Politiker und Journalisten die gleichen Resultate. Auch bei der Geburt von Schauspielern erscheint der Mond sehr oft. In der Tat zeigt sich in der Beschreibung des Mond-Typs, etwa bei dem Boxer Carpentier oder dem Mathematiker Lebesgue, eine Art extravertierte Jovialität, wie sie auch für Jupiter-Geborene charakteristisch ist. Der Mond-Mensch ist aber liebenswürdiger, unbekümmerter und auch toleranter. Er zeigt sich seinen Mitmenschen gegenüber niemals grob oder autoritär, er ist seinem Wesen nach weder anmaßend noch aggressiv. Der Jupiter-Mensch ist extravertiert und versteht es, andere zu überzeugen. Der Mond-Mensch ist zwar ebenfalls extravertiert, aber selbst leicht zu beeinflussen und zu führen. Das ist zumindest der Eindruck, den wir nach dem gegenwärtigen Stand unserer Forschungsarbeit gewonnen haben.

11. Kapitel

Diagnose des Temperaments

Die vier psychologischen Welten

Menschen leben, arbeiten und sprechen miteinander, sie tauschen Gedanken aus, sie lieben sich oder können sich nicht ausstehen. Dabei leben sie psychologisch gesehen in Welten, die manchmal Lichtjahre voneinander entfernt sind. Wir kennen zumindest vier solcher Welten, nämlich die des Mars, des Jupiters, des Saturn und des Mondes. In bezug auf den Charakter besteht eine Art Koexistenz zwischen diesen Gruppen, ohne daß sich eine gegenseitige Abhängigkeit entwickelt hat. Es gibt Menschen, die den gleichen Beruf mit gleich großem Erfolg ausüben und sich doch in ihrem Verhalten, ihrem Lebensstil und ihrer Denkweise grundlegend voneinander unterscheiden. Sie sind in der Lage, den Wert des anderen zu erkennen und zu schätzen, aber sie werden einander niemals wirklich verstehen, weil ihre intimsten Erfahrungen, die Art und Weise, wie sie das Leben kennengelernt haben, nicht zu übertragen sind. Jean-Louis Barrault, Jean Vilar, Marcel Achard und Gustave Nadaud haben wir als Beispiele gewählt, weil sie charakteristisch sind für die vier verschiedenen psychologischen Sphären, obwohl sich das Leben eines jeden von ihnen gleichermaßen innerhalb der Grenzen des Theaters abspielte. Barrault steht für das Mars-Temperament, Vilar für das Saturn-, Achard für das Jupiter- und Nadaud für das Mond-Temperament.

Planetarische Typenlehre

Wir haben bisher die Grundzüge einer planetarischen Typenlehre vorgestellt, die bisher jedoch noch nicht vollständig abgeschlossen ist. Unsere Studie beschäftigte sich mit Sportlern, Schauspielern, Wissenschaftlern und Schriftstellern. Wir haben inzwischen damit begonnen, auch andere Gruppen, etwa Politiker, Militärs und Künstler, zu untersuchen. Zu diesem Zeitpunkt können wir erst eine vorläufige Liste mit Schlüsselwörtern für das Mars-, Jupiter-, Saturn- und Mond-Temperament veröffentlichen. Diese Liste ist anwendbar auf Personen, bei denen der betreffende Planet im Augenblick der Geburt am Horizont oder im Meridian erschien.

Schlüsselwörter

Mars	Jupiter	Saturn	Mond
aktiv	ungezwungen	förmlich	freundlich
ungeduldig	ehrgeizig	zurückhaltend	besitzt viele Freunde
streitsüchtig	opportunistisch	gewissenhaft	einfach
rücksichtslos	autoritär	kühl	angenehmer Gesell-
kampfbereit	gesprächig	methodisch	schafter
mutig	setzt sich durch	genau	gutherzig
dynamisch	Sinn für das Komische	bescheiden	entgegenkommend
energisch	kommunikativ	aufmerksam	unordentlich
hitzig	liebenswürdig	systematisch	zerstreut
unermüdlich	verschwenderisch	nicht gesprächig	großzügig
kämpferisch	fröhlich	präzise	phantasievoll
aggressiv	gestikuliert viel	nachdenklich	leicht zu beeinflussen
furchtlos	gutgelaunt	unauffällig	modern
direkt	unabhängig	reserviert	weltgewandt
robust	glücklich	klug	ungezwungen
verwegen	irdischen Vergnü-	melancholisch	romantisch
tapfer	gen zugewandt	ängstlich	verträumt
voller Vitalität	großzügig	fleißig	verbindlich
lebhaft	zu Scherzen	still	ziemlich snobistisch
eigenwillig	aufgelegt	bekümmert	oberflächlich
	liebenswert		tolerant
	eitel		

Unsere Alltagssprache ist nicht sehr präzise, deshalb kommt es gelegentlich zu semantischen Schwierigkeiten. Das gleiche Wort kann in bezug auf den Charakter eine ganz unterschiedliche Bedeutung haben, je nachdem, in welchem Zusammenhang es gebraucht wird. Nehmen wir als Beispiel das Wort Zähigkeit. Die Zähigkeit des Sportlers, der seine Müdigkeit und Erschöpfung überwindet, um als erster am Ziel zu sein, ist nicht unbedingt das gleiche wie die Zähigkeit, mit der ein Schauspieler nach »Erfolg« um jeden Preis strebt, oder wie die Zähigkeit des Wissenschaftlers, der unermüdlich am gleichen Experiment arbeitet.

Schwierigkeiten mit der Semantik, mit der Lehre von der Wortbedeutung, gibt es auch auf dem Gebiet der planetarischen Beziehungen. Die Schüchternheit und Zurückhaltung unter dem Saturneinfluß ist sehr verschieden von der Mond-Schüchternheit. Die erstere geht tief und ist von Dauer, während sich die letztere nur vorübergehend bemerkbar macht und wieder verschwindet, sobald ein Kontakt zustandegekommen ist. Ein anderes Beispiel ist das Organisationstalent, das sowohl Jupiter- als auch Saturn-Menschen zugeschrieben wird. Dabei ist der Jupitertyp ein Organisator, dessen Bemühungen sich darauf richten, anderen Anweisungen zu erteilen, wie beispielsweise Ludwig XIV., während der Saturntyp eher sein eigenes Leben organisiert, wie etwa der im vorangegangenen Kapitel erwähnte Fußballspieler Lerond.

Diese Beobachtung erklärt, warum gegenwärtig die Grenzen zwischen den vier planetarischen Kontinenten noch nicht deutlich festgelegt werden können. So besteht beispielsweise bei Sportlern mit Eigenschaften des »Mars-Temperaments« (siehe Seite 151) häufiger als bei anderen Menschen eine Neigung zu Geburtszeiten nach Aufgang oder Kulmination des Jupiter. Diese Tendenz ist weniger ausgeprägt als die »normale« Neigung der Sportler zu Geburtszeiten unter dem Mars, aber sie ist doch ganz deutlich vorhanden. Die Erklärung könnte darin

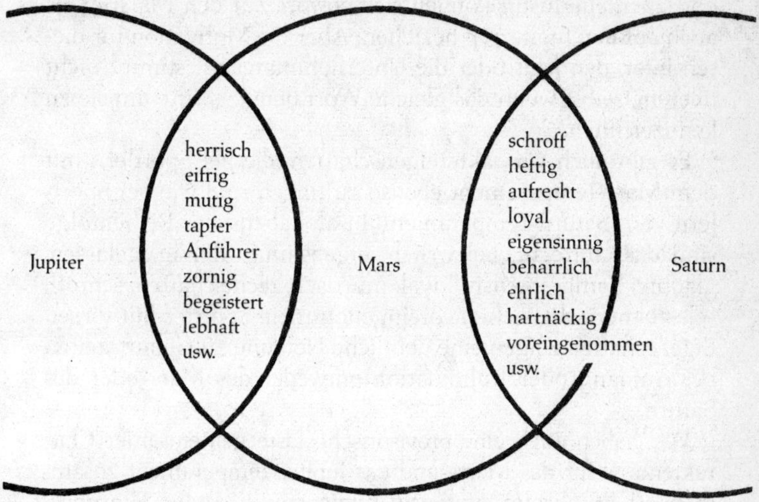

Diagramm 12

Charakterzüge, die Mars-, Jupiter- und Saturn-Temperamente gemeinsam besitzen.

Bei Sportlern gibt es bis zu einem gewissen Grad eine Überschneidung der Mars- und Jupiter-Eigenschaften auf der einen und der Mars- und Saturn-Eigenschaften auf der anderen Seite. Dies ist eine Folge der Unzulänglichkeit unserer Sprache, die feine Unterschiede der psychologischen Tendenzen nicht auszudrücken vermag. Die »Annexion« des Mars durch Jupiter und Saturn, die dieses Diagramm zeigt, ist charakteristisch für die Gruppe der Sportler. Es ergäbe sich eine andere Liste gemeinsamer Charakterzüge, wenn wir es mit Schauspielern oder Wissenschaftlern zu tun hätten. Unser Diagramm zeigt nur die ersten gemeinsamen Charakterzüge einer Zusammenstellung von Eigenschaften, die jeweils beiden Planeten zugeschrieben werden.

bestehen, daß unsere Sprache Adjektive besitzt, die zur Bezeichnung ganz unterschiedlicher Charaktereigenschaften und Einstellungen gebraucht werden können. Wörter wie eifrig, mutig und abenteuerlustig können sich sowohl auf den Marstyp als auch auf den Jupitertyp beziehen. Aber die Motivation für diesen Eifer, den Mut oder die Unternehmungslust stimmt nicht überein, selbst wenn das gleiche Wort benutzt wird, um sie zu kennzeichnen.

Es gibt auch Charaktereigenschaften, die bei Sportlern mit dem Mars-Temperament ebenso zu finden sind wie bei Sportlern vom Saturn-Temperament. In alphabetischer Reihenfolge sind das: aufrecht, beharrlich, eigensinnig, fleißig, gelassen, gläubig, heftig, intensiv, loyal, mürrisch, rechtschaffen, schroff, selbstbeherrscht, sicher, voreingenommen. Sportler mit diesen Eigenschaften zeigen eine deutliche Neigung zu Geburtszeiten bei Aufgang oder Kulmination entweder des Mars oder des Saturn.

Wir haben auch eine provisorische Liste gemeinsamer Charakterzüge für das Mars- und das Jupiter-Temperament zusammengestellt: absolut, aggressiv, hitzig, mutig, tapfer, Führungseigenschaften, leicht erregbar, zornig, begeisterungsfähig, vital, reizbar, ausschweifend, offen, verwegen, heroisch, unmäßig, ungeduldig, leidenschaftlich, erbarmungslos, herrisch, impulsiv, unabhängig, unkontrollierbar, sarkastisch, ist eine Persönlichkeit, tollkühn, schrecklich, hart, rachsüchtig, lebhaft. Hohe Militärs sind öfter als der Durchschnitt geboren, nachdem Mars *oder* Jupiter den Horizont oder Meridian erreicht hat. Diese Liste gemeinsamer Charakterzüge des Mars- und des Jupiter-Typs ergibt eine ausgezeichnete Beschreibung des soldatischen Temperaments.

Das Diagramm 12 auf Seite 153 zeigt einige der Charakterzüge, die Sportler der drei planetarischen Welten Mars, Jupiter und Saturn gemeinsam besitzen. Um die Grenzen zwischen den Typen deutlicher erkennbar zu machen und das Niemandsland des Unbestimmten auf ein Mindestmaß zu beschränken, müssen noch sehr viele gründliche Untersuchungen vorgenommen werden. Wir haben mit dieser Arbeit bereits begonnen.

12. Kapitel

Der Planet mit den tausend Gesichtern

Jeder Mensch ist ein einmaliges, unverwechselbares Individuum. Seine Persönlichkeit ist niemals völlig identisch mit der eines anderen Individuums. Auch in der Natur gibt es niemals zwei vollkommen identische Steine oder Pflanzen, und dennoch teilt man in der Mineralogie die Steine und in der Botanik die Pflanzen nach bestimmten Ähnlichkeitsmerkmalen in Gruppen. Diese Klassifikation ermöglicht es, ihre Beziehungen zueinander und die oft nur geringfügigen Unterschiede besser zu erkennen. Psychologen haben das Bestreben, mit dem Menschen ebenso zu verfahren. Sie wollen uns klassifizieren, definieren und in Kategorien einteilen, um im voraus unsere Verhaltensweise zu bestimmen. Das ist auch das Ziel der planetarischen Typologie.

Der planetarische Typus ist einer der vielen Faktoren, aus denen sich jede Persönlichkeit zusammensetzt. Es ist ein wichtiger, aber nicht der einzige Faktor. Jeder planetarische Typus bildet eine große Familie, und jedes Mitglied dieser Familie unterscheidet sich von allen anderen. Wir wollen uns mit dem Beispiel der Jupiter-Persönlichkeit beschäftigen; wir könnten ebensogut Mars, Saturn oder den Mond als Beispiel nehmen. Alle Menschen mit dem Jupiter-Temperament stehen trotz aller individueller Verschiedenheit durch eine Art »Familienbande« miteinander in Beziehung. Der Jupiter hat tausend Gesichter, angenehme und unangenehme, berühmte und anonyme. Wir haben einige Kurzporträts zusammengestellt, die es dem Leser leicht machen, diese Jupiter-»Bande« an den unterschiedlichsten Persönlichkeiten zu entdecken.

Sobald wir unsere biographischen Forschungsarbeiten abgeschlossen haben, werden wir unsere Beobachtungen in einem

Buch über jeden einzelnen planetarischen Typ veröffentlichen. Dieses Kapitel ist ein Hinweis darauf, wie wir diese Bücher aufbauen wollen. In diesem Zusammenhang beschäftigen wir uns nur mit einigen wenigen Problemen, die die Vielfalt innerhalb eines Typs mit sich bringt. Hier sind einige der vielen anderen Fragen, deren Beantwortung uns hoffentlich in Zukunft möglich wird:

1. Was geschieht, wenn bei der Geburt zwei oder mehr Planeten in den Sektoren unmittelbar nach Aufgang oder Kulmination stehen?
2. Unsere Beobachtungen zeigen, daß die Planetenpositionen nach dem Untergangspunkt und der untere Kulminationspunkt nicht ebenso verläßliche Schlüsse auf das Temperament zulassen wie die Stellung eines bestimmten Planeten im Bereich des Aufgangs- oder oberen Kulminationspunktes. Warum?
3. Der Geburtsplanet paßt nicht immer zum Temperament. Welche Erklärung gibt es für diese Ausnahmen von der Regel?
4. Warum besteht eine so große Vielfalt innerhalb des gleichen Typs? So bewegt sich beispielsweise der Jupiter-Typus in dem weiten Bereich zwischen Unterhaltungskünstlern und Diktatoren.

Mit diesen und vielen anderen Fragen beschäftigen wir uns gegenwärtig in unserem Laboratorium. Sobald die statistischen Studien abgeschlossen sind, werden wir detaillierte Berichte darüber veröffentlichen.

Jupiter und die Unterhaltungskünstler

Tristan Bernard, geboren am 7. September 1866 um 22 Uhr in Besançon, eineinhalb Stunden nach Kulmination des Jupiters, war einer der bekanntesten französischen Humoristen in der ersten Hälfte unseres Jahrhunderts. Wir haben einige Nachrufe gesammelt, die anläßlich seines Todes im Jahre 1947 in der Presse erschienen:

»Ob als Romancier, Journalist, Verfasser von Komödien oder Theaterkritiker, Tristan Bernard gelang es, jedes Wort mit Leben und Empfindung zu erfüllen; das machte ihn zu einem der bekanntesten französischen Schriftsteller ... Es scheint, er hatte Sinn für Humor bis in die Fingerspitzen.« (*France-Soir*, 9. Dezember 1947)

»Er besaß tiefliegende, boshafte, große schwarze Augen unter buschigen Augenbrauen und eine Adlernase. Sein Bart war sozusagen Legende geworden. Er war ein großer Spieler in Deauville, Cannes, ja sogar in Paris, er spielte Poker, Bakkarat usw. Eines Abends klagte er darüber, er habe zu viel verloren. ›Wieviel ist es denn?‹ ›Oje‹, antwortete er, ›das sind mindestens hundert Aufführungen.‹« (*L'Ordre*, 9. Dezember 1947)

»Er war eine jener legendären Persönlichkeiten, bei denen man nicht mehr recht weiß, ob sie noch am Leben sind oder ob sie überhaupt jemals gelebt haben. Sein Bart allein galt als ›historisches Denkmal‹ und war Anlaß vieler Geschichten, Kommentare und Anekdoten, obwohl das meiste davon niemals von ihm selbst stammte. Sein echter Name war Paul Bernard. Tristan war der Name eines Pferdes, das ihm Glück gebracht hatte. Sein Leben lang blieb er seiner spöttischen und manchmal etwas zynischen Weltanschauung treu. Aber der lächelnde Charme verbarg einen sensiblen Humoristen und einen echten Moralisten. Tristan Bernard war eine Berühmtheit, seine Werke eine großartige Leistung.« (*Combat*, 9. Dezember 1947)

Ein Jahr vor seinem Tod hatte er seinen achtzigsten Geburtstag gefeiert. »Achtzig Jahre alt? Tristan Bernard, dieser geistreiche Mann? Das muß einer von Tristans Scherzen sein! Eine jener funkelnden Pirouetten, womit er uns immer wieder überrascht hat! Ein Achtziger? Dieser glänzende Erzähler, dessen Name gleichbedeutend ist mit subtiler Heiterheit und Phantasie? Er soll achtzig Jahre sein, der Mann, dessen Name gleichbedeutend ist mit einem Lächeln?« (Maud Jacobson: *L'Ordre*, 7. September 1946)

Tristan Bernard sehr ähnlich ist Armand Fallières, »Vater Fallières«, französischer Präsident zur Zeit der Dritten Republik. Er wurde bei Kulmination des Jupiters am 6. November 1841 um 2 Uhr nachts in Mézin (Südfrankreich) geboren.

»Seine untersetzte Gestalt, sein Spitzbart, der büschelige Haarschopf und die fleckige Künstlerkrawatte machten Fallières zu einem Traum für jeden Karikaturisten. Trotzdem war er sehr beliebt. Viele Franzosen erkannten sich selbst in diesem gutbürgerlichen Mann aus der Gascogne, mit seinem deutlichen Akzent und dem unerschütterlichen Optimismus mit einem Hauch von Nonchalance.« (Jean-François Genest: *La France de la Troisième République.* 1971)

Hier ein weiterer Bericht eines Historikers, der die erste Beschreibung bestätigt: »Anfangs kaum bekannt, wurde der Präsident aber sehr schnell populär. Seine unbefangene Liebenswürdigkeit, sein Haar, seine Vorliebe für fleckige Künstlerkrawatten und sein Spitzbart halfen sicher dabei. Obwohl er alles andere als naiv war, hatte der Präsident nichts dagegen, wenn die Menschen ihn dafür hielten. Viele seiner Aussprüche gingen von Mund zu Mund. Anläßlich einer Rodin-Ausstellung lautete sein Kommentar zu einer der Skulpturen: ›Schon wieder ein Verkehrsunfall!‹ Bei einer avantgardistischen Gemäldeausstellung informierte er seinen Führer, den Maler Sisley: ›Ich folge ihnen mit geschlossenen Augen.‹ Er erwarb sich den Ruf, nicht nur ein höflicher und gütiger Menschenfreund, sondern auch ein äußerst geschickter und intelligenter Präsident zu sein. Paul Boncour war der Meinung: ›Von allen Präsidenten erzielte er die größte Wirkung.‹ Zweifellos hätte Vater Fallières noch einmal für das Amt kandidieren können, aber er tat es nicht. Mit dem für ihn typischen Humor erklärte er: ›Die Stellung ist nicht schlecht, aber es gibt ja leider keine Aufstiegschancen.‹« (Joseph Bonnafos: *Historia.* Sonderausgabe Nr. 19.)

Es gibt viele Ähnlichkeiten zwischen diesem Präsidenten der Republik und dem Schriftsteller Tristan Bernard. Beide fielen durch ihre ungewöhnliche Erscheinung auf, durch ihren Sinn für Humor und durch ihre geistreichen Formulierungen. Auch der Dramatiker Marcel Achard ähnelte ihnen in mancher Hinsicht (siehe sein Porträt in einem der vorangegangenen Kapitel). Auch dieser Künstler war von Natur aus fleißig und opportunistisch und überspielte das durch eine gewisse Nonchalance.

Witz, derbe Späße und allerhand Schabernack sind charakteristisch für das Jupiter-Temperament. »Jeden Freitag versammelte Alibert, ein Varieté-Star und Komödiant, seine Freunde, um in knoblauchduftender Mayonnaise zu schwelgen und Witze zu erzählen. Sein liebster Streich bestand darin, daß sich einer der Freunde als Kellner verkleidete und so mit der Mayonnaise zu kleckern begann, daß sie bis in die tiefen Ausschnitte der Kleider der anwesenden Damen lief.« (*France-Soir,* 24. April 1970).

Alibert, der stets im weißen Anzug, mit weißem Hemd und Schlips, glänzenden Schuhen und einem makellosen, leicht in die Stirn gezogenen Strohhut auf der Bühne erschien, war am 3. Dezember 1889 um 11 Uhr vormittags in Carpentras (unweit Marseille) geboren. Jupiter war zu diesem Zeitpunkt eben aufgegangen. Aliberts Witze waren weder bösartig noch schmutzig. Es gibt aber auch Jupiter-Typen, die wesentlich aggressiver sind und schnell ihre Maßlosigkeit erkennen lassen.

Der Maßlose

Alfred Jarry wurde berühmt wegen seines Stückes *König Ubu,* einer Farce, die den Mechanismus politischer Autokratie parodiert. Er war bei Aufgang des Jupiters am 8. September 1873 um 5 Uhr morgens in Laval im Department Mayenne geboren. Jarry war kein sehr angenehmer Mensch. Louis Perche schrieb über ihn:

»Jarrys Mutter bewunderte den Jungen, denn er verkörperte einen Charakter, den sie gern an ihrem Ehemann gesehen hätte. Er vertrat seine Meinung mit Nachdruck und gab nicht leicht nach. Er sprach mit eindringlich lauter Stimme und schien sehr selbstsicher. Während der Schulzeit hatte er keine Mühe,

Freunde zu finden. Er war von seinem eigenen Erfolg überzeugt und wußte sich durchzusetzen, ohne sich allzusehr in den Vordergrund zu drängen. Der Körper schien schwer auf seinen krummen Beinen zu lasten; das unterstrich noch den gedrungenen Körperbau. Er machte aber nicht den Eindruck, korpulent zu sein, sondern er schien eher robust und kräftig. Das maskenhafte Gesicht mit den durchdringenden Augen erinnerte nach Beschreibung eines Freundes an einen Kalmücken. Er liebte es, in entschiedenem Ton Wahrheiten zu verkünden. In seiner unverschämten Art riß er jedes Gespräch an sich. Sein Wortschatz ließ an Deutlichkeit nichts zu wünschen übrig. Er wachte eifersüchtig über seine Unabhängigkeit, er war neugierig und von einer großen Lebensgier erfüllt. Eigensinnig, argwöhnisch, wild und sarkastisch, machte er sich grausam und unbarmherzig über andere lustig. Er liebte es, in Skandale verwickelt zu sein, er war eben einer jener jungen Leute, die immer wieder einmal ins Wasser springen müssen, nur um sich die eigene Freiheit zu beweisen. Als er die höhere Schule in Rennes verließ, blieb seinen Freunden vor allem der Eindruck, daß er ein fauler, aber brillanter Schüler war, wenn er es darauf anlegte, der ebenso undiszipliniert sein konnte, wenn ihm das gerade besser gefiel. Er war jederzeit bereit, sein unfeines Vokabular voller sexueller Anspielungen vorzuführen. Seine Eitelkeit und seinen Stolz drückte er durch das Mittel aus, das dem Heranwachsenden zur Verfügung stand, nämlich durch Worte.«

Jarrys Charakter änderte sich nicht, als er älter wurde. Er blieb »ein Exzentriker und glaubte hartnäckig daran, daß er sich durch seine Persönlichkeit von jedem anderen Menschen unterschied. Er stand zu seinen Fehlern und weigerte sich, sie als Fehler zu betrachten. Er zog es vor, gesellschaftliche Konventionen zu ignorieren und war stolz auf seine Gewohnheiten und Vergnügungen.« Leider gehörte zu diesen Gewohnheiten und Freuden auch die zerstörerische Leidenschaft für den Alkohol. Der Absinth war schuld, daß er am 28. Mai 1906 im Alter von dreiunddreißig Jahren elend zugrunde ging.

Das Jupiter-Temperament steht oft in Zusammenhang mit Unmäßigkeit aller Art: Alkohol, Essen, Glücksspiel und Frauen. Der große Schauspieler Lucien Guitry, der geboren wurde, als Jupiter eben aufging, war ein Feinschmecker, obgleich »Vielfraß« wahrscheinlich die genauere Beschreibung wäre. Im Jahr vor seinem Tod brachte Guitry seinen Freunden jeden Tag Dutzende Orangen, und aß dann fast alle selbst auf, *nachdem er sie mit Zuckerstückchen gefüllt* hatte (leider war er Diabetiker). Obwohl es bereits mehrmals zu akuten Anfällen gekommen war, weigerte sich Lucien stets, eine Diät zu befolgen. Am 9. Mai verspeiste er bei einer einzigen Mahlzeit einhundert Schnekken. Am nächsten Tag war sein Zustand kritisch. Am 1. Juni fühlte er sich wieder besser. Als er gegen vier Uhr großen Hunger verspürte, aß er eine ganze Schüssel Kartoffeln. Bald danach erlitt er wieder einen Herzanfall, und das sollte der letzte sein. Gegen Abend, um 18.15 Uhr, starb Lucien Guitry.

Die unkontrollierbare Sucht, die sich für den Betroffenen so verheerend auswirken kann, scheint ein charakteristisches Zeichen für ein bestimmtes Jupiter-Temperament zu sein. Das wurde durch die Statistik deutlich, die wir nach Untersuchung einer Gruppe von 1116 chronischen Alkoholikern aufstellten, die wegen Psychosen, Delirium tremens usw. im St. Anna-Hospital in Paris untergebracht waren. Beim Vergleich der Jupiter-Position zur Zeit ihrer Geburt zeigte sich die Tendenz, daß Alkoholiker geboren werden, nachdem Jupiter den Aufgangs- oder Kulminationspunkt erreicht hat. Auch wenn diese Tatsache nur eine gewisse Neigung spiegelt, ist die Zahl bedeutsam, denn die Zufallswahrscheinlichkeit beträgt in diesem Fall nur eins zu hundert. Bei Jupiter-Geborenen kann der Drang nach Lebensgenuß auch eine unheilvolle Wendung nehmen und schließlich in eine psychiatrische Einrichtung führen, denn sie haben oft einen Hang zur Maßlosigkeit. Die Menschen können jedoch auf tausend verschiedene Arten maßlos sein, in ihrem Streben nach Ruhm, Abenteuer, Eroberung, nach Würde und Ansehen ebenso wie in ihren unehrenhaften Neigungen; das hängt ganz von der Persönlichkeit ab.

Diese Beobachtungen an den 1116 Alkoholikern sind Teil einer größeren statistischen Studie, an der mehr als 6000 Psychiatrie-Patienten teilgenommen haben (Schizophreniker, Manisch-Depressive, delirierende und verwirrte Patienten usw.). Die Ergebnisse werden unter dem Titel *Planètes et maladies mentales, une enquête statistique* von unserem Laboratorium veröffentlicht. Wir hoffen, in diesem Zusammenhang auch die Geburtsdaten und die planetarischen Koordinaten bringen zu können. Eine wichtige Erkenntnis dieser Studie wird wahrscheinlich sein, daß der planetarische Typ nur in Beziehung zur *normalen* Psyche steht und keinen Zusammenhang mit pathologischen psychischen Erscheinungen, besonders mit Psychosen, erkennen läßt. Auf diese wichtige Einschränkung des Anwendungsbereichs der planetarischen Psychologie scheinen die sehr enttäuschenden Resultate hinzuweisen, die sich bei der Untersuchung der Geburtsdaten der geistig gestörten Versuchspersonen ergaben.

Die Eroberer

Die Pioniere der Luftfahrt waren oft Jupiter-Menschen; das bestätigten Statistiken und biographische Studien. Die Mentalität des Luftfahrtpioniers zeigte sowohl Tapferkeit, Unabhängigkeit und Mut als auch einen Hang zur Angeberei. Das sind Merkmale, die oft bei der Kombination von Mars- und Jupiter-Typus vorkommen. Wir werden versuchen, den Jupiter-Aspekt dieses Typs mit Hilfe der Porträts von zwei berühmten Piloten deutlich zu machen.

Hubert Latham, ein früher Anhänger des Flugsports, gehörte zu den unglücklichen Helden, die den Ärmelkanal zu überqueren versuchten. Die erste Überquerung gelang Bleriot, den ersten Versuch unternahm Latham. Er war als Sohn einer reichen Familie am 10. Januar 1883 um 15 Uhr in Paris geboren. Zu dieser Zeit ging Jupiter im Osten auf.

»Er unternahm den ersten Versuch, den Kanal zu überfliegen, aber dieser Versuch mißlang, und er mußte auf dem Wasser niedergehen. Als die Seeleute, die zu seiner Begleitung gehörten, ihn an Bord nehmen wollten, saß Latham seelenruhig in seinem auf dem Wasser treibenden Flugzeug, rauchte eine Zigarette und pfiff ein Jagdsignal vor sich hin.«

»Dieser Liebling des Volkes hatte von seinem Vater die Vorliebe für das Reisen und eine Leidenschaft für das Abenteuer mitbekommen. Vom Großvater erbte er eine gewisse Kühnheit des Charakters und die plumpe Figur. Trotzdem wurde er mit seinem kleinen Mund und den hohen Backenknochen das Idol der Massen, besonders natürlich der Frauen Frankreichs. Mit seiner liebenswürdigen und vornehmen Art, seiner Ruhe und Gelassenheit, seiner Offenheit und Ungezwungenheit und mit seinem Playboy-Charme gewann er alle Herzen. Doch die Menschen liebten ihn nicht nur wegen seiner angenehmen Gesichtszüge und seiner Manieren, sondern auch um der Risiken willen, die er auf sich nahm und wegen seiner Fähigkeiten. Obwohl er ein Glücksritter war und ihm die Ausdauer fehlte, verziehen ihm die Menschen großzügig alle Launen eines verzogenen, sorglosen Kindes, das die Fliegerei zum eigenen Vergnügen betrieb, weil das Risiko reizte. In der Luft war er ein bewunderungswürdiger Virtuose, der sich mehr auf sein Talent als auf die Erfahrung verließ. Alle, die mit ihm in Verbindung standen, waren bezaubert und hatten Freude daran, seine unverschämten Bemerkungen weiterzugeben.«

Einmal sagte dieser leidenschaftliche junge Flieger: »Man muß wissen, wie man die Phantasie der Menge anregt. Dafür sind wir da. Für uns Flieger ist die öffentliche Anerkennung ein großer Teil unseres Erfolgs.«

Für seine Landung in England »wählte Latham den höchsten Hügel im ganzen Gebiet. Man sagte ihm, das sei Wahnsinn, aber er hörte nicht darauf und zog es vor, seiner kindischen Laune bis zum Schluß treu zu bleiben. Er prahlte: ›Ich schätze, ich werde den Kanal noch vor dem 1. August überquert haben.‹ Dabei hielt er die Handschuhe in der Hand, hatte ein Lächeln auf den Lippen und eine Nelke im Knopfloch, als ob es sich um eine Sache ohne größere Bedeutung handele. Unbekümmert und von jungenhafter Begeisterung erfüllt, dankte er den Umstehenden mit einer kleinen Handbewegung, einer aristokratischen Geste, denn Hubert Latham war kein Unbekannter. Er verabscheute die Neureichen und liebte es, der Menge zu gefallen.« (*La Revue Aérienne* vom 25. Juli 1912)

Auf der Suche nach leichter zu erringenden Erfolgen gab Latham die Fliegerei auf. Er führte eine Safari in Afrika und wurde von einem Büffel getötet, der plötzlich im Dschungel vor ihm auftauchte und ihn ansprang. Latham zog sich nicht zurück und versuchte nicht, sich zu verteidigen. Er hatte vor nichts Angst. War er einfach mutig oder war er auch leichtfertig? Da Latham im Alter von neunundzwanzig Jahren starb, wurde sein Leben nicht durch den Nimbus des Weltruhms gekrönt, den er in den letzten fünf Jahren seines Lebens vergeblich anstrebte. Untätigkeit war dieser leidenschaftlichen Natur zuwider, die es liebte, sich in Gefahr zu begeben und Hindernisse zu überwinden. Er schätzte einen Gedanken Mark Aurels: Bemühe dich um die Dinge, die zu vollbringen du nicht hoffen kannst.

Dieses Motto könnte sehr gut einer der größten französischen Fliegerinnen gelten. Hélène Boucher wurde am 23. Mai 1908 um 11 Uhr vormittags in Paris geboren. Jupiter ging eben auf. Wir lassen sie für einen Augenblick wieder lebendig werden durch einen Auszug aus ihrer Biographie, die Jacques Mortane verfaßte:

»Als kleines Mädchen hatte Hélène Boucher keinen Spaß daran, Spielzeugflugzeuge zu basteln. Ganz im Gegenteil! Ihr Freiheitswille zeigte sich schon in einem Alter, wenn Kinder im allgemeinen noch zu gehorchen haben. Sie konnte niemals gehorchen. Das Kind ließ sich beim Überqueren der Straße niemals an der Hand führen. Es gab jedesmal eine Auseinandersetzung darüber, aus der immer Hélène als Siegerin hervorging ... Ihr eiserner Wille stand dem ihres ebenso standhaften Vaters nicht nach. Die Szenen, die sich dadurch ergaben, waren für die arme Mutter eine schreckliche Qual ... Schon als Kind verstand sie es, vorteilhafte Geschäfte abzuschließen. ›Oh‹, sagte sie in ironischem Ton zur Mutter, ›wie kannst du nur so etwas von mir verlangen! Du wirst schon sehen, was das gibt!‹, und dann feilschte sie mit solcher Überredungskunst, daß sie immer die gewünschte Ermäßigung bekam. Damals war sie nicht älter als zehn Jahre, aber alle fühlten sich anscheinend ihr gegenüber machtlos. Es war offensichtlich, daß sie niemals nachgeben, sondern solange warten würde, bis sie bis zu einem gewissen Grad ihren Willen durchgesetzt hatte. Trotzdem bewunderten die Kaufleute die kleine Dame, die eisern bei ihren Wünschen blieb und eigentlich sehr nett war – nachdem sie gewonnen hatte! Ihr ganzes Leben stand unter der Idee: ›Nützlich sein und etwas wagen! Nur keine Mittelmäßigkeit, den vollkommenen Erfolg oder gar nichts!‹ Was konnte man bei diesem Verlangen nach Unabhängigkeit und Aktivität erwarten? Sie erklärte auch: ›Wie schrecklich muß es sein, so zu leben, daß man weiß, die ganze Zukunft hängt von der Ehe ab. Wenn man sich jeden Morgen vor dem Aufstehen fragen muß: Werde ich heute meinem zukünftigen Mann begegnen? Heiraten und dann ein mittelmäßiges Leben führen – niemals! Ich habe die Absicht zu beweisen, daß ich aus eigener Kraft Erfolg habe und daß mein Herr und Meister, mein Märchenprinz, nicht mein Beschützer zu sein braucht!‹ Trotzdem gab es eine Menge Bewerber um die Hand dieses Mädchens mit dem anziehenden Körper, dem frischen, offenen Gesicht, den grauen, mandelförmigen Augen, dem spöttischen Mund, den weißen Zähnen und dem energischen Kinn. Sie war beliebt und umworben. Aber sie wußte ihre Verfolger mit Ironie abzuschütteln.«

Als Hélène Boucher die Fliegerei entdeckte, faßte sie den Entschluß, auf diesem Gebiet etwas zu leisten. Durch große Anstrengung und unter Anwendung ihrer ganzen Überzeugungskraft und ihrer Unerschrockenheit gelang es ihr, eine Lizenz zu erwerben. Danach begann sie, Rekorde zu brechen. Auf diese Weise realisierte sie ihren Traum, ganz intensiv zu leben und zu Ruhm und Ehre zu kommen.

»Sie war glücklich und vital, sie ging mit unwillkommenen

Bewerbern schonungslos hart um, und sie besaß die Neigung, Ärger und Groll lange Zeit nicht zu vergessen. Obgleich sie so manchen ihrer Freunde abstürzen sah, verließ sie niemals der Mut. Sie sagte: ›Ich weiß, daß ich enden werde wie sie alle. Es gibt keine andere Möglichkeit. Ich werde am Boden sterben. Das ist der schönste Tod.‹«

Nachdem sie den Geschwindigkeitsweltrekord im Fliegen für Frauen mit 445 Stundenkilometern gebrochen hatte, starb Hélène Boucher am 30. November 1934 am Steuer einer Caudron Rafale.

Die Tyrannen

Nicht alle Eroberer besitzen die Lauterkeit und vornehme Gesinnung der Luftfahrtpioniere. Es gibt auch andere Herausforderungen, die den Menschen reizen. Nicht nur in der Luft sind Triumphe zu erzielen und Macht und Ruhm zu gewinnen. Der Typ des Eroberers ist oft zu fürchten, denn er fegt die Menschen beiseite und zertritt sie, wenn sie ihm im Wege stehen. Dafür sind die Nazis ein überzeugendes Beispiel.

Wir wollen kurz die Ergebnisse einer statistischen Untersuchung betrachten, die über die Jupiter-Position bei der Geburt von 508 Männern angestellt wurde, die im Dritten Reich unter Adolf Hitler wichtige Positionen einnahmen.

Dieser Personenkreis bestand aus 259 Spitzenfunktionären der Partei, 130 SS-Führern und 119 Generälen des Oberkommandos der deutschen Wehrmacht in der Zeit zwischen 1939 und 1945.

Der Jupiter, der sich schon allgemein für deutsche Militärs und Politiker als einflußreich erwiesen hatte, gewinnt hier noch an Bedeutung. Wenn sich Jupiter in den Sektoren unmittelbar nach Aufgang oder Kulmination befand, wurden 118 der Nazis geboren (anstatt 83; das wäre die Geburtenzahl in diesen Sektoren beim Bevölkerungsdurchschnitt). Die Wahrscheinlichkeit, daß dies ein Zufallsergebnis ist, beträgt weniger als 1 zu 50000.

Eine große Zahl der Nazi-Führer gehörte also einem ganz furchtbaren Jupiter-Typus an. Hier sind einige Kurzporträts der bekanntesten von ihnen:

Heinrich Himmler, der »Reichsführer SS«, wurde genau in dem Augenblick geboren, als Jupiter am 7. Oktober 1900 um 15.30 Uhr in München den Kulminationspunkt erreichte. »Alle, die mit ihm zusammengelebt haben«, schreibt André Brissaud, »berichteten, daß er ein falscher, scheinheiliger Mensch war, erfüllt von dem starken Bedürfnis, stets zu dominieren. Dieses Bedürfnis wurde nur durch die Gegenwart Adolf Hitlers eingeschränkt. Außerdem war er wahnsinnig egoistisch und von einer ungeheuren Gefühlskälte. Er war fähig, große Mengen Arbeit routinemäßig und automatisch zu bewältigen, litt oft unter extremer innerer Erregung, die sich durch rote Flecken auf Stirn und Wangen bemerkbar machte. Sein äußerlich kalter Fanatismus war heftig und abgrundtief und hatte etwas Gespenstisches, zeigte aber seine ehrliche innere Überzeugung.«

Reinhard Heydrich wurde am 7. März 1904 um 15 Uhr in Halle (Saale) geboren. Jupiter kulminierte, Mars ebenfalls, da die beiden Planeten in Konjunktion zueinander standen. Er war Leiter des Sicherheitsdienstes und Chef der Gestapo. Man beschrieb ihn folgendermaßen: »Höflich, sportlich, selbstgefällig wie ein Filmstar und ein leidenschaftlicher Frauenjäger. Er war kein Freund weitschweifiger Worte, sondern scharf wie ein Rasiermesser und sehr methodisch. Er war eine außerordentlich starke Persönlichkeit. Sein Ehrgeiz kannte keine Grenzen. Nichts und niemand durfte sich ihm in den Weg stellen. Sein Leben lang war Heydrich ein hartherziger Mensch, ein Techniker des Verbrechens, angetrieben von seiner Liebe zur Macht.« (André Brissaud, *Historia,* Sonderausgabe Nr. 20)

Bei den nachfolgend genannten Männern handelt es sich ebenfalls um Nazi-Führer, die geboren wurden, nachdem Jupiter den Horizont oder Meridian überschritten hatte: Propagandaminister Goebbels, berüchtigt wegen seiner giftigen Attakken und hinterlistigen Worte; Eichmann, dessen Ziel die Ausrottung der Juden war; Lammerding, General und Kommandeur der SS-Division »Das Reich«, die an vielen Verbrechen beteiligt war, so zum Beispiel in Frankreich in Tulle und in Oradour sur Glane; SS-Brigadeführer Witt, der als Fünfunddreißigjähriger der erste Kommandeur einer eigenen Hitlerjugend-Division innerhalb der Waffen-SS war; Martin Bormann, Hitlers Stellvertreter gegen Ende des Krieges; ebenso viele andere Politiker und Militärs, und schließlich Hitler selbst, der am 20. April 1889 um 18.30 Uhr in Braunau am Inn, nahe der österreichischen Grenze, geboren wurde, als Jupiter soeben den unteren Kulminationspunkt überschritten hatte. Wir wollen uns nicht näher mit Adolf Hitler beschäftigen; über ihn ist bereits mehr als genug geschrieben und gesprochen worden.

Der Nationalsozialismus war nicht nur vom »Willen zur Macht« Nietzsches bestimmt, sondern besaß zweifellos auch einen theatralischen Aspekt. Diese beiden Grundzüge ergänzten einander. Der sowjetische Schriftsteller Tschachotin bemerkte: »Die Massenaufmärsche, die Tausende von Führerbildern und Hakenkreuzfahnen hatten den Zweck, die Begeisterung der Volksmassen zu wecken, bis sie dieser Macht, die sich da vor ihnen entfaltete, blind folgten. Auf der anderen Seite konnten sich aber diejenigen, die dieser Macht Widerstand entgegensetzten, nicht hinreichend verteidigen, da die Angst sie lähmte.« Für sie wurde, so Tschachotin, »das Hakenkreuz zum Symbol ihrer Bedrohung«, das sie dem Nationalsozialismus in die Arme trieb, weil sie keinen Ausweg mehr sahen. Sie waren wie gelähmt vor Angst wie Hasen, die nicht mehr imstande sind, dem Auto auszuweichen, wenn das Licht sie blendet. Tschachotin beschrieb auch die Wirkung der großen Paraden in Nürnberg, die darauf abzielte, die Begeisterung der Massen bis zur Raserei zu steigern und als Mittel der psychologischen Beeinflussung eine Art revolutionärer Turnübungen einsetzte. Dazu gehörte der Hitler-Gruß mit erhobenem Arm, der Jubel und Beifall, der Stechschritt, ebenso die dazwischen immer wieder in tiefem Schweigen vorgenommenen Handlungen, aber auch die Fanfaren, Lieder und Hymnen. (M. und F. Gauquelin, *La Psychologie au XXe siècle*, Editions Sociales Françaises, 1963)

Solche Vorgänge erinnern stark an das Theater. Tatsächlich besitzen Jupiter-Geborene häufig recht theatralische Neigungen. In diesem Fall war die Theatralik besonders gefährlich. Wie konnten sich die Menschen diesem suggestiven Einfluß entziehen? Die einzige Möglichkeit bestand wahrscheinlich darin, selbst ein Jupiter-Typ zu sein, der sich von Natur aus weigert, von einer stärkeren Kraft beherrscht zu werden. In den Reihen der Résistance, der französischen Widerstandsbewegung, befanden sich tatsächlich häufiger Jupiter-Geborene als beim Bevölkerungsdurchschnitt. Selbstverständlich gibt es noch viele andere Mittel und Wege, sich dem eigenen Charakter entsprechend der Jupiter-Tyrannei zu widersetzen.

Zwei Jupiter-Geborene treffen aufeinander

Wenn sich die Bahn eines Jupiter-Temperaments mit der eines anderen kreuzt und ihre Bestrebungen im Gegensatz zueinander stehen, dann ist jeder Kompromiß schwierig, und gewöhnlich unterliegt letzten Endes der Schwächere dem Stärkeren. Ein solches Geschehen zeigt die Episode, die von Ludwig XIV. und seinem Finanzminister Nicolas Fouquet überliefert ist. (Siehe auch »Erstes Zwischenspiel« mit dem Porträt Ludwig XIV. Nicolas Fouquet wurde nach Überlieferung der Chronisten am 24. Januar 1615 um 5.15 Uhr in Paris geboren, während Jupiter kulminierte.)

Als Ludwig XIV. den Thron bestieg, war Fouquet, ein gewissenloser, aber hochintelligenter und raffinierter Mensch, der reichste Mann des Landes. Er lud den König zu einem großen Fest in sein Schloß Vaux-le-Vicomte, das an Luxus nicht zu überbieten war. Beim Bankett wurden die erlesensten Gerichte aufgetragen. Man speiste von goldenen Tellern. Um das Wasser für den prächtigen Abschluß des Festes zu beschaffen, einer Vorführung der Fontänen der Zierteiche im Garten, hatte Fouquet einen ganzen Flußlauf umleiten lassen. Er behandelte den König mit äußerster Ehrerbietung, aber Ludwig XIV. war jung und relativ arm und konnte diesen Schlag gegen seinen Stolz und seine Eitelkeit nicht verwinden. Als er in den frühen Morgenstunden in seiner Kutsche nach Hause zum Palais du Louvre fuhr, drohte er mit der Faust und rief: »Ich hätte ihn auf der Stelle einsperren lassen sollen.« Das tat er schließlich einige Monate später. Fouquet wurde verurteilt, weil er seinen Reichtum auf unehrenhafte Weise erworben hatte. Er verbrachte den Rest seiner Tage in einer unüberwindlichen Festung. Des Königs Zorn war nicht zu besänftigen. Louis XIV. nahm ihm nicht nur seinen Reichtum, sondern auch die Architekten, Dekorateure und Künstler, und beauftragte sie, das berühmte Schloß Versailles zu bauen.

Damit ist die Beschreibung der verschiedenen Jupiter-Temperamente abgeschlossen. Es gehören ganz unterschiedliche Persönlichkeiten dazu, aber sie alle werden durch ein gemeinsames Familienband zusammengehalten. Wie in jeder großen Familie, so gibt es auch hier würdige Mitglieder wie etwa Tristan Bernard, Heldinnen wie Hélène Boucher, Verbrecher wie Heydrich und Versager wie die chronischen Alkoholiker. Jupiter hat tausend Gesichter, aber immer die gleiche Silhouette.

13. Kapitel

Planetarische Typen und moderne Psychologie

Seit Beginn dieses Jahrhunderts wurden schon zahlreiche Systeme ausgearbeitet, um die Menschen ihrem Charakter nach zu klassifizieren. Es wäre interessant, unsere planetarische Typenlehre mit den anderen Typologien zu vergleichen. (Näheres über die Methoden der modernen Typologie ist bei M. Gauquelin, *Connaître les autres,* Denoel, 1970, nachzulesen.) Eine erschöpfende Untersuchung ist in diesem Buch nicht möglich. Wir werden deshalb unsere planetarische Typologie nur mit den beiden bekanntesten Klassifizierungen vergleichen: mit den »Psychologischen Typen« des Schweizer Psychiaters Carl Gustav Jung und mit der eher physisch bedingten Typeneinteilung des amerikanischen Psychologen W.H. Sheldon. Es werden sich interessante Konvergenzpunkte zeigen.

Introversion und Extraversion

Obgleich bereits Platon auf diese Dichotomie (Zweiteilung) des Persönlichkeitstypus hingewiesen hat, wurde die Einteilung der Charaktere in »introvertiert« und »extravertiert« zuerst von Jung vorgenommen.

Und so beschreibt C.G. Jung den extravertierten Typ: »Wenn einer so denkt, fühlt und handelt, mit einem Wort, so lebt, wie es den objektiven Verhältnissen und ihren Anforderungen unmittelbar entspricht, im guten wie im schlechten Sinne, so ist er extravertiert ... Sein ganzes Bewußtsein blickt nach außen, weil ihm die wichtige und ausschlaggebende Determination immer von außen zukommt ... Es sind nicht nur die Personen, sondern auch die Dinge, welche das Interesse fesseln. Dementsprechend richtet sich auch das Handeln nach den Einflüssen von Personen und Dingen ...«

Über den introvertierten Typ schreibt Jung: »Wie ich bereits ... ausführte, unterscheidet sich der introvertierte Typus vom extravertierten dadurch, daß er sich nicht, wie letzterer, vorwiegend am Objekt und am objektiv Gegebenen orientiert, sondern an subjektiven Faktoren ... daß sich dem Introvertierten zwischen die Wahrnehmung des Objektes und sein eigenes Handeln eine subjektive Ansicht einschiebt, welche verhindert, daß das Handeln einem dem objektiv Gegebenen entsprechenden Charakter annimmt ... Es tendiert in ihm alles zum Verschwinden und zur Verborgenheit. Sein Urteil erscheint als kalt.« (C.G. Jung: *Psychologische Typen,* Rascher Verlag, Zürich und Stuttgart, 1960.)

Wir wollen nun unsere planetarischen Typen mit den psychologischen Typen C.G. Jungs vergleichen. Auf einer Werteskala, die von »introvertiert« bis »extravertiert« reicht, wäre der erste Typ das Saturn-Temperament. Jungs Aussage »Es tendiert in ihm alles zum Verschwinden und zur Verborgenheit« kann direkt auf den Saturn-Typ übertragen werden. »Wenn jemand ein wichtiges, aber riskantes berufliches Unternehmen vorschlägt«, stellte Jean Vilar fest, der nach Kulmination des Saturn geboren wurde, »dann betrachte ich ihn als meinen größten Feind, besonders, wenn es sich um eine große Sache handelt. Zuerst ziehe ich mich zurück und lehne sogar das Angebot ab ...« Ein anderes Beispiel: Ein bekannter Impresario, der das überragende Talent der Eleonora Duse erkannt hatte, die nach Aufgang des Saturn geboren war, machte ihr den Vorschlag, sie groß herauszubringen und für ihre Karriere zu sorgen. Obwohl sie zu dieser Zeit bei einer völlig unbekannten italienischen Truppe auftrat, lehnte die Duse dieses Angebot ab. Als sie nach langen Bedenken endlich auf den Vorschlag einging, geschah es nur, weil sie hoffte, dadurch ihr schauspielerisches Können zu verbessern, keineswegs um des eigenen finanziellen Vorteils willen. Diese zurückhaltenden, unergründlichen, eher schüchternen Menschen gehören im allgemeinen dem Saturn-Typ an.

Wenn wir auf unserer Skala weitergehen, kommen wir zum Mars-Typus, einer recht ambivalenten Persönlichkeit. Dynamik und Entschlußkraft sind nach außen gewandt, dabei ist der Mars-Typus recht wählerisch und nicht immer gesellig. Auf der anderen Seite der Skala zeigen sowohl der Jupiter- als auch der Mond-Typ Anzeichen der Extraversion. Es sind sehr offene, freimütige Persönlichkeiten, die leicht durch Menschen und Ereignisse zu beeinflussen sind.

Das Jupiter-Temperament liebt es, sich anderen gegenüber zu behaupten. Seine gelassene Heiterkeit, der scharfe Verstand, der Frohsinn und das Bedürfnis nach Anerkennung und Erfolg sind extravertierte Persönlichkeitsmerkmale. So machte sich zum Beispiel der Jupiter-Charakter Marcel Achard durch seinen boshaften Witz viele Feinde. Nicht jeder weiß diese Art von Humor zu schätzen.

Von den beiden Letztgenannten ist der Mond-Charakter am stärksten extravertiert. Das Mond-Temperament bewundert stets den letzten Schrei, einfach weil jeder das tut. So etwas ist dem Jupiter-Geborenen völlig fremd. Der Mond-Geborene ist anfällig für Beeinflussung. Er hat viele Freunde und bevorzugt keinen von ihnen. Der »Mond« Nadaud »wollte stets gefällig sein ... war ... häufig in den Salons zu finden, immer freundlich, immer heiter ... besaß überall Freunde, aber sonderbarerweise keine Feinde. Seine unaufdringliche Popularität ließ ihn niemals selbstgefällig und eitel erscheinen ... er war derart bekannt und beliebt, daß er sehr viele Einladungen erhielt und nur sehr selten zum Essen daheim blieb. Wohin er auch kam, er aß und sang, und verpflichtete sich seine Gastgeber zu Dank ...«

Wie Diagramm 13 auf Seite 180 erkennen läßt, sind Introversion und Extraversion bei den vier planetarischen Typen ungleichmäßig verteilt.

Besitzt der Mensch aufgrund seiner Gesichtsform oder seines Körperbaus ein bestimmtes Temperament? Schon von alters her wurde das von Autoren behauptet, die an das Prinzip von Ursache und Wirkung auch in der Beziehung zwischen Körperbau und Charakter glaubten. Am überzeugendsten sind die Arbeiten, die W.H. Sheldon, Professor an der Harvard Universität, vor mehr als vierzig Jahren über diese Theorie veröffentlicht hat (W.H. Sheldon: *The Varieties of Human Physique,* Harper, New York 1940; *The Varieties of Temperament,* Harper, New York 1942).

Durch seine genauen Beobachtungen zeigte Sheldon, daß die ungeheure Vielfalt des menschlichen Körperbaus in drei morphologische Hauptkategorien zusammengefaßt werden kann, daß die ganze Variationsbreite menschlicher Charaktere ebenfalls in drei Temperaments-Kategorien einzuteilen ist und daß eine enge statistische Beziehung zwischen diesen beiden Typengruppen besteht.

Tabelle IV gibt einen Überblick über Sheldons Vorstellungen und beschreibt die jeweils drei morphologischen und psychologischen Typen. (Die Tabelle ist dem Band *La Structure de la personnalité,* Presses Universitaires de France, 1965, entnommen.)

Wie passen unsere kosmischen Typen in Sheldons System? Zuerst ist festzustellen, daß Sheldon nur drei Typen beschreibt, wogegen wir von vier planetarischen Temperamenten ausgehen. Es kann deshalb keine direkte Übereinstimmung geben, denn unsere vier Temperamente stehen nicht in Einklang mit den Kategorien Sheldons.

Wenn man diese Tabelle mit den Schlüsselwörtern auf Seite 151 vergleicht, erkennen wir, daß

Sheldons somatotones Temperament zwischen dem Mars- und dem Jupiter-Typ liegt. Wie der Mars ist der Somatotone energisch und aktiv, besitzt er Mut, ist kämpferisch und aggressiv und braucht

Tabelle IV
Körperbau und Persönlichkeitsmerkmale nach Sheldon

KÖRPERBAU	PERSÖNLICHKEITSMERKMALE
Endomorph	*Viszeroton*
In allen Bereichen des Körpers überwiegen die runden, weichen Formen. Oft sind die Eingeweide stark entwickelt.	Allgemein entspanntes Verhalten. Liebt Bequemlichkeit, Geselligkeit, Ungezwungenheit. Tolerant, freundlich. Legt Wert auf gutes Essen und die Gesellschaft anderer Menschen, auf ihre Zuneigung und Anerkennung. Ausgeglichenheit. Braucht in Krisenzeiten andere Menschen.
Mesomorph	*Somatoton*
Neigung zur Vorherrschaft der somatischen Strukturen (Knochen, Muskeln, Bindegewebe). Die Blutgefäße sind entwickelt. Fest, straff, aufrecht, relativ stark und kräftig.	Lebhaftes Geltungsbedürfnis, energisch und aktiv. Körperliche Einsatzbereitschaft, Mut. Dominiert gern, liebt Macht und Risiko. Direkte, offene Art. Wettbewerb und Aggressivität. Seelisch robust. Mangel an Sympathie und Takt. Braucht in Krisenzeiten Beschäftigung.
Ektomorph	*Zerebroton*
Muskeln und Eingeweide schwach entwickelt. Ausgedehnte Oberfläche im Verhältnis zur Masse. Größte Aufnahmefähigkeit der Sinne für Außenreize. Zart, flachbrüstig. Der ganze Körper ist zierlich gebaut. Lange, schlanke Gliedmaßen.	Neigt zu Hemmungen und Zurückhaltung. Ist gern ungestört, liebt Intimität und Einsamkeit. Einstellungen und Gefühle nicht vorauszusehen. Sehr aufmerksam und hilfsbereit. Äußerst schnelle Reaktionen. Braucht in Krisenzeiten die Einsamkeit.

Bewegung und Dynamik. Wie der Jupiter-Typ hat er ein starkes Geltungsbedürfnis, liebt die Macht und Autorität und das Risiko, aber es fehlen ihm Sympathie und Takt;

Sheldons viszerotones Temperament zwischen dem Mond- und dem Jupiter-Typ liegt. Wie der Jupiter-Mensch liebt er die Bequemlichkeit und die Gesellschaft seiner Mitmenschen, ist gut gelaunt und stets bereit zu essen. Wie der Mond-Typ ist er im allgemeinen ungezwungen, tolerant und freundlich. Er braucht die Zuneigung und Anerkennung anderer.

Sheldons zerebrotones Temperament dem Saturn-Typ sehr nahe kommt. Beide neigen zu Zurückhaltung, bleiben gern für sich und lieben die Einsamkeit.

Obgleich Sheldon eine Beziehung zwischen den Körperproportionen und dem Charakter beschrieb, sind unsere Untersuchungen noch nicht genügend fortgeschritten, als daß wir eine Verbindung zwischen dem menschlichen Körperbau und dem planetarischen Typus begründen könnten. Erste Resultate scheinen darauf hinzuweisen, daß diese Beziehung in unserem Fall wesentlich unbestimmter ist als bei Sheldon – das heißt, falls es überhaupt eine solche Beziehung gibt. Außerdem haben auch andere Autoren Sheldon kritisiert, da sie der Meinung sind, daß die meßbare Erscheinung des Körpers nichts über das Temperament aussagen kann. Es ist durchaus möglich, daß ein Mensch sehr groß und stark ist, seinem Wesen nach aber ein »sanfter Riese«. Er kann ebensogut körperlich unterentwickelt sein und eine enorme geistige Kraft besitzen. Es scheint doch recht naiv, das Temperament eines Menschen mit Waage und Maßband bestimmen zu wollen. Trotzdem könnte es gewisse Sekundärbeziehungen zwischen Körperbau und Charakter geben, da beide anscheinend von ein und denselben Bedingungen abhängen, die in der Biochemie des Menschen zu suchen sind. Die »physische« Beziehung zwischen Charakter und Morphologie scheint vor allem biochemischer Natur zu sein und nicht rein strukturell bedingt.

Die Wissenschaft von einer Biochemie, die das Verhalten des Menschen beeinflußt, befindet sich noch in der Entwicklung. Einige der neuesten biochemischen Entdeckungen stehen in direktem Zusammenhang mit unseren Beobachtungen. Es wurde nachgewiesen, daß es eine Beziehung zwischen dem Harnsäurespiegel im Körper des Menschen und seinem gesellschaftlichen Erfolg gibt. Personen mit hohem Harnsäurespiegel sind energischer und unternehmungslustiger als andere. Dr. Escoffier-Lambiotte, der diese Studie durchgeführt hat, schreibt: »Eine Gruppe amerikanischer Wissenschaftler bewies, daß der Harnsäurespiegel nicht in enger Beziehung zur Intelligenz steht, sondern mit dem sozialen Erfolg, und daß er genetisch über eine bestimmte Verhaltensweise entscheidet, die charakterisiert ist von Ehrgeiz, Energie, Stolz und Autorität, die diesen Erfolg begünstigen.« (Dr. Escoffier-Lambiotte: »Vers une biochimie du comportement«, *Le Monde,* 2. Juni 1971.) Anfangs wurde diese Studie heftig kritisiert. Man argumentierte: Wenn der Harnsäurespiegel bei Menschen, die sehr viel essen, höher ist, dann nur aus dem Grund, weil erfolgreiche Menschen dazu neigen, mehr zu essen und infolgedessen einen höheren Harnsäurespiegel haben, aber nicht umgekehrt.

Um die Auseinandersetzung beizulegen, wurden von mehreren Gruppen von Wissenschaftlern in allen Teilen der Welt wichtige Forschungsarbeiten unternommen. Das Institute of Social Research an der Universität von Michigan führte eine Untersuchung an sechsunddreißig dort beschäftigten Professoren durch. Wieder »zeigte es sich, daß der Harnsäurespiegel im Blut nicht mit den intellektuellen Fähigkeiten zusammenhängt, sondern ganz deutlich mit bestimmten Verhaltensmerkmalen, die sehr wichtig für *Erfolg* sind: Freude an Autorität und Ansehen, Energie, Dynamik, Eifer und Perfektionismus – und das ganz ungeachtet des sozialen Umfelds, in dem die Betreffenden aufgewachsen waren.« Danach beschäftigte sich das Institut vier Jahre lang mit einer Gruppe von Studenten am College von

Pittsburgh, untersuchte ihre soziale Herkunft, ihre Intelligenz und ihre Leistungen. Wieder schien die Harnsäure in enger Verbindung mit Ehrgeiz, Eifer und Erfolgsstreben zu stehen. Schließlich wurde vom Gesundheitsamt in Yale ein weiteres Experiment mit 340 Schülern durchgeführt, die drei verschiedene höhere Schulen für Knaben in Michigan besuchten. Die Ergebnisse wurden im August 1970 veröffentlicht. Diese Studie bestätigte vollauf die bereits vorliegenden Resultate und zeigte, daß der Harnsäuregehalt im Blut die Ergebnisse der Leistungstests beeinflußte, die angewandt wurden, um Zielstrebigkeit, Schnelligkeit und Erfolgswunsch, keineswegs aber die Intelligenz, zu messen.

Der Harnsäurespiegel beeinflußt auch den beruflichen Ehrgeiz. Bei jungen Menschen, die man nach ihrer erhofften Karriere befragte, zeigte sich die Tendenz, schwierigere und mehr dem Wettbewerb ausgesetzte Berufe zu ergreifen, wenn sie einen erhöhten Harnsäurespiegel aufwiesen. Ähnlich zeigten die Schüler mit dem höheren Harnsäurespiegel auch größeres Interesse an Aktivitäten außerhalb des Unterrichts. Sie legten allerdings weniger als die anderen Schüler Wert auf menschliche Beziehungen und emotionale Bindungen. Schließlich ergaben die psychologischen Tests auch, daß sie weniger ängstlich sind als ihre Kameraden. Die Angaben über latente Ängste erwiesen sich als genau umgekehrt proportional dem Harnsäurespiegel.

Als weiteren Beweis legte die Universität Edinburgh die Ergebnisse einer Untersuchung an einer Gruppe von führenden Geschäftsleuten vor, die bei genau gleicher Diät einen deutlich höheren Harnsäurespiegel aufwiesen als eine Vergleichsgruppe von einfachen Bankangestellten. Das läßt keinen Zweifel an der Tatsache, daß die Harnsäure mit bestimmten Verhaltensmerkmalen in Beziehung steht, an erster Stelle wohl mit Energie und Ehrgeiz. (Zu diesem Thema auch: Roger J. Williams: *Biochemical Individuality.* John Wiley, New York, 1963.)

Um wieder auf den planetarischen Typus und die damit verbundene Verhaltensweise zurückzukommen, wäre es interessant, einmal die folgende Theorie zu untersuchen: Unterscheiden sich die verschiedenen kosmischen Temperamente im Harnsäurespiegel voneinander? Der Mars-Typus ist energisch, aktiv und dynamisch, der Jupiter-Typus ehrgeizig, opportunistisch und autoritär. Deshalb müßte die Harnsäuremenge im Blut eines Menschen, der bei Aufgang oder Kulmination des Mars oder des Jupiters geboren ist, höher sein als bei einer Persönlichkeit, zu deren Geburtsstunde weder Mars noch Jupiter sich in den Sektoren um Aufgangs- und Kulminationspunkt befanden. Wie wir bereits bemerkten, werden wichtige Manager der Industrie häufiger als andere Menschen geboren, nachdem der Mars aufgegangen ist oder seine Kulmination erreicht hat, und Untersuchungen haben bewiesen, daß erfolgreiche Geschäftsleute einen deutlich höheren Harnsäuregehalt im Blut haben.

Körper- und Gesichtssprache

Es gibt einen weiteren Bereich des »Physischen«, in dem möglicherweise ein Zusammenhang mit den planetarischen Typen zu erkennen ist. Dabei handelt es sich um den allgemeinen Gesichtsausdruck, die Gestik und die Sprechweise des Menschen, vor allem aber um das Gesicht, das man ja auch einen Spiegel der Seele nennt. Wir beziehen uns auf unser biographisches Material und haben entdeckt, daß ein scharfgeschnittenes Gesicht, ein durchdringender Blick, ein nervöser und stahlharter Ausdruck gewöhnlich solchen Persönlichkeiten eigen ist, die bei Aufgang oder Kulmination des Mars geboren sind.

Ein trauriger, ernster, nachdenklicher, kühler Ausdruck ist häufig bei solchen Persönlichkeiten zu finden, die geboren sind, wenn der Saturn am Horizont oder im Meridian steht.

Ein glücklicher, geistvoller, boshafter, lustiger, dominierender, autoritärer Ausdruck gehört im allgemeinen zu Persönlichkeiten, die geboren sind, wenn der Jupiter am Horizont oder im Meridian erscheint.

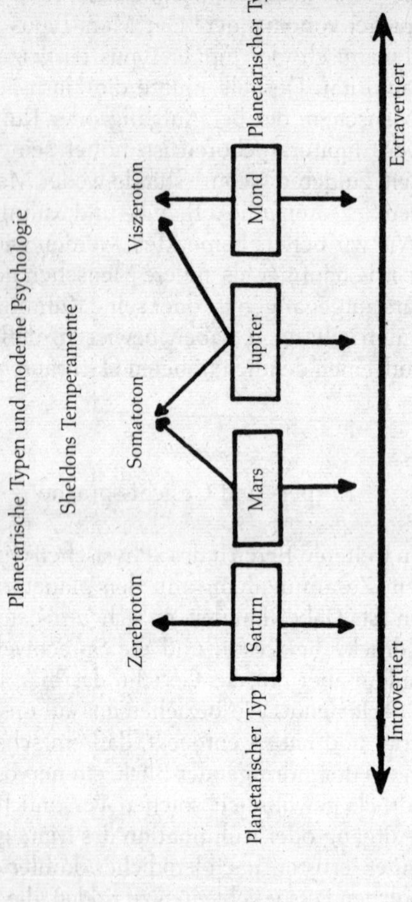

Diagramm 13

Sheldons Temperamente und die Typenlehre von C.G. Jung

Das Diagramm zeigt, wie die planetarischen Typen den von Sheldon und Jung aufgestellten Systemen zuzuordnen sind.

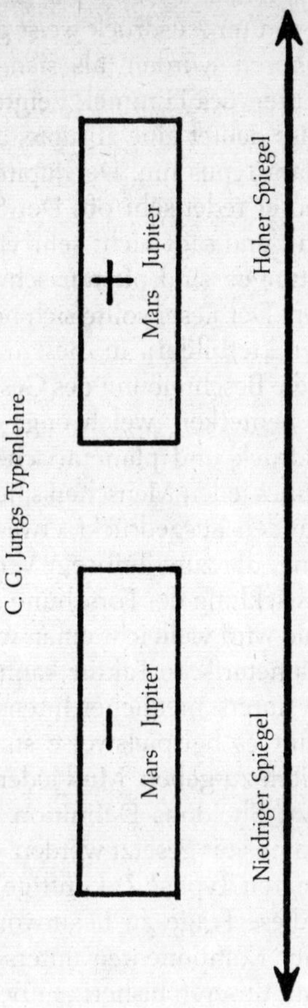

Diagramm 14

Harnsäurespiegel des Blutes

Das Diagramm stellt die Theorie einer möglichen Beziehung zwischen dem Harnsäurespiegel und dem Mars- und Jupiter-Typus dar.

Ein verträumter, sanfter Ausdruck weist gewöhnlich auf Personen hin, die geboren wurden, als sich der Mond in den genannten Abschnitten des Himmels zeigte.

In ähnlicher Weise deutet eine abrupte, abgehackte Sprechweise auf einen Mars-Typus hin. Der Jupiter gestikuliert gern beim Sprechen, und er redet sehr oft. Der Saturn-Typ ist sparsam in seiner Gestik und sagt nicht sehr viel, usw.

Solche Beobachtungen sind oft nur schwer miteinander in Beziehung zu setzen. Der Leser sollte sich noch einmal mit den verschiedenen Charakterbildern in diesem Buch beschäftigen und besonders auf die Beschreibung des Gesichtsausdrucks achten. Er wird dann bemerken, welch enge Beziehung es zwischen Gesichtsausdruck und planetarischem Typus gibt. Im Gesichtsausdruck eines jeden Menschen spiegelt sich etwas von seiner Seele, oder, anders ausgedrückt, etwas von seiner biochemischen Ausstattung, die zum Teil sein Verhalten bestimmt.

Die künftige Entwicklung der Forschung auf dem Gebiet der Verhaltensbiochemie wird vielleicht einen wichtigen Punkt klären: Der gleiche planetarische Faktor kann bei den einzelnen Persönlichkeiten in unterschiedlicher Intensität zum Ausdruck kommen. So scheint es beispielsweise starke und schwache Mars-Persönlichkeiten zu geben. Muß jeder planetarische Faktor in Beziehung zu Sheldons Definition von Komponenten unterschiedlicher Intensität gesetzt werden, oder eher zu einem traditionell festgelegten Typus? Zukünftige Forschung wird es uns ermöglichen, diese Frage zu beantworten. Aber der Gedanke planetarischer Komponenten unterschiedlicher Intensität scheint besser mit unseren bisherigen Beobachtungen übereinzustimmen als die übliche Auffassung von den herkömmlichen Typen.

Drittes Zwischenspiel

Wie der Vater, so der Sohn

Aufgrund der Vererbungsgesetze geben die Eltern nicht nur bestimmte Merkmale der äußeren Erscheinung an uns weiter, sondern auch etwas von ihren intellektuellen Gaben und von ihrem Charakter. (Zum Thema Vererbung charakterologischer Anlagen siehe auch: Ernst Kretschmer: *Körperbau und Charakter.* Springer, Berlin/Heidelberg 1967) Wie bei jedem genetischen Phänomen sind darüber natürlich keine gesicherten Voraussagen für den Einzelfall möglich. Aber es ist eine Tatsache, die statistisch zu belegenden Regeln folgt. Die genetische Struktur des Kindes ist das Band, durch das die Erbinformationen von Generation zu Generation weitergegeben werden. Joseph Nuttin, Professor an der Universität von Louvain in Belgien, schrieb in seinem Buch *La Structure de la personnalité* (Presses Universitaires de France, 1965): »Es ist höchst wahrscheinlich, daß Erbfaktoren die Grundlage bestimmter endokriner Systeme sind, die sowohl den Körperbau als auch das Temperament des Menschen beeinflussen.« In einfacheren Worten: »Wie der Vater, so der Sohn.« Ganz deutlich wird das am Beispiel von zwei großartigen Persönlichkeiten des französischen Theaters, Lucien Guitry und dessen Sohn Sacha. Wir lassen sie durch Berichte von Autoren lebendig werden, die beide sehr gut gekannt haben.

Lucien Guitry wurde am 13. Dezember 1860 um 22 Uhr in Paris geboren, wo er auch starb. Er war einer der größten französischen Schauspieler, doch gehörten zu seinen schlimmsten Fehlern Eitelkeit und Stolz. »Er war zu geltungsbedürftig, um ehrlich zu sein. Er neigte derart zu Übertreibung, sogar bis ins Physische hinein, daß er sich nicht einmal den Wünschen eines Autors unterordnen konnte ... Schauspieler, die auf der Bühne die Gestalten eines Stückes zum Leben erwecken, sollten kein allzu übertriebenes Selbstgefühl besitzen, oder sie sollten zumindest in der Lage sein, es unter Kontrolle zu halten. Lucien Guitry fand die eigene Persönlichkeit derart interessant und seinen Zeitgenossen überlegen, daß er sie etwas zu stark in den Vordergrund stellte. Dennoch war er ein wirklich großer Schauspieler, wie es nur sehr wenige gibt. Die meisten verlassen sich nur auf ihre Erfahrung und auf ein gewisses Repertoir einstudierter Tricks und Manieriertheiten. Das war bei Lucien Guitry nicht der Fall, er gab sich wirklich Mühe und arbeitete an seinen Rollen. Leider beobachtete er sich dabei selbst mehr, als gut tat, und war so in sich selbst verliebt, daß ihm der Mut zur Selbstkritik fehlte. Deshalb ärgerte er sich über jede Kritik von außen. Dieser große Schauspieler hätte weitaus größere Erfolge erzielen können, wenn er etwas maßvoller und bescheidener gewesen wäre.«

In der Spielzeit vor seinem Tod war er in Monte Carlo aufgetreten. Dort pflegte er in seinem wehenden Mantel über die Uferpromenade zu spazieren, sehr majestätisch und ungeheuer imposant. Neben ihm, zart, frisch und blond, die liebliche Mademoiselle Pierry. Sein ganzes Leben lang liebte Lucien Guitry die Frauen und gutes Essen. Wir haben bereits berichtet, wie er kurz vor seinem Tod hundert Schnecken auf einmal verspeiste, anstatt sich an seine strenge Diät zu halten.

Eine andere Anekdote wurde von Jacques Lorcey berichtet: »Er besaß eine große Zahl von Geliebten. ›Wer ist es denn diesmal?‹ erkundigte sich sein Freund Jules Renard eines Tages nach der neuesten Freundin. ›Ich kenne sie gar nicht‹, antwortete Lucien Guitry zynisch.«

Ursprünglich nicht sehr gebildet, ein Bohemien, exzentrisch und schon seit frühester Jugend als Schauspieler auf der Bühne, eine kraftvolle, impulsive, materialistische und sinnliche Natur, wurde Lucien erst durch Ehe und Vaterschaft zum reifen Erwachsenen. Er lernte schnell, sich in den eleganten Salons zu bewegen und nahm die gemessene Sprache, die Eleganz und die vornehmen Sitten an, die er dort beobachtete. In weiser

Einsicht umgab er sich mit geistvollen, kultivierten Menschen, die ihm die Vorzüge von Ironie und Selbstbeherrschung näherbrachten.

»Er konnte außerordentlich geistreich sein«, schrieb Louis Schneider, »und wie bei allen geistreichen Menschen war sein Humor manchmal recht grausam.«

Claude Berton berichtet: »Lucien Guitry, ein ausgezeichneter Mime und Imitator, ist der perfekte Erzähler. Seine Sprache strömt nur so dahin, er besitzt die Gabe, Geschichten zu erzählen.«

Offensichtlich gehörte Lucien Guitry aufgrund seines Charakters in die Kategorie der »unbescheidenen Schauspieler«, wie es Louis Jouvet definierte. In der Tat war zum Zeitpunkt seiner Geburt Jupiter soeben aufgegangen.

Sacha Guitry, der Sohn Luciens, wurde am 21. Februar 1885 in St. Petersburg geboren, während eines Gastspiels seines Vaters in Rußland. Die genaue Geburtsstunde kennen wir nicht. Schon als kleiner Junge war Sacha undiszipliniert und stets zu Streichen aufgelegt. Sein einziger Ehrgeiz und seine Sehnsucht waren es, für das Theater zu arbeiten und Stücke zu schreiben. Mehrere Schulen warfen ihn hinaus, weil er nicht fleißig genug lernte. Sacha zeichnete und verkaufte Karikaturen und schrieb Farcen, in denen er selbst auftrat.

Ursprünglich wollte sein Vater nicht, daß er zum Theater ginge: »Solange ich dort bin«, erklärte Lucien Guitry, »wirst du nicht auftreten. Ich will nicht, daß du den Namen ruinierst, den ich mir gemacht habe.« »Auch gut«, erwiderte Sacha, »dann werde ich eben warten.«

In Paris wurde Sacha Guitry bald eine bekannte Persönlichkeit. Seine Bonmots waren berüchtigt, ebenso seine zahlreichen Prozesse. Er war fünfmal verheiratet, und jede seiner Ehen fand starke Beachtung in der Öffentlichkeit. Zu seiner letzten Frau, Lana Marconi, sagte er einmal: »Du wirst meine Witwe.« Bei einer seiner Hochzeiten erweckte er beim Bürgermeister den Eindruck, er läge im Sterben. Sehr besorgt kam der Mann in sein Haus. Sachas Gesicht war totenbleich geschminkt und er lag im Bett. Sobald das Paar zu Mann und Frau erklärt war, sprang er zur Bestürzung des Bürgermeisters und dessen Assistenten auf und lachte. Dann lud er die beiden ein, mit Champagner auf seine Gesundheit anzustoßen. Er liebte Scherze dieser Art. Er war vollkommen egozentrisch, dachte nur an sich, und in bezug auf Eitelkeit konnte er es jederzeit mit seinem Vater aufnehmen. Er hatte die Gewohnheit, am Anfang eines Satzes so nachdrücklich »moi« (ich) zu sagen, daß ihm seine Feinde den Spitznamen »Moa« gaben. Er rächte sich und schrieb ein Stück mit dem Titel *Toa* (Du). Es war eine ganz bezaubernde, geistreiche Komödie, aber der Humor war für seine Zeitgenossen schwer verständlich.

Eines Tages wurde er gefragt: »Welche Fehler haben Sie eigentlich?« Darauf antwortete er: »Ich glaube, ich habe einfach alle. Ich rauche drei Päckchen Zigaretten am Tag. Ich spiele Roulette, seit ich vier Jahre alt war ... Ich richte meine Aufmerksamkeit zu sehr auf das, was ich trinke, und achte zu wenig darauf, was ich sage. Ich habe die schreckliche Gewohnheit, mit den Wörtern zu spielen.« Anläßlich seines Todes aber sagte Marcel Achard: »Du warst der größte Künstler unter all den Komödienschreibern und Schauspielern unserer Zeit. Du hast alle Talente besessen, auch das allerwertvollste, nämlich Phantasie.«

Sacha Guitry hatte einen zwei Jahre älteren Bruder, der in jungen Jahren bei einem Autounfall ums Leben kam. Jean war sogar noch schrecklicher als Sacha. Wohin er kam, wurde er hinausgeworfen. »Er ist unsagbar unverschämt und faul«, war die Meinung seiner Lehrer. Oft verschwand er für einige Tage. Sobald sich alles wieder beruhigt hatte, tauchte er mitten in der Nacht bei seiner Mutter zu Hause wieder auf. Er gewann das Herz eines vierzehnjährigen amerikanischen Mädchens und begann eine Liebesaffäre mit ihr.

»Ich liebte Jean Guitry«, sagte der Dramatiker Francis de Croisset. »Er hatte ein edles Herz und Sinn für Humor.« Eines Tages, als Sacha in einer kleinen Rolle sein Debut auf dem Theater feierte, setzte sich Jean mit einer Gruppe seiner wilden

Freunde in die erste Reihe. Sachas Auftritt wurde mit großem Applaus begrüßt. Jeder Schritt, jede Geste rief ungeheuren Jubel hervor. Die Begeisterung der Freunde war grenzenlos, aber ihre Zurufe, ihr Geschrei und die Begeisterungsausbrüche erregten bei den anderen Zuschauern Anstoß und schockierten die Stars der Aufführung.

Offensichtlich hatte Vater Lucien seinen Charme und Witz, seinen Stolz, seinen Ehrgeiz, die Vorliebe für Frauen, die auffällige Art, die Neigung zu derben Scherzen und den schwierigen Charakter den beiden Söhnen vererbt, auch wenn sie nicht das genaue Ebenbild des Vaters waren, ganz und gar nicht. Einige Züge stammten sicher von ihrer Mutter oder gingen auf noch weiter entfernte Vorfahren zurück. Die Persönlichkeit eines jeden menschlichen Wesens ist einzigartig. Dennoch bestand eine grundlegende Ähnlichkeit des Temperaments der Brüder Jean und Sacha Guitry mit dem ihres Vaters.

14. Kapitel

Kosmische Genetik

Wölfe und Lämmer

Hat jemals ein Wolf ein junges Lamm hervorgebracht oder ein Mutterschaf ein Wolfsjunges geboren? Was den Menschen betrifft, so wird das Kind freundlicher, ausgeglichener Eltern ohne ausgeprägten Abenteuergeist und ohne Aggressivität mit hoher Wahrscheinlichkeit weder gewalttätig noch rauflustig sein. Es wird zur Familie der »Lämmer« gehören, wie seine Vorfahren. Was geschieht aber, wenn dieses Kind geboren wird, wenn soeben der Mars am Himmel erschienen ist? Wird aufgrund des Mars-Einflusses aus ihm ein schwieriger, aggressiver Erwachsener? Wird aus dem Lämmchen ein junger Wolf, obwohl dieses Kind von friedfertigen Eltern abstammt und dazu veranlagt ist, selbst ein ähnliches Temperament zu entwickeln, nur weil im Augenblick seiner Geburt der Kriegsgott Mars im Osten erschien? Wie kann dieser Einfluß die freundliche, ausgeglichene Anlage außer Kraft setzen, die dem Kind aufgrund der Vererbung zukäme? Wenn das Kind geboren wird, hat sich davor in den neun Monaten der Schwangerschaft sein Körper entwickelt. Sobald bei der Empfängnis das Lotteriespiel der Chromosomen stattgefunden hat, scheint die von der Vererbung bestimmte Zukunft des Kindes ein für allemal entschieden. Es gibt gegenwärtig keinen Hinweis darauf, daß der planetarische Einfluß zur Zeit der Geburt die Anordnung der Chromosomen verändern kann. Auf keinen Fall wird sich das »Lamm« in einen jungen Wolf verwandeln.

Diese Tatsache stellt ein Problem dar, denn obwohl es eine Beziehung zwischen den Planeten und den persönlichen Charakterzügen gibt, scheint das Temperament des Menschen

a1 Energie (Dynam.
agressiv, böse
urteili
ganghelei

bereits vorher durch Vererbung genau festgelegt. Es gibt keinen vernünftigen Grund für die Annahme, daß zwei verschiedene Arten der Charakterdetermination, einmal durch den Einfluß der Planeten und zum anderen durch die Erbmasse, völlig unabhängig nebeneinander bestehen. Um aus diesem Dilemma herauszukommen und die Art der Beziehung zwischen der Planetenposition und dem Temperament zu klären, erscheint es logisch, davon auszugehen, daß das planetarische Temperament Teil der genetischen Veranlagung ist. Auf diese Weise wird der Widerspruch gelöst. Wie die Nachkommen der Wölfe immer Wolfsjunge und die der Schafe stets Lämmer sind, so besteht bei Eltern mit dem Mars-Temperament die Tendenz, daß auch ihre Kinder unter dem Mars geboren werden. So gesehen gehörte die Geburt unter Mars-Einfluß zur ererbten Veranlagung, und die Planetenposition ist nichts als ein Hinweis auf das Temperament des Kindes.

Angeborene Sensibilität für kosmische Einflüsse

Je nach Temperament reagiert jeder Organismus anders auf äußere Aggression, auf Krankheit. Der eine leidet häufig unter Erkältungen, während der andere mehr Widerstandskraft besitzt. Es gibt Fälle von Allergien gegenüber bestimmten Lebensmitteln, Medikamenten und Blütenpollen, die anlagemäßig bedingt sind. Eine einzige Tablette eines bestimmten Medikaments kann Peter von seiner Schlaflosigkeit befreien und verhilft ihm zu gutem Schlaf, während Paul die doppelte Dosis braucht. Bei Hans dagegen zeigt die Arznei überhaupt keine Wirkung oder verursacht ihm sogar Übelkeit.

Professor Maurice Lamy, Mitglied der Akademie der Medizin, schrieb: »Die Kenntnis dieses Sachverhalts ist von vitaler Bedeutung. Dadurch wurde eine neue Wissenschaft begründet, die Pharmakogenetik. Sie beschäftigt sich mit der Sensibilität oder Resistenz gegenüber der Wirkung von Arzneimitteln, die durch die biochemische Konstitution des einzelnen bedingt ist und den Gesetzen der Vererbung folgt.« Mit anderen Worten:

Ein äußerer Faktor, etwa ein Arzneimittel, das in exakt gleicher Dosierung verabreicht wird, kann je nach der konstitutionellen Veranlagung unterschiedliche Reaktionen hervorrufen. In ähnlicher Weise besteht Professor Lamy auf der »Existenz einer spezifischen Sensibilität besonderer Art, welche die Wirkung des Medikaments möglich macht.« (M. Lamy: *Tempérament et prédisposition aux maladies.* Hachette)

Diese moderne Auffassung einer spezifischen, erblichen Sensibilität soll bei der Interpretation unserer Forschungsergebnisse angewandt werden, damit wir zu einem genaueren Verständnis der Beziehungen zwischen kosmischen Faktoren und dem Temperament kommen. Auf diese Weise wird die Grundlage der kosmischen Genetik geschaffen.

Kosmische Genetik

Kosmische Genetik besagt, daß das Ausmaß der kosmischen Sensibilität bei jedem Menschen unterschiedlich ist und von seiner genetischen Struktur abhängt. Das folgende Beispiel zeigt zwei häufig zu beobachtende, unterschiedliche Reaktionen auf das gleiche kosmische Phänomen. Es handelt sich um die Wirkung der Sonnenstrahlen auf dicke und schlanke Menschen. Wenn eine dicke und eine schlanke Person genau dem gleichen Grad der Sonnenbestrahlung ausgesetzt sind, dann wird der Schlanke die Sonne besser vertragen. Der Unterschied der Reaktion wird sogar noch deutlicher, wenn der Schlanke einen dunkleren Teint besitzt und der Dicke hellhäutig ist. Jedem scheint die Erklärung einleuchtend. Aufgrund der ererbten Konstitution verträgt der hellhäutige Dicke die Sonnenbestrahlung nicht so gut wie die Person mit der dunkleren Haut, dafür besitzt er jedoch die größere Widerstandsfähigkeit gegen Kälte.

Aber gehört dieser »Dicke« nicht auch zum viszerotonen Typus, den Sheldon als bequem, ungezwungen und gesellig beschrieben hat? Und ist nicht der »Schlanke« auch Sheldons zerebrotoner Typ, überempfindlich und ein Einzelgänger? Nach diesem einfachen Beispiel können wir eine Gleichung aufstellen: Unterschiedliche ererbte Konstitution = unterschiedliche Reaktion auf Sonnenbestrahlung = unterschiedliches charakterologisches Temperament.

Der in Deutschland lebende Amerikaner Manfred Curry hat diese Gleichung sogar noch weitergeführt: »Sag mir, wie du auf das Wetter reagierst, und ich sage dir, was für ein Mensch du bist.« Im Jahre 1946 entwickelte er eine Theorie, wonach die Menschen je nach ihrer Reaktion auf das Wetter in zwei Gruppen eingeteilt werden. Er nennt sie den K-Typ und den W-Typ. Der K-Typ fühlt sich sehr schlecht, wenn es einen plötzlichen Temperaturabfall gibt (Durchgang einer Kaltfront). Diese Menschen sind schlank, haben ein schmales Gesicht und ein nachdenkliches Wesen. Es sind introvertierte Persönlichkeiten. Beim W-Typ handelt es sich um extravertierte Menschen. Ihr Körperbau ist kräftig und die Figur eher rundlich. Der W-Typ leidet unter plötzlichem Temperaturanstieg (Durchgang einer Warmfront). (Manfred Curry: *Bioklimatik.* 2 Bände, Riederau, 1946)

Diese Klassifizierung nach Reaktionstypen ist nichts anderes als Meteoropsychologie; sie beruht auf Wetterveränderungen, nicht auf kosmischen Veränderungen. Von hier bis zu den kosmischen Einflüssen ist es nur noch ein kleiner Schritt, denn auch unsere Reaktion auf die kosmischen Uhren ist von unserer angeborenen psychischen Veranlagung abhängig.

Professor G. Piccardi, Leiter des Instituts für physikalische Chemie an der Universität Florenz, hat das im Vorwort zu einem unserer Bücher deutlich ausgesprochen: »Zwei Individuen, die zur gleichen Art gehören, aber mit unterschiedlichen Erbanlagen ausgestattet sind, werden auf kosmische Phänomene nicht in gleicher Weise reagieren. Solche mit gleichen Erbanlagen werden ähnlich reagieren.«

Mit anderen Worten: »Sage mir, wie an dem Tag, an dem du geboren wurdest, dein Körper auf die Planetenbewegungen reagierte, und ich sage dir, was für ein Mensch du bist.« Daraus ergibt sich die Theorie, die wir bereits vor zehn Jahren folgendermaßen formulierten: Bei den Kindern zeigt sich die Neigung, zu einer ganz bestimmten Zeit des Tages geboren zu werden, nachdem durch planetarische Einflüsse die Niederkunft in Gang gesetzt wurde. Die Sensibilität der Kinder kosmischen Einflüssen gegenüber ist jedoch unterschiedlich ausgeprägt und hängt von ihrer genetischen Veranlagung ab. Die Bewegung des Planeten A kann die Geburt des Kindes A in Gang setzen, aber sie hat auf das Kind B keinen Einfluß.

Wenn Sie persönlich bei Aufgang des Mars geboren wurden, dann geschah das nicht zufällig. Ihr Temperament wird bestimmt durch Aktivität, Mut und Dynamik. Als für Sie die Zeit kam, das Licht der Welt zu erblicken, reagierte Ihr Körper bevorzugt auf die von diesem Planeten ausgehenden Einflüsse und nicht auf die Einwirkung anderer Planeten. Sie haben diese Neigung geerbt, geboren zu werden, nachdem Mars den Horizont oder Meridian überschritten hat, genau wie Sie die blauen Augen oder das blonde Haar, die Größe und die Intelligenz geerbt haben. Bei Ihren Eltern zeigte sich die gleiche Tendenz, geboren zu werden, wenn der Mars den Horizont oder den Meridian passierte. Vielleicht lag aber auch nur bei einem Elternteil diese Neigung vor, die für Ihr aktives, mutiges und dynamisches Temperament sorgt. Aus all dem wird deutlich, daß auch bei der Vererbung ein kosmischer Einfluß wirksam ist.

Geburtsdaten von 25 000 Eltern und Kindern

Der Nachweis ist noch zu erbringen, daß es zwischen Eltern und ihren Kindern mehr planetarische Ähnlichkeiten gibt als zwischen Menschen, die nicht blutsverwandt sind. Wir beschäftigten uns in den Jahren zwischen 1959 und 1964 mit dieser Theorie. Aus den Geburtsregistern vieler Rathäuser sammelten wir das Material, das die Basis unserer Studie ist. Wir untersuchten fünfundzwanzigtausend Geburtsdaten und -zeiten von Eltern und ihren Kindern, die sich über fast ein ganzes Jahrhundert verteilten, nämlich von 1850 bis 1945. Alle Dokumente wurden von unserem Laboratorium veröffentlicht (*Birth and Planetary Data Gathered Since 1949*, Laboratory for the Study of Relationships Between Cosmic and Psychophysiological Rhythms. Paris, 1970). Eine Zusammenfassung der Resultate und Angaben über die statistischen Methoden ist enthalten in *Profession-Heredity*, Paris, 1972.

Für jede einzelne Geburt berechneten wir die Positionen der Planeten des Sonnensystems auf ihrer täglichen Bahn durch die sechsunddreißig Sektoren, wie wir sie anfangs beschrieben haben. Bei jedem Planeten verglichen wir, in welchen Sektoren er sich zur Zeit der Geburt der Eltern und des Kindes befand. Das erforderte 16037 Vergleiche für jeden der zehn Himmelskörper. Es waren also mehr als 160000 planetarische Vergleiche vorzunehmen, die wir statistisch auswerteten.

Der Einfluß der Planeten bei der Vererbung

Das Gesamtbild, das sich aus den ermittelten Daten ergab, wies auf einen Zusammenhang zwischen den kosmischen Verhältnissen bei der Geburt der Eltern mit denen zum Zeitpunkt der Geburt der Kinder hin. Dieser genetische Einfluß war für Mond, Venus, Mars, Jupiter und Saturn nachzuweisen. Mit anderen Worten: Kinder neigen dazu, nach Aufgang oder Kulmination eines dieser Himmelskörper geboren zu werden, wenn bei Geburt eines Elternteils die gleichen Verhältnisse herrschten. Die Tendenz ist auffällig, denn die Wahrscheinlichkeitsrate für solche Ergebnisse ist sehr gering und beträgt nur 1 zu 500000. Die Diagramme 15 und 16 auf den Seiten 194 und 195 geben einen allgemeinen Eindruck davon, wie sich dieser planetarische Einfluß bei der Vererbung bemerkbar macht.

Dabei scheint sowohl ein Zusammenhang mit der Entfernung des Planeten von der Erde als auch mit seiner Masse zu bestehen. So sind zum Beispiel Mond, Venus und Mars der Erde näher als Jupiter und Saturn. Der Einfluß der drei erstgenannten Planeten ist auch ausgeprägter als der der beiden letztgenannten. Außerdem fand man keinerlei statistischen Hinweis auf eine Einwirkung des Merkur, des kleinsten Planeten. Ebensowenig machen sich Uranus, Neptun und Pluto bemerkbar, die

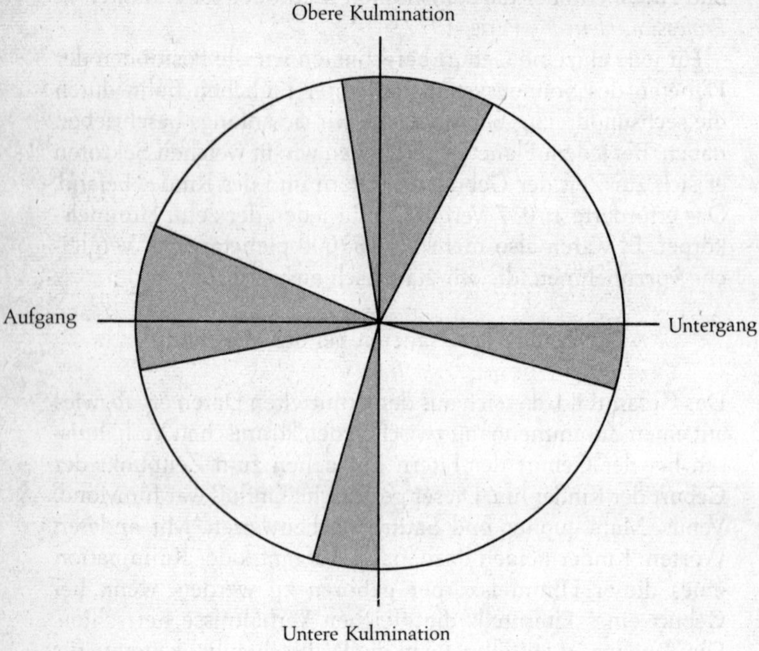

Diagramm 15

Planet bei Geburt der Eltern

Vater oder Mutter wurde geboren, nachdem der Planet den Horizont oder den Meridian passierte, im besonderen nach Aufgang oder Kulmination des Planeten (getönte Flächen).

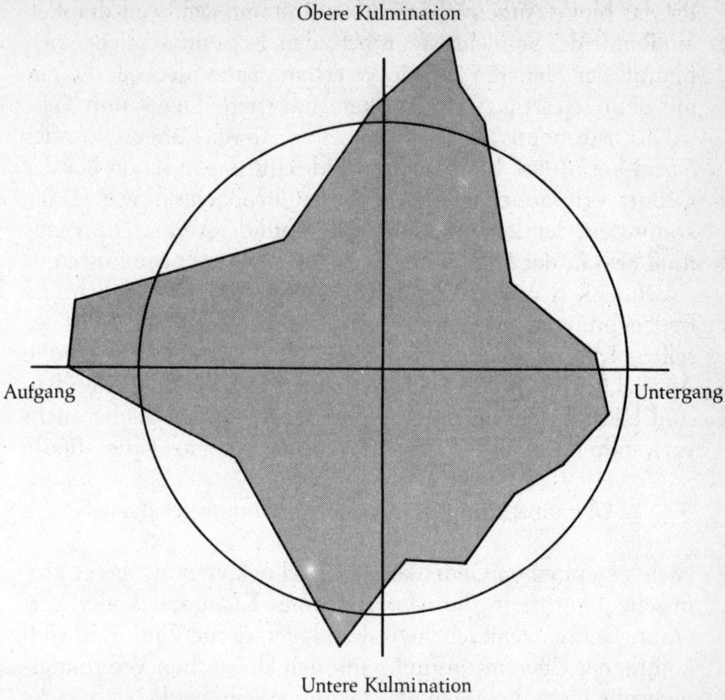

Diagramm 16

Planet bei Geburt des Kindes

Das Kind besitzt die Tendenz, geboren zu werden, wenn der gleiche Planet eben den Horizont oder Meridian passiert, vor allem aber nach Aufgang oder Kulmination des Planeten. Dieser Vererbungseffekt wurde bei Mond, Venus, Mars, Jupiter und Saturn beobachtet. Unser Diagramm vereinigt in sich 35907 Beobachtungen, die wir über diese fünf Himmelskörper registriert haben.

Aus M. Gauquelin: *L'Hérédité planétaire.*

für das bloße Auge nicht sichtbar sind und sich weit draußen am Rande des Sonnensystems befinden. Es ist unmöglich, einen Einfluß der Planeten auf die Vererbung zu entdecken, die nur mit dem Teleskop zu beobachten sind (siehe Diagramm 17).

Das astronomische Roulette zeigte Abweichungen von der Norm bei Mond, Mars, Jupiter und Saturn, wie schon bei der Geburt erfolgreicher Menschen zu beobachten war. Dazu kommt ein deutlich erkennbarer Einfluß der Venus. Die Venus muß also in der Lage sein, die Niederkunft zu beeinflussen.

Schließlich war es uns dank unserer Archive möglich, die Beobachtungen auf planetarische Einflüsse bei Kindern aus der selben Familie auszudehnen (6691 Vergleiche). Planetarische Ähnlichkeiten in den Sektoren nahe Horizont und Meridian sind häufiger bei blutsverwandten Geschwistern als bei nicht verwandten Kindern (*L'Hérédité planétaire.* Denoel, Paris, 1966).

Übereinstimmung mit den Vererbungsgesetzen

Nichts kann einen Genetiker mehr schockieren als dieser kosmische Eingriff in die Materie seines Fachgebiets, der Vererbungslehre. Dennoch steht der planetarische Einfluß in vollkommener Übereinstimmung mit den klassischen Vererbungsgesetzen. Eines dieser Gesetze besagt: »Wenn beide Eltern eines Kindes den gleichen Erbfaktor besitzen, ist die Wahrscheinlichkeit doppelt so groß, daß das Kind ihn übernimmt.« Das gleiche gilt auch für die kosmische Genetik.

Wurden Mutter und Vater geboren, als Planet A den Horizont oder Meridian überschritt, dann neigt das Kind dazu, unter der gleichen Gestirnsposition geboren zu werden. Diese Tendenz ist doppelt so stark, als wenn nur ein Elternteil unter diesem Aspekt geboren wäre. Wenn andererseits beide Eltern nicht unter dem Einfluß des Planeten A geboren sind, ist es sehr unwahrscheinlich, daß das Kind bei dieser speziellen Konfiguration geboren wird. Das alles steht in Übereinstimmung mit den genetischen Gesetzen. Im ersten Fall ist die Wahrscheinlichkeit doppelt so hoch, daß das Kind Temperament A erbt, da beide

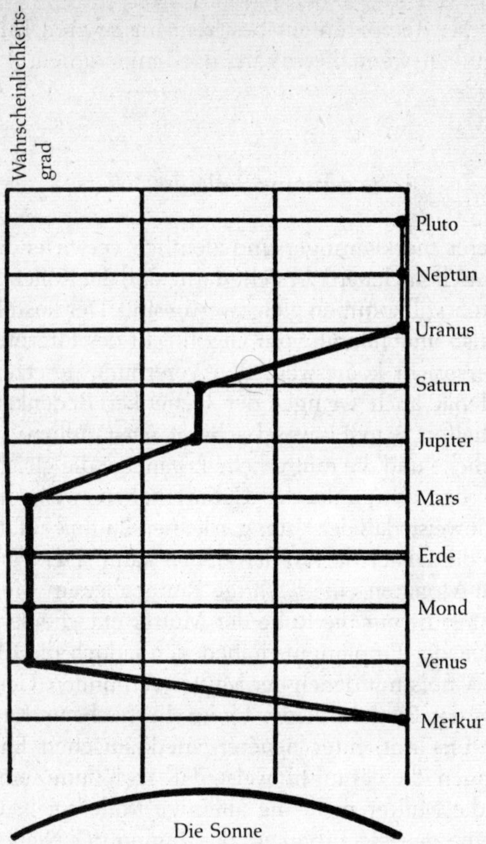

Diagramm 17

Der planetarische Einfluß ist zum Teil abhängig von der Entfernung des Planeten zur Erde

Auf der X-Achse sind die Planeten entsprechend ihrer Entfernung von der Erde aufgereiht. Die Y-Achse zeigt, wie weit die Test-Werte über dem statistisch zu erwartenden Wahrscheinlichkeitsgrad liegen. Die Graphik zeigt, daß sich nur bei den fünf der Erde am nächsten liegenden Planeten Werte von Belang ergaben.

Aus M. Gauquelin: *L'Hérédité planétaire.*

Eltern dieses Temperament besitzen. Im zweiten Fall wäre es ungewöhnlich, wenn dieses Kind das Temperament A übernehmen würde.

Die seltsame Rolle des Vaters

Ein anderer merkwürdiger und ziemlich verwirrender Aspekt der kosmischen Genetik besteht darin, daß die Rollen von Vater und Mutter vollkommen gleichwertig sind. Der kosmische Einfluß ist also unabhängig vom Geschlecht des Elternteils. Auch das widerspricht keineswegs den Vererbungsgesetzen. In diesem Fall hat auch weniger der Genetiker Bedenken als der Geburtshelfer. Sein Einwand scheint verständlich: Wie kann die väterliche und die mütterliche Erbanlage die gleiche Bedeutung für den Zeitpunkt der Geburt haben, wenn doch alles darauf hinweist, daß der Vater gar keinen Einfluß auf das Einsetzen und die Dauer der Wehen haben kann? Der Vater spielte vor neun Monaten eine wichtige Rolle, aber im Moment der Niederkunft ist nur die Rolle der Mutter entscheidend.

Zur Zeit der Empfängnis haben sich jedoch die Chromosomen des Vaters mit denen der Mutter verbunden. Genetisch ist der Fetus das Produkt beider Eltern. Im nächsten Kapitel werden wir uns mit einer neueren medizinischen Entdeckung beschäftigen, die darauf hinweist, daß auch zum Zeitpunkt der Geburt die Mutter nicht die alleinige Rolle spielt. Der Fetus besitzt eine gewisse Fähigkeit, das Tempo der Niederkunft zu steuern, so daß er zu der ihm bestimmten kosmischen Zeit das Licht der Welt erblickt. Das beantwortet den Einwand des Geburtshelfers. Die Erbanlage des Vaters wird während der Entbindung durchaus wirksam: sie wird durch einen Zwischenträger übermittelt. Dieser Träger der Erbinformation ist der Fetus. Es ist also keineswegs merkwürdig, daß die planetarische Verwandtschaft zwischen dem Vater und seinem Sprößling ebenso stark ist wie zwischen Mutter und Kind. Im Gegenteil, es müßte verwundern, wenn es anders wäre.

15. Kapitel

Der Einfluß des Kindes auf den Zeitpunkt der Geburt

Das Kind, das im Begriff ist, unsere Welt zu betreten, führt einen heimlichen Dialog mit den Göttern der Planeten. Heimlich und geheimnisvoll deshalb, weil das Kind sich im Leib der Mutter wie ein Astronaut in seinem Raumschiff befindet: Sehr beengt, aber wunderbar geschützt vor allen äußeren Einflüssen, die ihm schaden könnten. Wenn wir das Rätsel seiner Geburt lösen, werden wir entdecken, wie dieser Dialog geführt wird. Zunächst ist zu beweisen, daß das Kind während der Wehen und bei der Entbindung eine Rolle spielt, daß es in gewisser Weise die physiologischen Prozesse steuert, die veranlassen, daß es zu einer bestimmten Stunde das Licht der Welt erblickt.

Welche Meinung vertreten heute die Spezialisten auf diesem Gebiet? Sie haben den Geburtsvorgang einmal mit dem Autofahren verglichen. Aber wer startet den Motor, wer hält das Steuer unter Kontrolle? Warum beginnt der Körper der Mutter an einem bestimmten Tag, *ungefähr* neun Monate nach der Empfängnis, das Kind auszutreiben? Der genaue Augenblick der Geburt ist nicht vorherzusagen. Es ist aber in den vergangenen zehn Jahren durch zahlreiche Untersuchungen gelungen, eine Erklärung für das aufregende Geheimnis zu finden.

Obgleich der Körper die Neigung besitzt, jeden Fremdkörper sehr schnell wieder abzustoßen, behält die Mutter den Fetus neun Monate lang in ihrem Leib. Es muß deshalb eine physiologische *Bremse* geben, die das möglich macht, genau wie das Auto nicht den Berg hinunter rollen wird, wenn die Bremse entsprechend eingestellt ist. Warum beginnen an einem bestimmten Tag zu einer bestimmten Zeit die Wehen? Wie wird diese Bremse im Körper der Mutter gelöst? Jedes Fahrzeug muß einen Motor haben. Der Motor, der dafür sorgt, daß das Kind den Mutterleib verlassen kann, ist der Uterus (Gebärmutter). Die Gebärmutter ist ein kräftiger Muskel, und ihre Kontraktionen, die allmählich immer häufiger und oft auch immer schmerzhafter aufeinanderfolgen, sind der Motor, der die Geburt in Gang setzt. Aber was verursacht diese Kontraktionen der Gebärmutter, und wodurch werden sie beschleunigt? Oder, anders ausgedrückt, wer steuert die Entbindung? Könnte es der Fetus selbst sein?

Die Bremse

Wir müssen uns nun mit der Plazenta beschäftigen, die sich zusammen mit dem Fetus entwickelt. Bis zum dritten Schwangerschaftsmonat besteht ihre Aufgabe vor allem darin, den Stoffwechsel zwischen Mutter und Fetus zu erleichtern. Aber während der letzten sechs Monate der Schwangerschaft spielt die Plazenta auch eine wesentliche Rolle bei der inneren Sekretion. Zumindest wird diese Rolle vom fetalen Teil der Plazenta übernommen, die den wichtigsten Teil darstellt, da sie sich aus der gleichen befruchteten Zelle entwickelt hat wie der Fetus selbst und daher die gleiche genetische Struktur besitzt.

Aufgrund der Tatsache, daß die gesamte fetale Substanz die gleiche genetische Ausstattung besitzt wie der Fetus, wurde eine revolutionäre Technik entwickelt, die man als Amniozentese bezeichnet. Damit kann man die Chromosomen-Struktur des werdenden Kindes schon im dritten Schwangerschaftsmonat untersuchen. Mit Hilfe einer Spritze entnimmt der Arzt einige Tropfen des Fruchtwassers. Die im Fruchtwasser schwimmenden Zellen werden untersucht. Auf diese Weise wird das Geschlecht des Kindes bestimmt, und mögliche Chromosomen-Unregelmäßigkeiten, durch die etwa der Mongolismus entsteht, können entdeckt werden. Professor Serr vom Tel Hashomer Hospital in Israel, der diese Methode entwickelte, ist der Meinung, daß man eines Tages nicht nur eine Fetalmedizin, sondern auch eine Fetalpsychiatrie praktizieren wird. Diese neuen

Perspektiven sind indirekt auch für unsere Arbeit von Bedeutung. Die fetale Substanz besitzt die gleiche Erbinformation wie der Fetus selbst. Wenn man die Bedeutung dieser Fetalsubstanz für die Entbindung nachweist, könnte man die Vorstellung akzeptieren, daß durch dieses Medium der Fetus mithilft, den Augenblick seiner Geburt zu bestimmen. (Internationaler Kongreß der Humangenetik in Paris, September 1971)

Wir kommen wieder zurück auf die Funktion der Plazenta. Die Plazenta sondert durch ihre Villi (Zotten) zwei Hormone ab, das Östrogen und das Progesteron. Progesteron besitzt die Wirkung, die Kontraktionsfähigkeit des Uterus herabzusetzen, während Östrogen den gegenteiligen Effekt hat. Es stimuliert den Muskel. Es scheint also, daß die »Bremse«, die das Kind im Mutterleib hält, das Progesteron ist. Es hindert den Uterus, sich unabsichtlich zusammenzuziehen. Vorzeitige Kontraktionen, sogenannte Vorwehen, können von sechs bis achteinhalb Monate nach Beginn der Schwangerschaft auftreten. Die Folge ist die verfrühte Austreibung des Fetus.

Professor A. Csapo von der Medical School an der Washington University in St. Louis vertritt folgenden Gedanken: »Das von der menschlichen Plazenta produzierte Progesteron ist verantwortlich für den Erhalt der Schwangerschaft ... Sobald das Progesteron diese wichtige Rolle aufgibt, wird die Beendigung der Schwangerschaft möglich ...« (A. Csapo: *Function and Regulation of the Myometrium.* Annals of the New York Academy of Science, 75,2; 1959).

Diesen Mechanismus, den sogenannten Progesteron-Block, hat Dr. Csapo in einer Serie sehr ausführlicher Tierexperimente nachgewiesen. Es ist aber notwendig, die Existenz einer besonderen Art von Progesteron zu bestätigen, die diesen Block beim Menschen herbeiführt.

Dr. Csapo geht von folgender Vorstellung aus: Das Progesteron wirkt *lokal* auf den Uterus. Das Hormon wirkt, anstatt über den Blutkreislauf, wie das gewöhnlich bei Hormonen der Fall ist, direkt auf den Uterus und wird allmählich von diesem Muskel absorbiert. Auf diese Weise kann es, um bei unserem Vergleich zu bleiben, als eine Art physiologische »Handbremse« wirken. Dr. Csapo formulierte diese Idee im Jahre 1959, nachdem er es mit einem außergewöhnlichen klinischen Fall zu tun hatte. Jeweils für sich, in gesonderten Teilen der Gebärmutter, hatten sich Zwillinge entwickelt. Es waren zweieiige Zwillinge, die aus zwei verschiedenen befruchteten Eiern entstanden waren. Sie wurden im Abstand von zwei Monaten geboren. Die ganze Zeit über war der Progesteronspiegel im Blut der Mutter konstant geblieben. Die »Bremse«, die das Progesteron darstellt, verlor ihre Wirkung bei dem erstgeborenen der beiden Kinder früher. Da aber jeder der Zwillinge seine eigene Plazenta besaß, glaubte Dr. Csapo daraus schließen zu können, daß das von der Plazenta abgesonderte Progesteron in direkter Verbindung mit dem unmittelbar benachbarten Teil des Uterus steht und deshalb nicht erst über den Blutkreislauf wirksam werden mußte. Er war der Meinung, daß der gleiche Teil der Plazenta beim zweiten Zwilling eine größere Beständigkeit zeigte als der beim ersten Kind, weil das lokal wirksame Progesteron dort noch längere Zeit seine Funktion als »Bremse« ausübte.

Kurz gesagt, diese Pseudo-Zwillinge wurden nicht am gleichen Tag und zur gleichen Stunde geboren, weil sie genetisch nicht völlig identisch waren. Das in der Plazenta gebildete Progesteron des zweiten Zwillings wurde über eine längere Zeit hin abgesondert, und dadurch verzögerte sich die Geburt dieser Kinder. Es handelte sich dabei um einen außergewöhnlichen, im Hinblick auf die Rolle der fetalen Plazenta aber besonders informativen Fall. Dr. Csapo ergänzte: »Die lokale Wirkung des Progesteron aus der Plazenta ist nicht mehr nachzuweisen, sobald die Wehen begonnen haben.« Mit anderen Worten:

Durch Intervention des Progesteron der Plazenta behält der Fetus die Kontrolle über den gesamten Geburtsvorgang, der in jedem beliebigen Augenblick verzögert werden kann.

Der Fetus gibt das Signal

Ein großer Teil der Wissenschaftler ist bereit, die Wirkung eines lokalen Progesteron-Blocks anzuerkennen. Allerdings ist damit noch nicht erklärt, warum eines Tages diese Wirkung aufhört. Einfacher ausgedrückt: Wie wird die »Bremse« gelöst? Es wurde schon verschiedentlich versucht, eine Erklärung dafür zu finden. Am interessantesten ist wohl die Theorie, daß der Fetus selbst bestimmt, wann er geboren werden will. Das ist in der Tat die älteste Erklärung für das Einsetzen der Geburtswehen. Schon vor zweitausendfünfhundert Jahren erklärte Hippokrates: »Wenn die Zeit kommt, dann bewegt sich das Kind und zerreißt die Häutchen, die es umgeben, und kommt zum Vorschein aus dem Leib der Mutter.« Ein Einwand gegen diese Rolle des Fetus wurde allerdings erhoben. Dabei geht man von der Erfahrung aus, daß auch dann, wenn das Kind *in utero* (das heißt, noch im Mutterleib) abstirbt, eine Austreibung stattfindet. Doch war es zweifellos ein Fehler, diesen seltenen pathologischen Fall zu verallgemeinern und daraus Schlüsse auf das zu ziehen, was tatsächlich im Normalfall geschieht.

Die erwähnte Auffassung ist nun dank der besonders von Dr. G.C. Liggins vom National Women's Hospital der Universität von Auckland in Neuseeland geleisteten Arbeit wieder im Gespräch. Es handelt sich dabei natürlich um eine modifizierte Version der hippokratischen Theorie. Wir glauben heute nicht mehr, daß der Fetus nur eine einfache mechanische Funktion ausübt, denn die Wissenschaft hat bewiesen, daß er auch eine Rolle im komplizierten hormonellen Bereich spielt. Vor allem eine Tatsache weist darauf hin: Kommt ein Kind mit einer *Anenzephalie* auf die Welt (es ist nur die Schädelbasis und kein Gehirn vorhanden), dann wird es nicht zur richtigen Zeit, sondern lange nach dem errechneten Termin geboren. Dennoch lebt es bei der Geburt. Ein anenzephalisches Kind besitzt keine Hypophyse (Hirnanhangdrüse) und infolgedessen auch keine Nebennieren-Funktion. Von dieser empirischen Beobachtung ausgehend, versuchte Dr. Liggins experimentell nachzuprüfen, ob die fetalen Nebennieren das Einsetzen des Geburtsvorganges beeinflussen. Während der Trächtigkeit entfernte er die Hypophyse aus dem Gehirn von Feten einiger Tierarten (Kühe, Schafe) und brachte sie danach wieder in den Uterus. Obgleich die Feten noch lebten, wurden sie nicht geboren. War der Grund dafür, daß sie keine Hypophyse mehr besaßen? Das erscheint sehr wahrscheinlich. Wurde aber die ACTH-Sekretion der Hypophyse dadurch ersetzt, daß man das adrenokortikotrope Hormon, das die Nebennierendrüsen aktiviert, parenteral verabreichte, dann wurden auch die Feten, bei denen man die Hypophyse entfernt hatte, zur erwarteten Zeit geboren.

»Konsum« des Fetus

Die Nebennieren und im besonderen die von diesen Drüsen abgesonderten Hormone Adrenalin und Kortikoadrenalin sind also in der Lage, die Bremse zu lösen und die Geburt einzuleiten. Warum? Der Grund besteht einfach darin, daß die Nebennierendrüsen des Fetus das Progesteron selbst »konsumieren«. Allmählich wird der Fetus aber größer, sein »Appetit« wächst, und der Progesteronspiegel sinkt. Dadurch wird die »Bremse« gelöst.

Liggins Untersuchungen wurden 1969 bei einem Treffen der Spezialisten diskutiert. Der Vorsitzende dieser Tagung, Dr. G. S. Dawes von der Universität Oxford, erklärte in seiner Eröffnungsansprache: » . . . Es gibt Anzeichen dafür, daß im Normalfall der Fetus selbst den Geburtsprozeß in Gang setzt und sich selbst aus der intrauterinären Umgebung befreit, die ihn bis dahin vor Kälte und Licht geschützt hat.«

Die Rolle des fetalen Adrenalin bei der Einleitung der Geburt wurde im Tierversuch an verschiedenen Arten bewiesen. Der endgültige Beweis für den Menschen steht noch aus. Zweifellos wird es problematisch sein, solche Experimente durchzuführen.

Der Beschleuniger

Ist die Bremse erst einmal gelöst, setzt sich das Fahrzeug in Bewegung. Was aber wirkt als »Gaspedal«, was verursacht die regelmäßig immer stärker werdenden Kontraktionen der Gebärmutter, bis das Kind geboren ist?

Die Rolle des Beschleunigers, die »wehenfördernde« Wirkung, könnte eine Vielzahl von Substanzen übernehmen, es ist jedoch in erster Linie die Aufgabe des Oxytozins, das vom Hinterlappen der Hypophyse abgesondert wird. Sein stimulierender Einfluß auf die Gebärmutter ist allen Geburtshelfern bekannt. Gibt man der Mutter Oxytozin, wird die Wehentätigkeit gefördert. Größere Mengen dieser Substanz sind auch gegen Ende der Schwangerschaft im Uterus nachzuweisen. Obwohl die Fachleute in diesem Fall von einem hohen Oxytozin-Spiegel sprechen, ist auf diesem überaus komplizierten Gebiet alles relativ. Die Oxytozin-Menge, die nötig ist, um die Kontraktionen des Uterus auszulösen, ist in der Tat so gering, daß sie fast nicht meßbar ist. Bei einer derart homöopathischen Konzentration können Oxytozin-Schwankungen im Blut trotz der neuen, sehr präzisen Methoden nicht entdeckt werden.

Auch bei anderen Substanzen wurde eine wehenbeschleunigende Wirkung beobachtet. Es sind die von der Plazenta und dem Fetus abgesonderten Östrogene, das von den mütterlichen Nebennierendrüsen und von der Hypophyse des Fetus selbst stammende Adrenalin, wahrscheinlich auch noch andere Substanzen, die im Fruchtwasser gefunden wurden, von dem der Fetus bis zur Geburt umgeben ist und in dem er sich weiterentwickelt.

Bis jetzt glaubte man, daß die Einheit Mutter-Plazenta-Fetus wie ein geschlossener Stromkreis funktioniert. Erst wenn die Zeit gekommen ist, kann die Wehentätigkeit durch einen äußeren Anreiz ausgelöst werden, manchmal sogar unbeabsichtigt. Wenn zum Beispiel die Mutter im neunten Monat der Schwangerschaft erschrickt oder einen Schock erleidet, dann können die damit verbundenen emotionalen Reaktionen die Kontraktionen der Gebärmutter in Gang setzen.

Noch interessanter ist die Tatsache, daß die Wehen im allgemeinen nicht zu jeder beliebigen Tageszeit einsetzen, sondern einem ganz bestimmten täglichen Rhythmus folgen. Statistiken haben gezeigt, daß die Geburt wesentlich häufiger etwa gegen Mitternacht beginnt, wenn die Mutter eingeschlafen ist, als um die Mittagszeit, wenn sie sich mit der täglichen Hausarbeit beschäftigt. Faktoren, die mit dem Zyklus von Schlafen und Wachen zusammenhängen, erleichtern den Beginn der Wehen bei Nacht und können tagsüber hemmend wirken.

Welche Erklärung gibt es dafür? Biologen haben erkannt, daß sich unsere körperlichen Reaktionen im Verlauf des Vierundzwanzigstundentages ständig verändern. Viele physiologischen Substanzen zeigen in ihrer Konzentration deutliche Schwankungen. (In der Medizin wird diese Erscheinung im sogenannten »Tagesprofil« erfaßt; das ist eine Kurve, die die Konzentration bestimmter Substanzen in Blut und Harn im Verlauf von vierundzwanzig Stunden wiedergibt.) Das gleiche gilt auch für Pregnandiol und Östriol, den Ausscheidungsprodukten des Progesteron und Östrogen. Will ein Arzt die Konzentration dieser beiden Substanzen im Blut der Schwangeren untersuchen, müssen die Durchschnittswerte für die Zeit von vierundzwanzig Stunden festgestellt werden, denn die Konzentration zu einer bestimmten Zeit besagt wenig.

Ähnliche Veränderungen gibt es auch im Nervensystem. Im Wachzustand kann sich die Gebärmutter in einem erhöhten Spannungszustand befinden. Sie entspannt sich, sobald die werdende Mutter einschläft, so daß dann die »Überwachung« des Uterus weniger streng ist und die Kontraktionen einsetzen können. Um die Zeit der Niederkunft wird die Unausgewogenheit im Stoffwechsel zwischen Mutter und Kind so stark, daß schon die geringen Abweichungen im Verlauf des Tages ausreichen können, um die Geburt in Gang zu setzen.

Beginnt die Wehentätigkeit um Mitternacht, ist sie in vielen Fällen in den frühen Morgenstunden abgeschlossen. Wir sind also schon bei der Geburt Teil des täglichen Rhythmus der Natur. Geburtshelfern ist dieser Vorgang vertraut, der sich jede Nacht um die gleiche Zeit abspielt. Wie Dr. J. Malek aus Prag an einer Untersuchung von mehr als fünfhunderttausend Fällen bewies, ist es für die Frau leichter, nachts zu gebären. Die Entbindung geht dann schneller vor sich, ist leichter und weniger schmerzhaft als tagsüber.

Entbindung nur während der Dienststunden?

Bis vor einigen Jahrzehnten war die nächtliche Entbindung fast die Regel. Vor etwa dreißig Jahren aber bemerkten die Statistiker, daß ihre Aufzeichnungen nicht mehr mit dem »klassischen« Gesetz übereinstimmten, daß die meisten Geburten gegen Ende der Nacht stattfinden. Der Schweizer Wissenschaftler Fasler verglich die Geburtszeiten in der Stadt Basel und fand eine größere Anzahl von Geburten am Nachmittag, ganz im Gegensatz zu seinem Kollegen Goehlert, der fünfzig Jahre zuvor durch Untersuchung von hunderttausend Geburten in der Schweiz die »klassische« Kurve aufgestellt hatte, wonach es nachts die meisten Geburten gibt.

Wie ist das zu erklären? Im Jahr 1959 fand Françoise Gauquelin einen ersten Hinweis. Die Methode der Entbindung hat sich weiterentwickelt. Bis vor etwa dreißig Jahren ließ man der Natur ihren Lauf und respektierte den täglichen »physiologischen« Rhythmus der Geburten. Heute verwenden die Geburtshelfer sehr viel häufiger wehenfördernde Medikamente. Gelegentlich werden die Wehen sogar künstlich ausgelöst. Es ist natürlich bequemer, diese Eingriffe während des Tages vorzunehmen. Deshalb hat sich der natürliche Geburtenrhythmus ins Gegenteil verwandelt. Der natürliche Rhythmus wurde durch einen »medizinischen« Rhythmus ersetzt. Charakteristisch für diesen neuen Rhythmus ist eine größere Zahl von Geburten während des Tages.

In den modernen Frauenkliniken, an denen die künstlich eingeleitete Geburt die Regel ist, zeigt die statistische Kurve zu manchen Stunden überhaupt keine Geburten. Das gilt vor allem für die ganz frühen Morgenstunden. Danach steigt die Häufigkeit an und erreicht zwei Stunden vor der Mittagspause die höchsten Werte. Über die Mittagszeit fällt die Kurve wieder, zwischen 14 und 20 Uhr werden wieder mehr Geburten registriert. Man könnte also sagen, daß die Kinder heute vorwiegend innerhalb der Dienststunden geboren werden. Françoise Gauquelin hat ihre Nachforschungen inzwischen auf Länder außerhalb Frankreichs ausgedehnt und kam auch dort zu ähnlichen Resultaten.

Aber wissen wir heute schon genug, um überhaupt die Geburt nach Belieben und vorheriger Vereinbarung künstlich einzuleiten? Manche Fachleute sind dieser Meinung und richten sich in allen Fällen danach. Diese Auffassung ist nicht neu. Es gab bereits vor dem Zweiten Weltkrieg Ärzte, die sich für diese Idee einsetzten. Zu ihnen gehörte Dr. de Forest in New York, der das Verfahren beschrieben hat. Die Patientin bekam zum errechneten Termin am Ende der normalen Schwangerschaft einen Termin und erschien früh am Morgen in der Praxis des Arztes. Gegen 9 Uhr wurde die Geburt künstlich eingeleitet und, so Dr. Forest: »... in den Nachmittagsstunden waren die Wehen gewöhnlich bis zur Austreibungsperiode fortgeschritten, und das Kind wurde noch vor dem Abendessen geboren... Diese Methode erwies sich als so erfolgreich, daß sie zu meinem ›Standard‹-Verfahren wurde.«

Der französische Arzt Dr. Claude Sureau ist vorsichtiger: »Die Wirksamkeit der verschiedenen Methoden (die Tatsache, daß es so viele davon gibt, beweist ihre Unzuverlässigkeit) ist offenbar nicht von ihrer Eigenart abhängig, sondern von der unterschiedlichen inneren Reaktionsbereitschaft, also davon, ob die Blockade der Gebärmutter hartnäckig oder leicht aufzuheben ist. Hier liegt das wahre Problem... Das ist auch der Grund, weshalb keine Methode zur Einleitung der Wehen als völlig physiologisch und unschädlich betrachtet werden kann.«

Bevor man das »Gaspedal« betätigt (indem man künstliches Oxytozin injiziert), sollte man sich besser vergewissern, daß die »Handbremse« schon gelöst ist (das heißt, die Blockierung durch das Progesteron aufgehoben). Andernfalls wirken die Versuche zur Förderung der Wehentätigkeit auf die Gebärmutter genau so, als wollte man mit angezogener Bremse einen Wagen in Gang setzen. Die Gebärmutter kann sich nicht richtig öffnen, und infolgedessen leidet der Fetus. Außerdem besteht das Risiko, daß man chirurgisch eingreifen und einen Kaiserschnitt durchführen muß. Wir sind noch keineswegs so weit, daß generell alle Geburten künstlich eingeleitet werden sollten. Es wäre besser, nur dann auf diese Methode zurückzugreifen, wenn eindeutige Anzeichen dafür sprechen. Dennoch kommt allmählich die Zeit dafür. »Ich sage ohne zu zögern«, schloß Dr. Sureau, »daß es ein lohnendes Ziel ist, die günstigsten Methoden zur Einleitung der Wehen gegen Ende der Schwangerschaft zu untersuchen, um schließlich zu vorher festzulegenden Entbindungsterminen zu kommen ... Die bisher erreichten Fortschritte ... lassen uns hoffen, daß wir dieses Verfahren in relativ naher Zukunft beherrschen werden.«

Sicher werden im Jahre 2000 die Entbindungen nur nach vorheriger Vereinbarung und »auf Bestellung« stattfinden.

Im Porzellanladen

Wir kehren wieder in unsere Zeit zurück. Hinter allen geschilderten Beobachtungen steht zweifellos eine ganz bestimmte Erkenntnis. Es gibt eine Vielzahl von Kräften, die das Kind veranlassen, auf diese Welt zu kommen. Die Mutter, die Plazenta, der Fetus selbst, äußere Anlässe, auch der Arzt, das alles spielt eine ganz bestimmte Rolle in diesem Ablauf. Man weiß, daß auch die Beziehungen zwischen den verschiedenen Hormonen ungeheuer kompliziert sind. Wirkungen und Gegenwirkungen in diesem Bereich steuern Untätigkeit und Bewegung des Uterus. Eine Tatsache steht ganz eindeutig fest: Der Fetus kann direkt oder durch Absonderungen der Plazenta als Bremse, Anlasser oder Gashebel beim Geburtsprozeß mitwirken. Das erklärt, warum es bei der Wehentätigkeit immer wieder zur Intensivierung der Uterus-Kontraktionen kommt, die wieder von unerwarteten Verzögerungen abgelöst werden und sogar bisweilen ganz aussetzen können. Das Kind ist gewissermaßen imstande, den Zeitpunkt zu wählen, an dem es geboren wird. Aber ist der Fetus wirklich frei? Es gibt geheimnisvolle Einflüsse, denen er ausgesetzt ist. Steht er möglicherweise während des Geburtsvorganges ständig in Kontakt mit planetarischen Signalen? Wenn der Fetus Weisungen an den mütterlichen Uterus erteilt, dann nur, weil er seinerseits Weisungen empfängt. Gibt es solche subtilen Weisungen von oben, in die unsere moderne Medizin mit ihren Medikamenten einbricht wie der sprichwörtliche Elefant im Porzellanladen? Haben wir das Recht, den Einfluß des Kosmos auf diese Weise beiseitezuschieben und uns dadurch selbst der Möglichkeit zu berauben, die naturgegebenen Tatsachen über das Temperament des Neugeborenen zu erfahren? Wenn das Kind zu einer vom Arzt bestimmten Stunde geboren wird, dann kann es seine Verabredung mit Mars oder Jupiter nicht mehr einhalten. Dennoch werden wohl im Jahre 2000 alle Entbindungen »auf Bestellung« erfolgen – wenn die Wissenschaftler sich nicht vorher für unsere Forschungsarbeit interessieren.

16. Kapitel

Einfluß der Planeten und Geburtstermin nach Vereinbarung

Das Küken durchbricht seine Schale und kommt ans Licht, wenn der richtige Moment da ist – es sei denn, das Ei wird aus irgendeinem Grund früher zerstört. Wird ein Kind daran gehindert, zu der ihm bestimmten Zeit geboren zu werden, dann geht das planetarische Zeugnis seines Temperaments verloren. Leitet der Arzt die Wehen künstlich ein, wird die Konfiguration der Planeten, die für die Geburt dieses Fetus kennzeichnend wäre, nicht mehr abgewartet. Das haben unsere Untersuchungen bewiesen.

Einfluß der Planeten und Entbindung durch Kaiserschnitt

Wir wollen uns mit dramatischen Fällen aus den medizinischen Dokumenten beschäftigen, die wir für unsere Arbeit gesammelt haben. Es handelt sich um Geburten, bei denen ein operativer Eingriff erforderlich wurde, ein Kaiserschnitt oder die Anwendung der Zange. Die Verteilung solcher schwieriger Geburten auf die vierundzwanzig Stunden des Tages unterscheidet sich grundlegend vom normalen physiologischen Rhythmus, den die Statistiker beobachteten. Es ergab sich das typische Beispiel der »medizinischen« Kurve, wie es Françoise Gauquelin definierte. Bei Geburten, die einen Eingriff erforderten, zeigte sich eine Tendenz für den späten Vormittag und den frühen Nachmittag. Das sind Zeiten, zu denen normalerweise sehr wenig Kinder geboren werden.

Wir haben 1440 Fälle untersucht, bei denen Kinder durch Kaiserschnitt oder Zangengeburt auf die Welt kamen, und stellten fest, daß der Vererbungseffekt bei den unter solchen

Umständen geborenen Kindern verschwindet. Ist beispielsweise der Vater bei Aufgang des Mondes geboren, so kann, wenn das Kind mit Hilfe eines chirurgischen Eingriffs geboren wird, der Mond sich in jeder beliebigen Stellung befinden. Das gleiche gilt für alle anderen Planeten. (M. Gauquelin, »Die planetare Heredität«, Zeitschrift für Parapsychologie und Grenzgebiete der Psychologie, 5, 168, 1961).

Wirkung von Medikamenten

Es gibt heute Fälle, die zwar weniger dramatisch sind, dafür aber viel häufiger vorkommen. Der natürliche Prozeß wird bei einer großen Zahl von Geburten durch den Gebrauch von Medikamenten verändert, die die Wehentätigkeit fördern oder die Schmerzen der Mutter lindern sollen.

Aufzeichnungen über Geburten, die innerhalb eines bestimmten Zeitraums an einem bestimmten Ort stattfinden, geben wertvolle Hinweise auf die angewandten Praktiken. Wenn nämlich unsere Statistiken einen vorwiegend physiologischen Rhythmus über die vierundzwanzig Stunden des Tages zeigen, dann erkennen wir daran, daß es sich zum größten Teil um natürliche Entbindungen gehandelt hat, und wir können deutliche Auswirkungen der Vererbung erwarten. Wenn andererseits der physiologische Rhythmus nicht mehr erkennbar ist, dann können wir sicher sein, daß eine große Zahl der Entbindungen durch Verabreichung von Medikamenten »kontrolliert« wurde, und in diesen Fällen ist der Vererbungs-Effekt etwas abgeschwächt.

Bei der kontrollierten Entbindung schalten die Ärzte die planetarischen Informationen aus. Diese Regel hat sich bei allen von uns untersuchten Geburts-Gruppen bestätigt (siehe Diagramm 18). Ein typisches Beispiel: Die Geburten aus dem Bereich Paris fanden nach 1937 vorwiegend in der Entbindungsstation eines großen Krankenhauses in dem Vorort Créteil, statt. Wir bemerkten sofort eine ganz deutliche Veränderung bei der Verteilung der Geburten über den Vierundzwanzigstunden-Zeitraum Ende der dreißiger Jahre. Der »natürliche« Rhythmus, der bis 1937 ganz deutlich zu erkennen war, verschwand zwischen 1938 und 1945 fast völlig. Die Folge ist, daß der Einfluß der Planeten in dieser späteren Periode nicht mehr wahrnehmbar ist.

Wenn die planetarische Uhr »vorgeht«

Wir waren aber sehr überrascht, als wir bemerkten, daß der planetarische Einfluß nach 1938 dem Stundenplan der Zeit davor nur etwas »vorausging«. Bei den Geburten nach 1938 stimmen die planetarischen Positionen mit der größten Frequenz nach dem Horizont und Meridian nicht mehr genau mit denen der Eltern überein. Stattdessen zeigt sich bei den Kindern eine zeitliche Verschiebung der Planetenpositionen von etwa einer Stunde. Das ist ein Hinweis darauf, was bei den Entbindungen in diesem Krankenhaus geschehen ist. War beispielsweise ein Elternteil geboren, nachdem Mars den Kulminationspunkt erreicht hatte, dann hätte normalwerweise das Kind vor 1938 dazu tendiert, unter der gleichen Mars-Position geboren zu werden. Nach 1938 bemerkten wir, daß die Geburt solcher Kinder nach dem Vererbungs-Kalendarium vorverlegt war. Das Kind kam nicht auf die Welt, als Mars eben den Kulminationspunkt überschritten hatte, sondern bezeichnenderweise eine Stunde früher. Diese Diskrepanz ist keineswegs überraschend. Die modernen Methoden der Geburtshilfe haben den Geburtsvorgang beschleunigt und die Zeit der Geburt vorverlegt. Wir haben in der Entbindungsstation der Klinik nachgeforscht, in der die Kinder der Gruppe nach 1938 geboren wurden und können deshalb eine wichtige Tatsache beweisen. Sobald nämlich eine Frau in der Klinik ankam, wurde seit dieser Zeit fast routinemäßig ein Medikament namens Spasmalgin verabreicht, um die Wehenschmerzen zu lindern, die zu diesem Zeitpunkt ja bereits eingesetzt hatten.

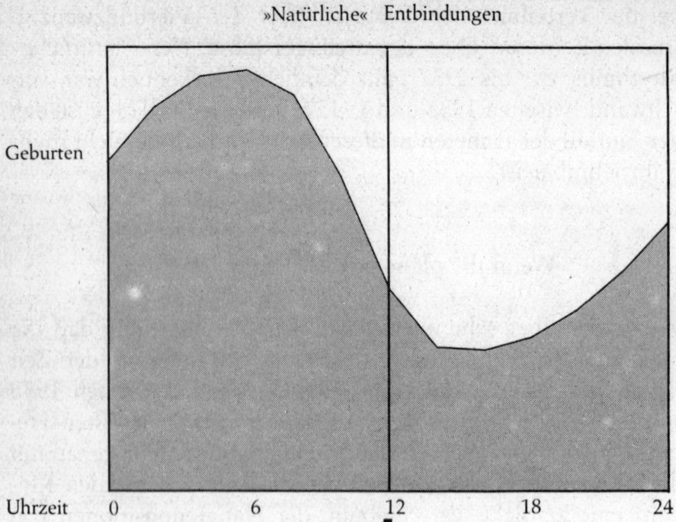

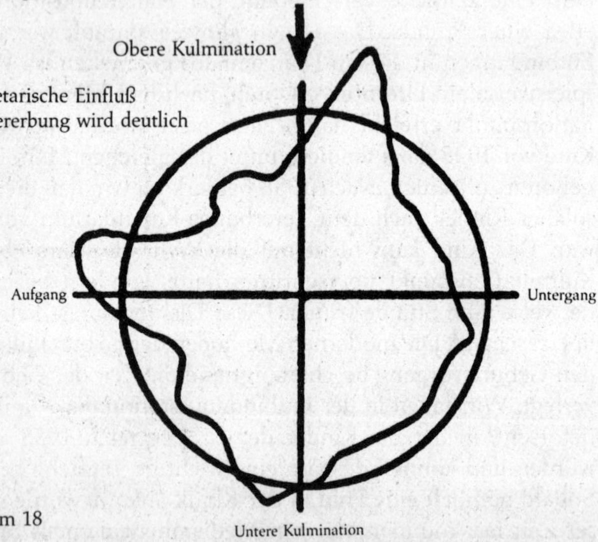

Diagramm 18

Die »kosmische Uhr« wird nicht an das Kind weitergegeben, wenn die Geburt nicht natürlich verläuft.

»Künstlich eingeleitete« Entbindungen

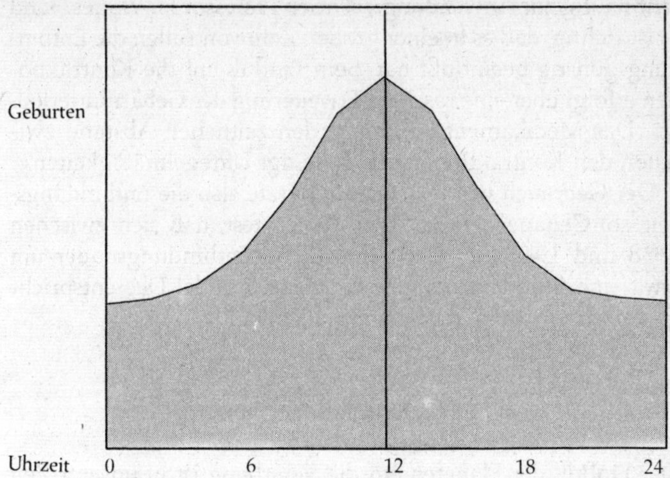

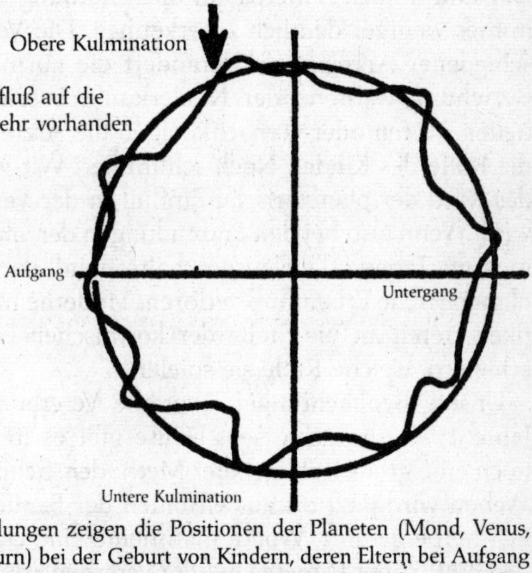

Die beiden Darstellungen zeigen die Positionen der Planeten (Mond, Venus, Mars, Jupiter und Saturn) bei der Geburt von Kindern, deren Eltern bei Aufgang oder Kulmination eines dieser Himmelskörper geboren sind. Bei der ersten Graphik handelt es sich um Geburtszeiten bei natürlichem Verlauf der Entbindung, bei der zweiten um künstlich eingeleitete Geburten.

»Dieses Mittel kommt zur Zeit in der Praxis der Geburtshelfer sehr häufig zur Anwendung«, schrieb Professor H. Vignes, »und es ist richtig, daß es in einer großen Zahl von Fällen die Entbindung günstig beeinflußt hat. Sein Einfluß auf die Kontraktionen erfolgt über eine raschere Erweiterung des Gebärmutterhalses. Das Medikament verringert den zeitlichen Abstand zwischen den Kontraktionen und beseitigt Unregelmäßigkeiten.«

Der Gebrauch von Spasmalgin kürzte also die Entbindungszeit ab. Genauer gesagt: Wir stellten fest, daß sich zwischen 1938 und 1945 die durchschnittliche Entbindungsdauer um etwa eine Stunde verringert hat. Eine Stunde! Das entspricht genau unseren planetarischen Statistiken.

Eine Häufung falscher Beweise

Der Einfluß der Planeten auf die Vererbung ist in unserer Zeit immer weniger deutlich zu erkennen. Die Verabreichung verschiedener Arzneimittel verändert die normale Mutter-Kind-Beziehung während der Niederkunft. Indem sie der Mutter helfen, stören oder vernachlässigen die Ärzte und Hebammen die Rolle des Kindes. Noch schlimmer: Wir wissen, daß durch das Kind der planetarische Einfluß in der Vererbung wirksam wird. Wenn also bei den Entbindungen der »natürliche« Rhythmus im Tagesverlauf ausgeschaltet wird, dann geht auch der planetarische Erbeinfluß verloren. Moderne medizinische Praktiken treten an die Stelle der kosmischen Faktoren und verschleiern, welche Rolle sie spielen.

Unsere Beobachtungen über die Vererbung haben wir im Jahre 1945 abgeschlossen. Heute gibt es in der Geburtshilfe noch eine große Zahl neuerer Methoden. Schon der Beginn der Wehen wird jetzt oft aus Gründen der Bequemlichkeit künstlich herbeigeführt. Wollte man heute eine Untersuchung über den Einfluß der Planeten auf die Vererbung durchführen, müßte man große Mühe aufwenden, um erst einmal physiologische (»natürliche«) Geburten von denen zu unterscheiden, die durch medizinische Maßnahmen eingeleitet wurden. Selbstverständlich gibt es auch heute noch natürliche Geburten, es wird sie immer geben.

Wir haben gezeigt, welche diagnostische Bedeutung den planetarischen Zeichen bei der Bestimmung des Temperaments einer Persönlichkeit zukommt. In unserer Zeit sorgen jedoch die Ärzte für Verwirrung in dieser wohlgeordneten Beziehung zwischen den Menschen und den Planeten. Die Geburtszeit eines Kindes, das bei Aufgang oder Kulmination des Jupiter das Licht der Welt erblicken sollte, weil seine beiden Eltern unter dieser Konstellation geboren sind, wird nun von einem Arzt bestimmt. Es wird jetzt vielleicht bei Aufgang des Saturn geboren. Wenn wir die in den vorangegangenen Kapiteln genannten Regeln anwenden, dann müßten wir die Diagnose stellen, daß dieses Kind ein introvertierter Mensch wird, aber seine physiologische Bestimmung ist es, ein extravertierter Typ zu werden. Denn das geheimnisvolle Wissen, das der Fetus über die kosmischen Verhältnisse zur Zeit seiner Geburt besitzt, ist nur ein Reaktionsphänomen. Das Kind reagiert auf den Durchgang des Planeten, der nichts als ein äußeres Anzeichen für sein Temperament ist. Die Planetenstellung bei der Geburt verändert in keiner Weise die künftige Persönlichkeit des Kindes und legt nichts in es hinein, was nicht bereits in seiner genetischen Konstitution vorhanden ist. Selbst wenn dieses äußere Zeichen unkenntlich wird, bleibt das Kind seinem eigenen Wesen treu. Wenn der Arzt entscheidet, daß ein Kind, das von seinen Eltern das Jupiter-Temperament geerbt hat, nun unter dem Saturn geboren wird, dann kann er das äußere Jupiter-Zeichen zugunsten des falschen Saturn-Zeichens unterdrücken, aber er macht damit aus dem Kind noch keinen zukünftigen Saturn-Typus. Es besteht aber die Gefahr, daß diese erstaunliche und wunderbare Möglichkeit, das Temperament eines Kindes vom Moment seiner Geburt an zu erkennen, allmählich vollkommen verlorengeht, und das zu einer Zeit, da wir eben erst gelernt haben, dieses Zeichen wissenschaftlich zu deuten. Wir hoffen, daß unsere Warnung gehört wird.

Eine Studie über Spitzensportler scheint die allmähliche Abnahme planetarischer Einflüsse in unserer Zeit zu bestätigen. Von den nach 1930 geborenen Sportlern ist eine geringere Zahl bei Aufgang oder Kulmination des Mars geboren, als es bei den vor 1930 geborenen der Fall war.

Vielleicht wird es uns eines Tages möglich sein, den planetarischen Typ eines Menschen aufgrund seiner biochemischen Ausstattung zu bestimmen. Dann wird es unnötig, die Geburtszeit oder die Planetenstellungen zum Zeitpunkt der Geburt zu ermitteln. Die Diagnose des astronomischen Temperaments wäre Aufgabe der Biochemie. Aber solange die Menschen und das Sonnensystem so bleiben, wie seit Tausenden von Jahren, ist der Zeitpunkt der natürlichen Geburt zumindest potentiell immer ein wertvoller Hinweis auf das Temperament des Kindes.

Natürlich wünschen wir uns nicht, wieder ins Mittelalter zurückzufallen, als die Natur als höchste Autorität galt. Wir wollen keiner Mutter die Hilfe verweigern, die sie braucht, aber viele Entbindungen könnten auch ohne unnötige Eingriffe normal und ohne Komplikationen verlaufen. Mütter, wenn ihr über das Temperament eures Sprößlings Bescheid wissen wollt, dann meidet diese kleine Injektion, die euch bei den Wehen Erleichterung bringt. Verschließt euch nicht selbst diese wertvolle Informationsquelle über euer Kind!

17. Kapitel

Die Sonne, Mittelpunkt aller planetarischen Einflüsse

Die Sonne ist ein Stern und spielt die beherrschende Rolle in unserem Sonnensystem. Sie ist der Mittelpunkt, der den komplizierten kosmischen Mechanismus der Planeten unter Kontrolle hält. Ohne Sonne wären die Planeten ohne ihren Herrn und Meister, und wir alle, die wir auf einem dieser Planeten leben, könnten nicht existieren.

Es ist ein Paradoxon: Die Einwirkung der Sonnenmasse und der Sonnenstrahlung übertrifft bei weitem alle anderen kosmischen Einflüsse. Die Einwirkungen der Planeten sind unendlich schwächer als die der Sonne. Dennoch war es uns nicht möglich, auch nur den geringsten solaren Einfluß auf die Geburt festzustellen, der den beobachteten Einwirkungen der Planeten vergleichbar wäre. Wir haben nach möglichen solaren Einflüssen bei unserer Untersuchung über die Berufsgruppen, im Zusammenhang mit unseren biographischen Arbeiten und bei den Erbvergleichen gesucht, aber wir haben nichts Greifbares gefunden. Die Geburtenverteilung stimmte in bezug auf die Sonne völlig mit den Gesetzen des Zufalls überein. Was die Sonne angeht, so zeigt sich im astronomischen Roulette nur die majestätische Gleichgültigkeit dieses Himmelskörpers, der das Schicksal des ganzen Sonnensystems beherrscht und kontrolliert. Es ist dennoch möglich, daß die Sonne eine wichtige, aber vollkommen andere Rolle spielt. Als der Mittelpunkt unseres Sonnensystems hat sie nicht nur die führende Rolle, sondern ist gleichzeitig Maßstab und Basis.

Um das zu verstehen, wollen wir zurückkehren zu dem, was die Sonnenaktivität mit unserem Erdball verbindet. Wir sprechen von Sonnenaktivität, weil die Sonne nicht eine unveränderliche goldene Kugel ist, die mit gleichförmiger Helligkeit scheint. Ganz im Gegenteil, sie ist der Schauplatz ständiger intensiver chemischer und physikalischer Aktivität. Tritt diese Aktivität deutlicher hervor, sprechen wir von verstärkter Sonnenflecken-Aktivität. Diese Flecken sind als Bereiche einer geringeren Strahlungsintensität zu beobachten, die sich auf der unruhigen Oberfläche der Sonne entwickeln. Sie entstehen nicht zu einem zufälligen Zeitpunkt, sondern folgen einem periodischen Zyklus. Darüber hinaus zeigen sich auf der Sonnenoberfläche auch plötzliche intensive Ausbrüche, die sogenannten Eruptionen oder Flares. Zu diesen Zeiten strahlt die Sonne mehr Licht und mehr Materie als gewöhnlich in den Raum hinaus. Die Sonne ist auch der Schauplatz vieler anderer Phänomene, über die wir bisher nicht genügend Bescheid wissen. Wissenschaftler glauben, daß die Planeten für manche dieser Phänomene verantwortlich sein könnten, da innerhalb des Sonnensystems alles in gegenseitiger Beziehung zueinander steht.

Der Erdmagnetismus

Die Sonnenaktivität beeinflußt das Magnetfeld der Erde. Dieses Magnetfeld ist sehr schwach (0,3 bis 0,4 Oersted) und kann durch einfache kleine Magneten ausgeglichen werden. Doch für die Wissenschaftler ist die Beschäftigung mit dem Erdmagnetismus kein Kinderspiel. In den letzten hundert Jahren hat man den Erdmagnetismus eingehend untersucht und dabei entdeckt, daß das Erdmagnetfeld nicht konstant ist, sondern sich in einem Zustand ständiger Veränderung befindet. Die größten Veränderungen werden durch kosmische Faktoren, im besonderen durch die Sonne bewirkt. Die Wissenschaftler waren deshalb der Meinung, daß man durch Messung der Schwankungen des Erdmagnetismus zu einer Bewertung der Intensität der Sonneneruptionen (Flares) kommen könnte. Mit anderen Worten: Sie versuchten, ein »Thermometer« zu schaffen, um meßbare Werte über das Sonnensystem zu erhalten.

Sehr interessant ist auch die Tatsache, daß die Schwankungen im Erdmagnetismus Lebewesen zu beeinflussen vermögen. Da diese Schwankungen äußerst gering sind, glaubte man lange Zeit, daß lebende Organismen sie überhaupt nicht wahrnehmen. Bis vor kurzem hatte man lediglich Pflanzen und Tiere sehr starken Magnetfeldern ausgesetzt, ohne daß man beweiskräftige Ergebnisse erzielt hätte. Aus diesem Grund kam man zu dem Schluß, daß der Magnetismus keinen Einfluß auf das Leben besitzt. Der Gedanke, mit sehr schwachen Magnetfeldern zu arbeiten, erschien so lächerlich wie die Beschäftigung mit Spielzeugmagneten. Tatsächlich reagieren aber Lebewesen außerordentlich empfindlich auf magnetische Kräfte in ihrer Umgebung. In einem unendlich langen Zeitraum hat sich innerhalb des Magnetfeldes Leben entwickelt. Leben existiert auf der Erde seit Millionen Jahren, also ist es nicht überraschend, daß es durch minimale magnetische Veränderungen beeinflußt werden kann. Wir wissen jetzt, daß Lebewesen sehr empfänglich dafür sind und sehr empfindlich darauf reagieren, selbst wenn es sich um äußerst schwache Magnetfelder handelt, also von weniger als 0,4 Oersted, dem Durchschnittswert des Erdmagnetfeldes. Professor F. A. Brown ist es gelungen, absichtlich die Richtung eines Plattwurms zu verändern, indem er daneben einen kleinen Magneten kreisen ließ. Professor J. D. Palmer erzielte ähnliche Ergebnisse mit Volvox, die zur Familie der Protozoen oder Urtierchen gehören. Nach H. L. Yeagley beruht das Heimfindevermögen der Brieftauben auf ihrem magnetischen Orientierungssinn. Die Auswirkung erdmagnetischer Störungen auf den Menschen wurde von H. Friedmann, R. O. Becker und C. Bachmann an Geisteskranken untersucht, und von W. Cyran wurde ein Zusammenhang mit dem Einsetzen der Wehen bewiesen. Wie Professor F. A. Brown schrieb, besitzen Lebewesen zusätzlich zur »biologischen Uhr«, die ihre Aktivität im Hinblick auf die Zeit reguliert, einen »biologischen Kompaß«, der dazu dient, sich im Raum zu orientieren. Raum und Zeit sind zwei Faktoren, die zum selben System gehören. Der Mensch kann also, ohne daß es ihm bewußt wird, durch geringe Schwankungen des Erdmagnetismus beeinflußt werden. Das gilt nicht nur für den Menschen, sondern bereits für den Fetus, der im Begriff ist, den mütterlichen Schutz zu verlassen und dessen außerordentliche biologische Sensibilität erwiesen ist.

Planetarische Vererbung und Erdmagnetismus

Die Tatsache einer Beziehung zwischen dem Einfluß der Planeten auf die Geburt und den erdmagnetischen Störungen könnte als Beweis dafür gelten, daß die planetarischen Einwirkungen von der Sonne gesteuert werden. Denn geomagnetische Schwankungen sind mehr oder weniger Anzeichen und Maßstab für die Sonnenaktivität. Schlägt das Herz der Sonne schneller, dann zeigt das magnetische »Thermometer« auf der Erde diese Störung gewissenhaft an. Wenn der Herzschlag der Sonne wieder zum normalen Rhythmus zurückkehrt, spiegelt das magnetische Meßinstrument die relative Ruhe.

Seit 1884 haben Geophysiker die täglichen erdmagnetischen Schwankungen gemessen und die Stärke der Abweichungen in Stufen von 0,0 bis 2,0 eingeteilt. Der Wert 0,0 zeigt ruhige Tage an, wenn auf der Erde und im Kosmos keinerlei Störungen auftreten. Ein Wert von 2,0 wird an Tagen erreicht, an denen Magnetstürme auftreten. Einige Stunden vor diesen Stürmen ist der Ausbruch von Sonneneruptionen (Flares) zu beobachten.

Wir haben die sechzehntausend Geburten, die wir kürzlich für unsere Studie über die Vererbung untersucht haben, chronologisch geordnet und mit sechzehntausend Aufzeichnungen über erdmagnetische Störungen verglichen. Die Ergebnisse weisen auf einen deutlichen Einfluß der Sonne hin. Erdmagnetische Störungen beeinflussen also die Einwirkung der Planeten bei der Vererbung. Der planetarische Einfluß wird stärker, wenn die magnetischen Schwankungen zunehmen (Diagramm 19). Wir haben die Daten unserer Versuchspersonen in zwei Gruppen eingeteilt:

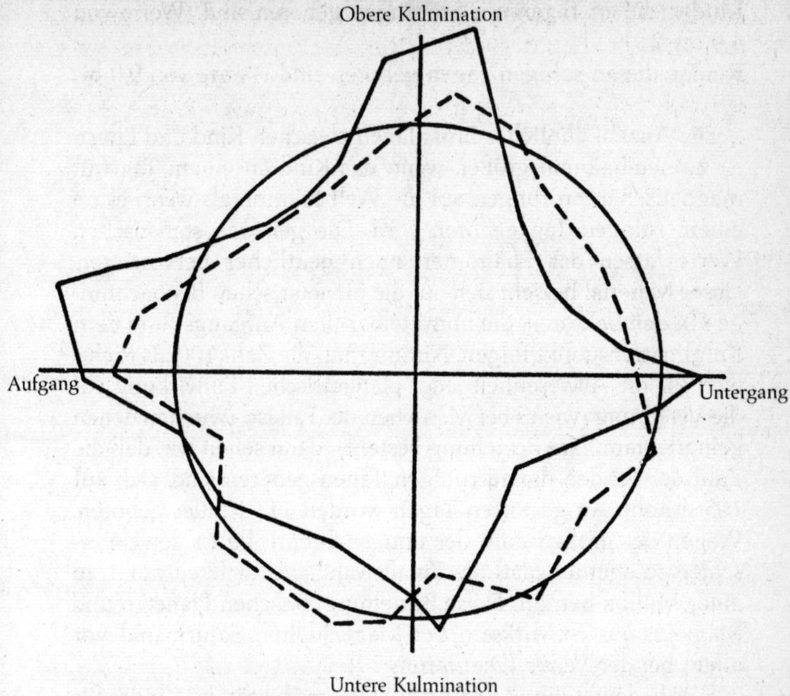

Diagramm 19

Die Intensität planetarischer Einflüsse auf die Vererbung ist abhängig von den erdmagnetischen Störungen

Das Kind eines Vaters oder einer Mutter, die selbst geboren wurden, wenn der Planet eben den Horizont oder Meridian überschritten hatte, wird doppelt so häufig unter der gleichen planetarischen Figuration das Licht erblicken, wenn es an einem Tag mit magnetischen Störungen geboren wird (durchgehende Linie), als wenn es an einem ruhigen Tag (gestrichelte Linie) zur Welt kommt.

Die Resultate von fünf Planeten sind in diesem Diagramm zusammengefaßt.

Kinder, die an Tagen mit Störungen geboren sind (Werte von 1,0 bis 2,0)
Kinder, die an ruhigen Tagen geboren sind (Werte von 0,0 bis 0,9)

Die Anzahl ähnlicher Erbanlagen zwischen Kind und Eltern ist zweieinhalbmal größer, wenn das Kind an einem Tag mit magnetischen Störungen auf die Welt kommt, als wenn es an einem ruhigen Tag geboren wird. Die genauen statistischen Werte lassen das Phänomen noch deutlicher hervortreten. Unser Material bezieht sich auf die planetarischen Beobachtungen in den Sektoren, die unmittelbar dem Aufgangs- und dem Kulminationspunkt folgen. Nimmt man die Zahl 100 als Richtwert für die Abwesenheit jeder planetarischen Einwirkung auf die Vererbung (wie es bei Menschen der Fall ist, zwischen denen keinerlei familiäre Beziehung besteht), dann sehen wir, daß die Zahl der Kinder, die an ruhigen Tagen geboren sind, sich auf 105 erhöht. An gestörten Tagen wurden 113 Kinder geboren. Wegen der großen Zahl der untersuchten Fälle ist der Unterschied so deutlich, daß die Zufallswahrscheinlichkeit nur 1 zu einer Million beträgt. Diese Beziehung zwischen Planeten und Magnetismus ist wirksam bei Mars, Jupiter, Saturn und vor allem bei der Venus (Diagramm 19).

Was bedeutet dieses Ergebnis? Die Sensibilität des Kindes für planetarische Einflüsse zeigt sich deutlicher, wenn die Atmosphäre magnetische Störungen aufweist. Die Entdeckung dieser Tendenz ist bereits ein wichtiger Schritt zum Verständnis des Problems. Wie wirkt also der planetarische Einfluß? Wir betrachten heute das Sonnensystem als einen gewaltigen Organismus, der sich aus vielen Kräften zusammensetzt, die sich auf vielen Ebenen gegenseitig beeinflussen. Am besten überzeugt die Theorie, daß die Sonne der Motor und das Solarfeld das Medium ist. Der Mond und die Planeten, die der Sonne am nächsten stehen und am größten sind, verursachen Bewegung und Unruhe in diesem Feld. Je stärker diese Unruhe ist, um so größer ist der Einfluß auf das Kind bei dessen Geburt. Diese Theorie berücksichtigt die Tatsache, daß ein Einfluß weit entfernter Planeten wie Uranus, Neptun und Pluto und des Merkur, des kleinsten Planeten im Sonnensystem, nicht nachgewiesen werden konnte. Es ist anzunehmen, daß diese Planeten zu klein oder zu weit entfernt sind, als daß die von ihnen erzeugte Unruhe auf der Sonne einen bemerkenswerten Einfluß auf den Fetus haben könnte.

Felsen im Strom

Um deutlich zu machen, warum der planetarische Einfluß während der Sonnenaktivität größer wird, wollen wir den Vergleich mit einem Stein im Fluß heranziehen. Fließt das Wasser ruhig dahin, dann hat der Stein keinen großen Einfluß auf die Strömung. Wenn aber nach einem Unwetter der Strom anschwillt und sehr viel schneller fließt, dann wird er durch die Steine im Flußbett stark verändert. Wer an einem solchen Tag im Fluß schwimmt, könnte von der Strömung mitgerissen werden und, wenn einige der Felsen und Steine im Wasser ziemlich groß sind, wird der Schwimmer die starke Strömung spüren, sobald er sich den Klippen nähert.

Der Kosmos, in dem wir leben, ist mit einem klippenreichen Strom zu vergleichen. Der Strom stellt das »Solarfeld« oder den »Sonnenwind« dar, der über uns hinweg und bis über Pluto hinaus streicht und sich in der eisigen Unendlichkeit des Raumes verliert. Die Felsen sind die Planeten, die nicht nur von unterschiedlicher Größe sind, sondern sich auch in unterschiedlicher Entfernung von unserem Erdball befinden. Die Intensität des Solarwindes verändert sich im Verhältnis zur Sonnenaktivität. Wenn dieser Strom von Partikeln und Wellen sich plötzlich verstärkt, schlägt er heftig gegen jedes Hindernis, das in diesem Fall die Planeten darstellen. Die neuen Strömungen oder Strudel, die durch diesen Zusammenstoß entstanden sind, hinterlassen eine Spur, die man als Magnetschweif bezeichnet. Je stärker die Wucht des Aufpralls, um so länger ist der Magnetschweif. Dieses Zusammenprallen hat zur Folge, daß das Erdmagnetfeld unterbrochen wird. Alles Leben auf der Erde spürt diese Auswirkungen mehr oder weniger stark. Unter diesen Umständen wird auch bei dem Kind, das eben geboren wird, die Sensibilität für planetarische Einwirkungen verstärkt. Dafür gibt es zwei mögliche Gründe: Der Magnetismus erleichtert die biologische Veränderung, oder die planetarischen Signale, auf die das Kind reagiert, erreichen an solchen Tagen die Erde mit größerer Intensität, und auf diese Weise kann sich der Erbeinfluß stärker durchsetzen. An Tagen, wenn die Sonne ruhig und der von ihr ausgehende Strom schwach ist, sind auch die planetarischen und magnetischen Signale schwach. Die planetarische Sensibilität des Kindes wird sich nicht so stark bemerkbar machen und der Erbeinfluß wird weniger deutlich erkennbar.

Alle Faktoren stehen also in Beziehung zueinander. Aber ohne die Sonne gäbe es keinen Einfluß der Planeten auf den Menschen. Die Sonne ist das »Kraftwerk«, die Planeten sind die »Transformatoren«, der Fetus am Ende der Schwangerschaft ist der »Resonator« auf einer Erde, deren magnetische Unruhe die Beeinflussung erleichtert. (Die Diagramme 20 und 21 auf den Seiten 228 und 229 stellen diese Theorie in graphischer Form dar.)

Wir müssen jedoch hinzufügen, daß mit diesem Vergleich auf keinen Fall alle Fragen beantwortet sind. Von welcher Art ist die hier beteiligte Energie? Welchen Einfluß hat die planetarische Sensibilität des Fetus auf die Geburt? Der Fetus muß gegen Ende der Schwangerschaftszeit über ein phantastisches Unterscheidungsvermögen verfügen, wenn er in der Lage ist, aus den Tausenden der ihn umgebenden intensiven und weniger intensiven Einflüsse noch die schwache, von einem weit entfernten Planeten stammende Kraft als die einzige zu erkennen, die seinem Temperament entspricht. Wir müssen offen zugeben, daß wir im Moment noch keine Erklärung dafür haben. Uns stehen darüber noch nicht genügend Informationen zur Verfügung. Wir werden wahrscheinlich Hinweise zur Lösung dieser Frage bei den wissenschaftlichen Untersuchungen erhalten, die über kosmische Einflüsse durchgeführt werden. Wir haben bereits in früheren Arbeiten auf einige Entdeckungen der Wissenschaft hingewiesen, die damit in Zusammenhang stehen. Um Wiederholungen zu vermeiden, wollen wir nur zwei neuere Experimente beschreiben, die ein weiteres Indiz für die planetarische Sensibilität des reifen Fetus sind.

Die »Intuition« des Kükenembryos

Das erste Experiment könnte folgendermaßen umschrieben werden: »Wie ein Kükenembryo in seinem Ei erkennt, was draußen vorgeht«. Dieses Experiment ist eine Folgerung aus den von Professor F. A. Brown um 1960 durchgeführten Versuchen mit Ratten. Obgleich man die Ratten von jeder Umwelteinwirkung abgeschlossen hielt, richteten sich ihre Aktivitäten nach dem Rhythmus des Mondtages. Diese Tiere, die unmöglich den Mond sehen konnten, wurden lebhafter, wenn der Mond unter dem Horizont stand. Sie beruhigten sich, sobald der Mond aufging. In dem Experiment, das wir nachfolgend beschreiben, wählte einer von F. A. Browns Kollegen, Dr. Leland Johnson, gegenwärtig am Augustana College in South Carolina, Kükenembryos für seine Versuche. Er ermittelte den respiratorischen Quotienten der Kükenembryos im frühesten Stadium ihrer Entwicklung, lange ehe sie ausschlüpften. Die Kükenembryos befanden sich also während der gesamten Dauer des Experiments in der Schale. Vom vierten Tag an »zeigten die Küken eine tägliche metabolische Gesetzmäßigkeit, die in verblüffender Weise den Werten der Kartoffel ähnelte. Spitzen der Stoffwechseltätigkeit lagen etwa um 7 Uhr morgens, am Mittag und gegen 17 Uhr am Nachmittag ... Am siebten Tag jedoch steigerte sich der tägliche Sauerstoffverbrauch des sich entwickelnden Kükens, blieb den ganzen Tag über hoch und fiel erst wieder bei Untergang der Sonne. Der gleiche Vorgang wiederholte sich am achten Tag. Es ist wichtig, daß wir uns ins Gedächtnis rufen, daß diese Küken noch niemals einen Sonnen-

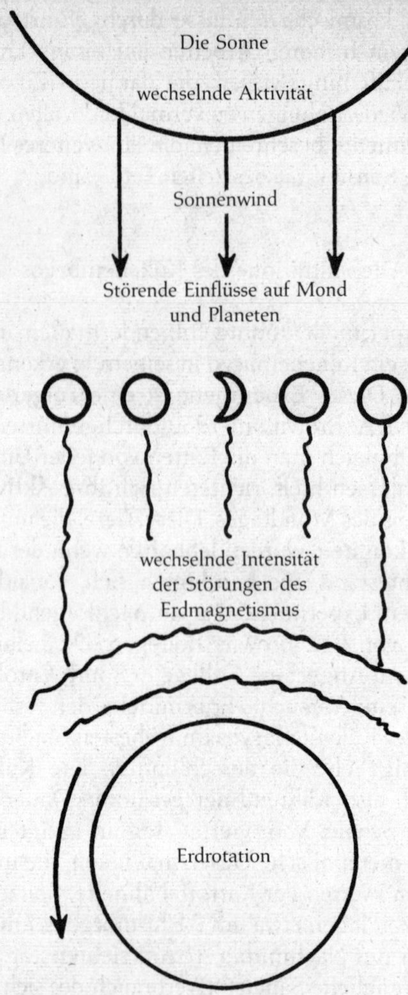

Diagramm 20

Hypothetische Darstellung der planetarischen Wirkung

Im Laufe ihrer täglichen Bewegung ist die Erde zyklischen Einflüssen ausgesetzt, wenn sie den Horizont und den Meridian überschreitet.

Planetarische Wirkung

↓

Selektiver Einfluß auf den Fetus,
eine Folge des ererbten Temperaments

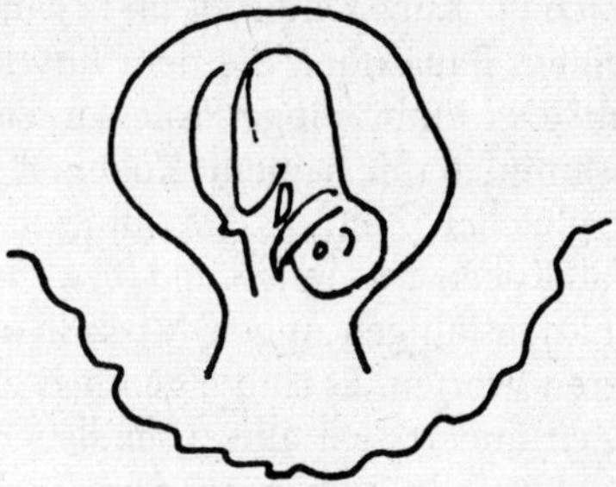

Das Ausmaß dieses Einflusses wird durch die
Intensität der erdmagnetischen Störungen
bestimmt.

↓

Reaktion des Fetus
(wahrscheinlich hormonell)

↓

Einfluß auf den Körper der Mutter
während der Niederkunft

↓

Kontraktion des Uterus

↓

Entbindung

Diagramm 21

Hypothetische Darstellung des planetarischen Einflusses im Verlauf der täglichen Bewegung auf den biologischen Mechanismus.

aufgang oder Sonnenuntergang gesehen hatten oder eine entsprechende Lichtveränderung, sie hatten noch nicht einmal die Wärme des Tages verspürt. Dennoch entsprach ihr Stoffwechsel bereits im wesentlichen dem normaler ausgewachsener Hühner.« Reagierten sie bis zum vierten Tag wie die Kartoffel, so verhielten sich die Kükenembryos im Ei danach wie lebende Hühner auf einem Bauernhof, die dem Rhythmus der Sonne folgen. Warum? Der Embryologe Professor Victor Hamburger entdeckte zusammen mit seinem Kollegen Dr. M. Balaban ungefähr zur gleichen Zeit, als Dr. Johnson seine Versuche unternahm, daß Küken am vierten und fünften Tag der Brutzeit noch keine funktionsfähigen Augen, Muskeln und Nerven besitzen. Mit anderen Worten: Es sind eigentlich lebende Pflanzen. Nach dieser Zeit ändert sich alles grundlegend. »Am siebten Tag der Bebrütung ist das Küken, bei dem es sich ja um ein Tier handelt, das sich sehr stark dem Tagesablauf anpaßt, in der Lage, seine Aktivitäten dem Hell-Dunkel-Zyklus der jeweiligen Zeitzone anzupassen, ohne daß es ein einziges Mal Tag und Nacht in der Natur erlebt hat.« (Fr. A. Brown und J. D. Palmer: *The Biological Clock*). Es gibt nur eine mögliche Erklärung, schloß Professor Brown: Das Küken muß eine Art Information aus der geophysikalischen Umwelt empfangen, die es ihm ermöglicht, fast exakt zu »wissen«, welche Tageszeit es ist.

Am siebten Tag weiß das Kükenembryo bereits genau Bescheid und kann die verschiedenen Tageszeiten erkennen. Wir müssen uns fragen, ob es nicht auch dann, wenn es bereit ist, geboren zu werden, seine Schale unter dem Einfluß äußerer Kräfte zu einer bestimmten Stunde zerbricht. Man kann darüber nachdenken, ob vielleicht der voll ausgetragene Fetus in seiner dunklen Höhle, vom Fruchtwasser umgeben, genau das gleiche tut. Es gibt deutliche Hinweise, die dafür sprechen, obgleich man diesen Vergleich nicht über das vernünftige Maß hinaus fortführen sollte.

Das Gehirn, ein kosmisches Kontrollzentrum?

Es gibt noch eine andere Entdeckung, die ebenfalls in diesem Zusammenhang eine Rolle spielt. Es ist die Tatsache, daß das kosmische Kontrollzentrum des Menschen im Gehirn liegt. Zum besseren Verständnis müssen wir uns mit den Forschungsarbeiten einiger Wissenschaftler befassen. Professor G. Piccardi erforschte zwanzig Jahre lang chemische Reaktionen und hat nachgewiesen, daß das Tempo dieser Reaktionen sehr leicht durch kosmische Kräfte zu beeinflussen ist. Bei seinem Versuch, diese Tatsache zu begründen, stellte er die Theorie auf, daß kosmische Kräfte auf sehr niedrigem Energieniveau wirksam werden. Auf dem Gebiet der Chemie heißt das: Wasser, ohne das Leben nicht existieren kann, hat eine sehr unstabile Struktur und kann deshalb leicht in Reaktionen einbezogen werden. Diese Reaktionen können wiederum als »Auslöser« wirken. Was kann aber verantwortlich sein für diese Reaktionen? Sie entstehen ja nicht spontan. Nach Piccardi ist die Ursache in extrem langen elektromagnetischen Wellen zu suchen, die sich über mehrere tausend Kilometer erstrecken. Es sind ELF-Wellen (Extremely Low Frequency Waves) mit einer sehr schwachen Energie, und weder der Faradaysche Käfig und die Mauern der Häuser und Laboratorien noch die Barriere des menschlichen Körpers scheinen imstande zu sein, sie aufzuhalten. Im Jahr 1960 bemerkte Dr. H. L. König aus München, daß diese extrem niederfrequenten Wellen bei Sonnenaufgang in größerem Umfang vorhanden sind. Sie beeinflussen das Keimen von Getreide, das Wachstum von Bakterien und das Ausschlüpfen der Insekten. Sie wirken aber auch auf den Menschen und verlangsamen seine Reflexe.

H. L. König machte auch die bedeutsame Entdeckung: »Der Rhythmus der Alphawellen des Gehirns hat die gleiche Frequenz wie die extrem niederfrequenten Wellen aus dem Weltraum.« Das führt uns zu einem anderen interessanten Beispiel, das Dr. J. R. Hamer von den Northrop Space Laboratories veröffentlichte: »Die Absicht dieses Memorandums ist es, über die

theoretischen und experimentellen Untersuchungen über die biologische Uhr im Kopf des Menschen zu berichten. Im besonderen soll die These erörtert werden, daß die deutlichen ›Alpha‹-Rhythmen des menschlichen Gehirns durch elektromagnetische Felder beeinflußt werden, die in der Frequenz dem individuellen Alpha-Rhythmus des Menschen nahekommen.«
J. R. Hamer zieht einen positiven Schluß daraus: Da die elektromagnetischen Felder Teil der natürlichen irdischen Umwelt sind, können sie durch Synchronisation mit den Alpha-Wellen des Gehirns Veränderungen im Gehirn bewirken. Es wäre dadurch möglich, die »biologische Uhr im Kopf des Menschen« schneller oder langsamer gehen zu lassen, wenn es die Umstände erforderlich machen.

Könnten die sehr schwachen elektromagnetischen Felder die biologische Uhr des Menschen verändern, insbesondere den Vierundzwanzigstunden-Zyklus, einen wesentlichen Faktor des menschlichen Organismus? R. Wever vom Max-Planck-Institut in Erling-Andechs in Bayern hat das in seinem Laboratorium bewiesen (R. Wever, »The Influence of Weak Electromagnetic Fields on Circadian Rhythms in Man«, Zeitschrift für Vergleichende Physiologie, 56, 1967).

Wever brachte zwei Gruppen von Testpersonen in einem unterirdischen Bunker in zwei Wohnzimmern unter. Die beiden Räume waren nicht miteinander verbunden. Die Testpersonen in jedem Raum durften ganz nach ihrem eigenen Tagesrhythmus leben. Den einen Raum ließ man unverändert. Im anderen Raum errichtete Wever ein künstliches elektrisches Feld von sehr niedriger Frequenz. Dieses Feld, das ein natürliches Feld der Erdatmosphäre simulierte, konnte von den beteiligten Personen nicht wahrgenommen werden. Das Ergebnis: Bei zehn Versuchen von jeweils drei- bis vierwöchiger Dauer wurde das künstliche Feld mindestens eine Woche aktiviert. In allen Fällen ergab die Gegenwart des schwachen Feldes eine Verkürzung der täglichen Perioden um durchschnittlich 1,27 Stunden. Ist also der Mensch einem sehr schwachen elektromagnetischen Feld ausgesetzt, beginnt seine biologische Uhr um

1,27 Stunden pro Tag nachzugehen! Ein solches künstliches elektromagnetisches Feld ist identisch mit den Feldern, die aus dem Weltraum oder aus dem Kosmos kommen. Der Autor zieht daraus den allgemeinen Schluß, daß diese natürlichen Felder ähnliche Auswirkungen auf den Tagesrhythmus des Menschen haben müssen.

Dr. Wevers menschliche Versuchskaninchen waren in ihrem unterirdischen Bunker völlig isoliert von der Welt, aber sie wurden durch sehr schwache elektromagnetische Kräfte eines unsichtbaren elektrischen Feldes beeinflußt. Nach Dr. J. R. Hamer hat der Empfänger für diese Wellen seinen Sitz wahrscheinlich im Gehirn.

Im Leib der Mutter ist das Kind ebenfalls von der Außenwelt abgeschnitten. Vielleicht ist sein Gehirn aber bereits ein Kontrollzentrum und in der Lage, Signale aus dem Weltraum zu empfangen und diese Anweisungen durch seinen ganzen Körper weiterzugeben. Offensichtlich ist das, was bei der Niederkunft geschieht, ein recht komplizierter Prozeß. Das Kind ist nicht taub gegenüber den Botschaften aus dem Kosmos, es reagiert darauf. Die Natur hat bestimmt, daß der Mensch schon bei seiner Geburt in das unsichtbare Netz von Kräften einbezogen ist, das Erde und Himmel miteinander verbindet.

Viertes Zwischenspiel

Die Frau im Mond, eine »Astrologische Komödie«

Die im vorangegangenen Kapitel beschriebenen Experimente haben uns etwas vom ursprünglichen Ziel abgelenkt. Wir wollten untersuchen, ob im Universum astrologische Einflüsse wirksam sind. Wir gingen aus von einigen unerklärlichen Zusammenhängen zwischen den Planeten und der Geburt berühmter Menschen. Es erwies sich aber, daß nicht unser Glück, wohl aber unser Temperament den Sternen zuzuschreiben ist. Üben die Planeten ihren Einfluß auf ein Kind bei der Geburt in der Form aus, daß sie ihm einen ganz speziellen Charakter schenken? Nein. Der planetarische Einfluß löst als Folge der genetischen Empfangsbereitschaft, die das Kind von seinen Eltern geerbt hat, zu einer bestimmten Zeit die Geburt aus. Zeigt sich darin eine direkte Einwirkung der Planeten auf das Kind? Das ist unwahrscheinlich. Es scheint eher, daß die Planeten lediglich die ursprünglich von der Sonne ausgehenden Einflüsse unterbrechen. Die Beziehung zwischen der Wirkung der Planeten und den Veränderungen im Erdmagnetfeld, die sich aus der Sonnenaktivität ergeben, sind ein recht überzeugender Beweis dafür.

In der Tat widersprechen diese neuesten Entdeckungen der Auffassung astrologischer Einflüsse aus dem Universum. Dennoch ist die Tatsache nicht zu leugnen, daß jede Verbindung zwischen Geburtszeit und Planeten astrologischer Natur ist. Um diesen Grundsatz deutlicher herauszuarbeiten, wollen wir bei unserer Untersuchung der planetarischen Einflüsse auf das Schicksal des Menschen ein elisabethanisches Lustspiel heranziehen, das sich mit der Astrologie beschäftigt. Es ist gleichzeitig das letzte »Zwischenspiel« dieses Buches.

Der Hinweis auf diese Komödie stammt aus dem Buch *Tam-*

burlaine's Malady and Other Essays on Astrology in Elizabethan Drama von Dr. Johnstone Parr (University of Alabama Press, 1953), das mit sehr informativen Quellenangaben ausgestattet ist.

Die Komödie trägt den Titel »The Woman in the Moon« (Die Frau im Mond) und stammt von John Lyly (1554–1606). »In Lylys Stück«, schrieb Dr. Parr, »bitten die Schäfer von Utopia die Natur, für sie eine weibliche Gefährtin zu erschaffen, und die Natur stattet Pandora, ihr Geschöpf, mit allen Vorzügen der Götter und Göttinnen des Himmels aus. Die sieben Planeten aber sind mißgünstig, weil sie bei Pandoras Erschaffung nicht zu Rate gezogen wurden, und beschließen deshalb ihr Verderben. Der Reihe nach versucht jeder der Planeten, Pandora zu beeinflussen und ihre Beziehung zu den Schäfern zu stören. Pandoras Reaktionen und die sich daraus ergebenden Verwicklungen bilden die einfache Handlung von Lylys Stück.« Dieser amüsante Stoff wird plötzlich für uns interessant, denn Dr. Parr vergleicht den von Lyly beschriebenen »Charakter« eines jeden Planeten mit den Ansichten namhafter Astrologen. Dr. Parr kommt zu dem Schluß: »Mit einer geringfügigen Ausnahme sind die Eigenschaften, die Lyly ziemlich sorgfältig und gewissenhaft jedem einzelnen der sieben Planeten zuschreibt, und der Einfluß, den sie auf Pandora ausüben, im allgemeinen dieselben, die ein kompetenter Astrologe eingeräumt hätte.« Dank Dr. Parrs Belesenheit eignet sich die »Frau im Mond« ausgezeichnet für eine Überprüfung der symbolischen Bedeutung der Planeten. Außerdem ist anzumerken, daß dieses Unternehmen vollkommen objektiv ist, weil Lylys Interesse bei dieser Arbeit nicht in erster Linie der Astrologie galt und Dr. Parr nicht an ihren Einfluß glaubte. Das sind ideale Voraussetzungen, die planetarischen Temperamente auf ihren astrologischen Symbolgehalt zu untersuchen.

In Lylys Komödie hat jeder Planet seinen »Aufgang« und »herrscht« dann eine Weile über Pandora, und zwar in nachstehender Reihenfolge: Saturn, Jupiter, Mars, Sonne, Venus, Merkur, Mond.

Als der Saturn erscheint, um für eine Zeit die Herrschaft über Pandora zu übernehmen, spricht er:

Ich werde eine solch melancholische Stimmung verbreiten,
daß auch ihr überaus reines Blut davon erfaßt wird.
Ich werde zuerst ihre Stirn mit düsteren Sorgen umwölken
und ihrem Herzen Trotz und Unruhe bringen.
Sie wird krank sein an der Leidenschaft ihres Herzens,
sie wird leiden an ihrem Eigenwillen und Starrsinn,
sie wird erfüllt sein von Tränen.

Dr. Parr beschreibt, wie Pandora daraufhin meint, sie »tauge nicht zur Gesellschaft« und eine »verdrießliche Sorge halte ihre Zunge gefangen«. Einer ihrer Verehrer küßt ihre Hand und erregt damit ihren Unwillen. Sie blickt finster drein, sagt aber nichts, und läuft schließlich davon, als die Schäfer versuchen, ihre melancholische Stimmung durch Musik zu vertreiben.

Dr. Parr bemerkt: »Die Macht des Saturn, Melancholie, düstere Sorge, Trotz und Eigensinn hervorzurufen und den Menschen zum Einzelgänger, schweigsam und still zu machen und ihn zum Weinen und Klagen zu bringen, wird von den Astrologen bestätigt. In der Tat schrieb Claudius Ptolemäus:

›Saturn ... macht mich übelgelaunt ... läßt mich die Einsamkeit suchen ... die natürliche Zuneigung meiden.‹« (Dieses und alle anderen Zitate der alten Astrologen wurde dem oben erwähnten Buch von John Parr entnommen. In den Anmerkungen zu dieser Arbeit befinden sich sehr genaue Angaben über die zitierten Stellen.)

Alchabitius meinte: »Saturn ist böse ... schafft und fördert ... Menschen mit melancholischen Zügen. Er bedeutet ... tiefes Schweigen ... Mißtrauen und Verdächtigung, er bringt die Menschen zum Jammern und Nörgeln.«

Augier Ferrier beschrieb den Saturn-Einfluß folgendermaßen: »Trauer, Einsamkeit, Angst, Melancholie, zaghaft und mutlos ... weist den Rat anderer zurück, denn er fürchtet, die Welt könnte ihn hintergehen; unhöflich ... flieht die Gesellschaft der Menschen, es sei denn, er ist auf Betrug aus.«

Und schließlich notierte Heinrich Cornelius Agrippa von Nettesheim: »Die Gesten und Bewegungen des ... Saturn ... sind ... sich an die Brust schlagen und an den Kopf greifen ... das Knie beugen und den Blick dabei fest nach unten richten; auch Weinen und dergleichen.«

In Lylys Stück geht es weiter mit der Ankunft des nächsten Planeten, des Jupiter:

Nun wird Jupiter Pandoras Gedanken beherrschen
und sie mit Ehrgeiz und Hochmut erfüllen;
Ich werde meinen Einfluß geltend machen
so schlimm es nur geht,
damit nicht die anderen Planeten meine Herrschaft schelten.

Sofort reagiert Pandora darauf:

Wenn auch der Groll von meinem Herzen genommen ist,
so fühle ich jetzt eine Last ganz anderer Art:
Am Tage denke ich nur, wie ich herrschen könnte.
Bei Nacht
sind meine Träume erfüllt von kaiserlichen Würden.
Meine Ohren sind entzückt, wenn sie von Souveränität hören.
Meine Zunge sehnt sich nach der Macht der Hoheit.
Mein Auge läßt jedes Ding zu einer Krone werden.

Dr. Parr beschreibt dann die Reaktion der Jupiter-Pandora wie folgt: »Nun wird Pandora hochmütig, anmaßend und erfüllt von Stolz und Verachtung.« Sie fordert übertriebene Beweise des Respekts von den Schäfern und läßt sie »knien und kriechen«, sie müssen ihr vornehmes Aussehen bewundern und »jedem Wort Beifall spenden«, wenn sie spricht. Wie ein stolzer Potentat gebietet sie ihnen, ihr zu Ehren einen »wilden Eber« zu töten und andere Heldentaten zu begehen, um »Ihrer Majestät« zu gefallen.

Diese Jupiter-Pandora, ein weiblicher Ludwig XIV., entspricht ganz der astrologischen Tradition, auch wenn sich hier nur der negative Aspekt bemerkbar macht. Jupiter wird sonst wesentlich günstiger dargestellt. Dr. Parr zitiert John Indagine, der feststellte, daß Jupiter »Schönheit, Reichtum, Ehre ... Weisheit, Erfahrung, Beredsamkeit und Großmut« schenkt. Albohazen steht völlig in Einklang mit seinen Kollegen, wenn er schreibt:

»Jupiter ... macht ... ehrenwert, tugendhaft und rein, angesehen, gerecht, moralisch und religiös, freimütig und offen, von liebenswürdigem Charakter, ruhig und gelassen, dem Törichten abgeneigt. Wer unter dem Jupiter steht, spricht wahr und handelt ehrlich, hat eine glückliche Hand und liebt den Rat weiser Männer, gerechte Anordnungen und das scharfsinnige Urteil.«

Jupiter kann aber auch »eine ungünstige Position einnehmen« und »schlecht am Himmel stehen«. In diesem Fall, so meinte Auger Ferrier, »verführt er manchmal zu Torheiten, zu Stolz, zu Verschwendungssucht; trifft er auf einen Heuchler, läßt er ihn statt von Rechtschaffenheit von Tyrannei träumen.«

Der große Ptolemäus war schließlich der Meinung: »Jupiter ... in unrühmlicher Position ... wird den Geist erfüllen ... mit Verschwendung, Bigotterie, Arroganz ... Torheit, Sorglosigkeit und Unbekümmertheit.«

Dr. Parr kommt zu dem Schluß: »Lyly behauptet zu recht, daß selbst der günstige Jupiter-Einfluß verderblich wirken kann und der Anlaß ist, daß Pandora hochmütig, übermäßig ehrgeizig und herrisch wird.«

Danach gerät Pandora unter den Einfluß des Mars. Wieder tritt eine Veränderung ein:

Nun übernimmt der blutige Mars seine Rolle
und sorgt für Kampf und Krieg in Pandoras Brust.
Nach all ihrer Sittsamkeit und ihrem Stolz
zeigt sie sich jetzt als ein böses, zänkisches Weib.

Die Mars-Pandora wird gewalttätig und sucht den Streit:

Mars hat Pandora verwandelt.
Entgegen ihrer Art
sucht sie Kampf und Streit mit ihren Freunden.
Und so überlasse ich sie ganz ihrem leidenschaftlichen Zorn.

Dieses unheilvolle Bild des Mars steht wieder ganz im Einklang mit den traditionellen Vorstellungen. Ptolemäus erklärte: »Der Mars ... macht den Menschen streitbar, mutig und tapfer ... erfüllt ihn mit Verachtung ... tyrannisch, unbarmherzig, grausam, wild, brutal, habgierig, hart und feindselig.«

Nach Albohazen Haly ist der Mars »ein feuriger und heftiger Planet; er ist ein Zerstörer und Eroberer, er hat seine Freude an Gemetzel und Tod, an Streit, Gezänk, Auseinandersetzungen und Zwistigkeiten ... Er wird schnell ergriffen von heftigem und verheerendem Zorn ...«

Die Sonne kommt als nächstes ins Spiel und übernimmt die Herrschaft über Pandora. Sie räumt Groll (Saturn), Hochmut (Jupiter) und Zorn (Mars) hinweg. Pandora wird »sanft, freundlich, liebenswürdig und tugendhaft, verständig und geduldig.«

Diese Beschreibung entspricht auch der traditionellen Vorstellung von der Sonne. In der Tat hat Firmicus Maternus den Sonnentyp wie folgt beschrieben: »Vollkommen vertrauenswürdig ... von Stolz erfüllt, aber dabei auch klug, alles beherrscht von Mäßigung und Menschenliebe; ... Sparsamkeit, Tüchtigkeit, Einsicht.«

Nach der Sonne übernimmt Venus den Platz in Pandoras Seele. Plötzlich kann sie an nichts anderes denken als an Liebe, Tanz und Musik. Pandora singt und lädt die Schäfer zu einem Bankett ein. Sie verrät, daß sie so verliebt in die Liebe ist, mehr noch als die schöne Helena von Troja, daß sie »ihren Gatten zwanzigmal zum Hahnrei machen könnte.«

Venus galt schon immer als Göttin der Liebe. Ferrier schrieb: »Steht die Venus gut, macht sie den Menschen angenehm, fröhlich, läßt ihn tanzen und lachen, er wird zufrieden, liebenswürdig und anmutig und ist angenehm im Umgang.«

Firmicus bestätigt: »Venus macht den Menschen ... froh und heiter ... von Natur aus leidenschaftlich und sinnlich, aber dabei religiös und rechtschaffen ... Es ist ihm eine Freude, sich mit der Musik und den Künsten zu beschäftigen, und er hat viele Liebesaffären.«

Pandora verliert ihre Laszivität, sobald Merkur auftritt:

Nun steht Pandora unter meiner Herrschaft.
Ich will sie falsch und hinterhältig machen,
zur Diebin und Lügnerin, raffiniert und zungenfertig.
Denn nur das gebührt dem Merkur.

Auch hier steht Lyly völlig im Einklang mit der althergebrachten Symbolik: Merkur galt nicht nur als Gott der Kaufleute und Redner, sondern im übertragenen Sinn auch als Gott der Diebe. Ferrier schreibt: »Merkur erfüllt den Menschen mit Witz; ... ein Dichter, ein Redner ... steht er aber ungünstig, macht er den Menschen ... unbeständig, zum Lügner, Betrüger, Verführer.« Ptolemäus bestätigt: »Merkur macht den Geist klug ... erfinderisch ... geschickt in der Argumentation, aber ohne Wahrheit ... unbeständig, geizig, ungerecht.«

Schließlich greift der Mond ein, der letzte der sieben Himmelskörper, und übernimmt die Kontrolle über Pandoras Gemüt. Er verkündet:

Nun ist es vorbei mit dem Einfluß der andern Planeten!
Cynthia, dem geringsten aller falschen Sterne,
wird die schöne Pandora in Obhut gegeben.
Und so wie ich bin, so soll auch Pandora sein:
Läppisch und launisch, träge, töricht und toll.

Sobald Pandora unter Mond-Einfluß steht, stellt die Natur es ihr frei, selbst einen Planeten zu wählen, zu dem sie zurückkehren möchte. Pandora aber wählt den Mond und erklärt:

Cynthia machte mich faul und wankelmütig,
vergeßlich, dumm, launisch, rasend und toll.
Das ist die Stimmung, mit der ich zufrieden bin,
und deshalb will ich bei Cynthia bleiben.

Über den Einfluß des Mondes sagt der Astrologe Ferrier, daß dieser Himmelskörper dem Menschen »Unbeständigkeit und Leichtsinn« verleiht. Ptolemäus betont, daß Frau Luna den Menschen »empfänglich für Veränderungen und unbeständig« macht. Abraham ibn Ezra ist der Auffassung, daß der Mond für folgende Wesenszüge des Menschen verantwortlich ist: »Übertriebene Selbstbeobachtung, Grübeln ohne das nötige Erkenntnisvermögen«. William Lilly schreibt, daß der Mond den Menschen »geneigt macht, umherzuflattern und seinen Aufenthaltsort zu wechseln, wankelmütig, ein Vagabund, ein Faulpelz ... hat er Vergnügen daran, unbekümmert wie ein Bettler zu leben.«

Wir lassen nun Pandora auf dem Mond zurück. Dieses Zwischenspiel mit seinen amüsanten und manchmal etwas frevlerischen Gedanken regt dazu an, einige deutliche Fragen über die Beziehung zwischen unserer Arbeit und der Astrologie zu stellen. Die trübe, melancholische Stimmung, die Pandora überwältigte, als der Saturn von ihrer Seele Besitz ergriff; Ehrgeiz und Stolz, die Jupiter hervorrief; die zänkische Aggressivität, die mit dem Auftreten des Mars verbunden war – das alles bestätigt unsere Beobachtungen. Das ist leicht nachzuweisen, wenn man Pandoras jeweilige geistige Verfassung mit der Liste der planetarischen Charakterzüge von Seite 151 vergleicht. Es ist ganz offensichtlich, daß es überraschende Ähnlichkeiten mit den entsprechenden astrologischen Charakterbildern gibt. Andererseits widerspricht das Auftreten einer strahlenden, autoritären Sonne, einer verliebten, künstlerischen Venus und eines schöpferischen, der Literatur nahestehenden Merkur unseren Beobachtungen. Künstler kommen *nicht* unter dem Zeichen der Venus auf die Welt, und Schriftsteller werden *nicht* unter dem Merkur geboren.

Dennoch haben sich diese Fragen ergeben. Wir müssen versuchen, die Antworten zu finden.

18. Kapitel

Neo-Astrologie?

»Es war nur ein Kieselstein, dem man den Namen Mars gab. Danach glaubte man, er bedeute Krieg und verleihe seinen Untertanen einen ›martialischen‹ Charakter. Hätte man denselben Stein als Jupiter bezeichnet, besäße er dann ein ›joviales‹ Wesen?« Paul Couderc

Astronom am Observatorium von Paris

Lylys Stück stellt dar, daß in der Astrologie jeder Planet einen ganz bestimmten Einfluß auf den Charakter der Menschen hat. Bis zu welchem Grad ähneln unsere planetarischen Typen denen der Astrologie? Wir versuchen gegenwärtig, diese Frage mit Hilfe der Statistik in unserem Laboratorium zu beantworten. Das ist eine langwierige Arbeit. Wir sind gezwungen, Hunderte von Büchern aus vielen Ländern zu beschaffen, die über einen langen Zeitraum erschienen sind. Bevor wir nicht die Ergebnisse dieser Untersuchungen vorliegen haben, können wir keine endgültigen Schlüsse ziehen. Wir wollen deshalb einfach einen Überblick über die drei Jahrtausende der astrologischen Symbolik geben. Mit drei Epochen der Menschheitsgeschichte wollen wir uns besonders beschäftigen: Mit den Anfängen in Chaldäischer Zeit, mit dem Ausgang des Mittelalters und mit dem zwanzigsten Jahrhundert. Diese unterschiedlichen Anschauungen wollen wir mit unseren eigenen Ergebnissen vergleichen.

Als Anfang der Astrologie kann man die Zeit der Chaldäer in Babylon betrachten. Die Chaldäer wurden zum einen auf die planetarische Symbolik aufmerksam und erkannten zum zweiten die Bedeutung von Aufgang und Untergang der Himmelskörper. Jeder Himmelskörper beherrschte eine bestimmte Pflanzenart, eine Tiergattung, einen Edelstein und eine Farbe und war maßgebend für »bestimmte Ereignisse, bestimmte Tätigkeiten oder Berufe, und jeder Tag und jede Stunde war in diesen göttlichen Kreislauf einbezogen.« (M. Rutten: *La Science des Chaldéens.* Presses Universitaires de France, 1960). Jeder Planet galt als Wohnsitz einer Gottheit, und diese Gottheit übte ihren Einfluß auf die Menschen aus. Die Chaldäer glaubten, daß Einfluß und symbolische Bedeutung eines jeden Planeten von seinem äußeren Erscheinungsbild abhingen. Die funkelnde Venus war die Heimat der Ischtar, der Göttin der Fruchtbarkeit, der feurige Mars war der Wohnsitz des Kriegsgottes Nergal. Jupiter, der majestätisch seine stetige Bahn zieht, wurde zur Wohnung des Marduk, des mächtigen und furchtbaren Königs der Götter. Saturn schließlich mit seinem zitternden, gelblichem Licht, galt als Bereich des Ninib, den man sich als eigensinnigen alten Mann vorstellte.

Die Chaldäer zeigten bereits Interesse an den Aufgangs- und Untergangszeiten der Planeten. Um das fünfte Jahrhundert v. Chr. benutzten sie diese Angaben, um dem König die Zukunft vorauszusagen. Da Jupiter, der Wohnsitz des Götterkönigs Marduk, auch der Planet des Königs war, wurde das Schicksal Babylons mit Hilfe dieses Planeten »gedeutet«. Die Priester glaubten, daß der Aufgang eines Himmelskörpers ein günstiges Zeichen sei. Das wird deutlich an diesem von A. Sachs übersetzten Omen: »Wird ein Kind geboren, während Jupiter aufgeht, dann wird sein Leben günstig und in wohlgeordneten Bahnen verlaufen. Es wird zu Reichtum kommen und ein hohes Alter erreichen.« Den Untergang eines Planeten hielten die Priester dagegen stets für ein ungünstiges Zeichen. Der Untergang des

Jupiter wurde als böses Omen für den König betrachtet. Es hieß: »Wird ein Knabe geboren, wenn die Venus aufgeht und Jupiter im Untergang begriffen ist, dann wird seine Frau mächtiger sein als er selbst.« (A. Sachs: »Babylonian Horoscopes« in: *Journal of Cuneiform Studies,* Band 6, Nr. 2, 1952). Der Aufgang der Venus stellte in der Symbolik der Chaldäer das weibliche Element dar, und in diesem Fall herrscht sie über König Jupiter, der eben in der Dunkelheit verschwindet.

Die Idee, diesen astronomischen Augenblicken des Aufgangs und Untergangs besondere Bedeutung zuzuschreiben, ist zwar erstaunlich, aber wir wollen festhalten, daß die Chaldäer kein besonderes Interesse für den Kulminationspunkt zeigten. Ihre Theorie über einen günstigen oder unheilvollen Einfluß aufgehender und untergehender Planeten wird in keiner Weise von unseren Forschungsergebnissen bestätigt. Wir wissen aber, wie die Chaldäer diese symbolische Bedeutung erklärten: Beim Aufgang wird jeder Planet für einen Tag neu geboren, daher besitzt er einen guten Einfluß. Der untergehende Stern aber stirbt und fällt hilflos in den dunklen Abgrund, der den Schatten der Dämmerung folgt, und das hielt man für ein böses Omen.

Sehr viel interessanter ist für uns die Art des Einflusses, die man jedem der Planeten zuschrieb. Nergal-Mars war der Kriegsgott; wir fanden ebenfalls, daß Militärs und Spitzensportler oft unter dem Mars geboren sind. Der majestätische Marduk-Jupiter galt als Planet des Königs. Ludwig XIV., der Sonnenkönig, wurde geboren, als Jupiter aufging, und wir haben gesehen, daß dieser Monarch mit seinem außerordentlich »königlichem« Temperament eigentlich »Jupiter-König« genannt werden sollte. Schließlich gab es bei den Chaldäern noch Ninib-Saturn, einen mürrischen alten Gott, und auch das stimmt ziemlich überein mit dem von uns beschriebenem Saturn-Temperament.

Wir müssen einräumen, daß wir zur Zeit noch nicht genügend präzise Informationen zur Verfügung haben. Es wäre voreilig, bereits jetzt eindeutige Beziehungen zwischen der planetarischen Symbolik der Chaldäer und unseren statistischen

Ergebnissen anzuerkennen. Es ist uns noch nicht gelungen, den symbolhaften Charakter der Ischtar-Venus zu bestätigen, oder den des Merkur, der Heimat des Gottes Nabo, der von den Chaldäern als »der Böse, der Brandstifter, der Leopard« bezeichnet wurde, usw.

Es gibt jedoch keinen vernünftigen Grund, von vornherein den Gedanken abzulehnen, daß die chaldäischen Priester mit ihrer Lehre in mancher Hinsicht recht haben könnten. Zweifellos beruhten ihre Theorien eher auf Animismus als auf exakter Wissenschaft, und es fehlt jeder Anlaß, wieder in diesen Glauben an die Beseeltheit der Natur und der Naturkräfte zurückzufallen. Selbst wenn die chaldäischen »Erklärungen« für die Beziehungen zwischen den Menschen und den Sternen weit von den modernen Theorien entfernt sind, könnten sie ihre Rechtfertigung dadurch finden, daß man sie als einen Versuch betrachtet, die seltsamen Zusammenhänge zwischen der Geburt und dem Lauf der Planeten zu ergründen. Es ist sogar möglich, daß trotz all dieser unzutreffenden, auf zweifelhaften Analogien beruhenden Ansichten die chaldäischen Priester bestimmte Tatsachen über die Einflüsse der Planeten *beobachtet* haben könnten. Deshalb sollten wir nicht automatisch ihre *astronomischen* Beobachtungen verwerfen. Vielleicht sollte man auch ihre *astrologischen* Beobachtungen, so mangelhaft interpretiert und formuliert, wie »unwissenschaftlich« sie auch sein mögen, in manchen Punkten ebenfalls gelten lassen. Wo beginnt echte wissenschaftliche Arbeit?

Diese Fragen müssen unbeantwortet bleiben, bis die Experten alle Geheimnisse der Keilschrift-Texte auf den Tontafeln enthüllt haben, die immer noch unübersetzt in den Kellern des Britischen Museums liegen.

Sterne und Stimmungen

Eine griechische Auffassung, die hippokratische Theorie von den Temperamenten, hat sich über die Jahrhunderte hinweg gehalten. Nach mittelalterlichem Glauben, in den diese Theorie eingegangen ist, stellt jeder Mensch einen Mikrokosmos, eine kleine Welt für sich, dar. Er besitzt in sich die vier Grundelemente des Makrokosmos, also des Universums. Die Elemente Luft, Feuer, Wasser und Erde finden sich im Menschen als Blut, schwarze Galle, gelbe Galle und Lymphe. Der Charakter des Individuums wird durch das Verhältnis dieser Säfte zueinander bestimmt, deren Eigenschaften identisch sind mit denen der Elemente. Liegt ein Überschuß an einem dieser Körpersäfte vor, zum Beispiel an Blut, dann wird der Betreffende sowohl den Charakter als auch die Krankheitsneigung des sanguinischen Typs besitzen. Die individuellen Charaktereigenschaften werden durch die Vorherrschaft eines dieser Körpersäfte festgelegt. Welcher der Körpersäfte dominiert, wird wiederum durch planetarische Einwirkung bestimmt. Die Planeten beeinflussen das Verhalten des Menschen, weil sie Elemente besitzen, die den Körpersäften entsprechen.

Planet	*Temperament*	*Element*
Jupiter	Sanguinisch	Luft
Mars	Cholerisch	Feuer
Mond	Phlegmatisch	Wasser
Saturn	Melancholisch	Erde

Diese Lehre von den Temperamenten war während des Mittelalters sehr wichtig und ist auch heute wieder recht populär, allerdings in etwas abgewandelter Form. Die vier Temperamente wurden folgendermaßen beschrieben:

Sanguinisch: Der Sanguiniker ist ein kräftiger Mensch mit frischer Gesichtsfarbe. Er ist großzügig und mutig, er hat Freude an gutem Essen und an der Liebe.

Cholerisch: Der Choleriker ist mager, stark behaart, impulsiv; er gerät schnell in Zorn und ist mutig und ehrgeizig.

Melancholisch: Melancholiker sind von leichtem Körperbau. Sie haben ein blasses Gesicht. Sie sind eigensinnig. Sie lieben die Stille. Sie sind ruhig und werden ständig von Ängsten und Sorgen gequält.

Phlegmatisch: Der Phlegmatiker ist klein und dick, faul und apathisch.

(Diese Angaben stammen aus Lawrence Babb, »*The Elizabethan Malady*«. Die gleiche Auffassung wird auch von N. Culpeper in »*Astrological Judgement of Diseases*« im frühen siebzehnten Jahrhundert vertreten.«)

Natürlich wäre es zu einfach und sogar falsch, wollte man versuchen, charakteristische Verhaltensmuster des Menschen nur durch einen Überfluß oder Mangel an Körpersäften zu erklären. Die neue Wissenschaft von der Verhaltens-Biochemie hat jedoch das Interesse an dieser Theorie neu belebt. Wieder scheint man auf gewisse Gemeinsamkeiten zwischen den vier Körpersäften und unseren Beobachtungen über das Jupiter-, Mars-, Mond- und Saturn-Temperament zu stoßen.

Planeten und Berufe in Übereinstimmung mit der Astrologie

Der letzte »offizielle« französische Astrologe, Morin de Villefranche, war der Mann, der die genaue Zeit der Geburt des künftigen Königs Ludwig XIV. festhielt. Er schrieb ein Buch mit dem Titel *La Théorie des déterminations astrologiques.* Am Schluß gibt er eine Übersicht über die wichtigsten Parallelen zwischen Planeten und Berufen. Seine Bemerkungen sind auch für uns von Interesse, da unsere Forschungsergebnisse ebenfalls aus einer Studie über Berufe abgeleitet sind. Wenn die folgenden Planeten nach Morin »günstig am Himmel stehen«, sind sie von Bedeutung für die jeweils angegebenen Berufe:

Saturn Ganz allgemein Wissenschaftler und Gelehrte: Theologen, Philosophen, Mathematiker, Schatzmeister, Bildhauer, Bergbautechniker.

Jupiter Männer mit Regierungsgewalt: Staatsmänner, Gouverneure, Kanzler, Präsidenten, Ratsmitglieder, Diplomaten, Politiker, Beamte, Verwaltungsangestellte, Bürgermeister, hohe kirchliche Würdenträger, Würdenträger bei Hof.

Mars Soldaten, Jäger, Rechtsanwälte, Ärzte, Eisenhändler.

Sonne Päpste, Kaiser, Könige, Prinzen, Regenten, Magnaten, Edelleute, alle, die mit Amt und Würden ausgestattet sind, Botschafter.
Venus Künstler, Musiker, Angehörige religiöser Orden, Apotheker, Parfümverkäufer, Tuchhändler, Juweliere usw.
Merkur Mathematiker, Geometer, Astrologen, Astronomen, Philosophen, Redner, Schriftsteller, Dichter, Künstler, Schreiber, Sekretäre, Kaufleute, Erfinder, Handwerker usw.
Mond Königinnen, Prinzessinnen, Reisende, Fischer, Jäger, das gewöhnliche Volk. (Aus: H. Selva: *La Théorie des déterminations astrologiques de Morin de Villefranche*: Bodin, Paris, ohne Datum.)

Wir haben nicht alle von Morin erwähnten Berufe überprüft. Wir können aber sein Urteil mit unseren eigenen Beobachtungen vergleichen. Wir stimmen in den nachfolgend aufgeführten Fällen mit ihm überein:
Saturn: Wissenschaftler, Gelehrte, Mathematiker.
Jupiter: Männer mit Regierungsgewalt.
Mars: Militärs und Ärzte.

Es gibt aber auch einige Beispiele, bei denen wir überhaupt nicht mit ihm einverstanden sind. Im einzelnen handelt es sich beim Saturn um die Philosophen (nach unserer Erkenntnis waren sie eher unter dem Einfluß des Mondes geboren) und um die Bildhauer (für deren Geburtsdaten wir keinerlei positive Resultate ermitteln konnten). Bei den Jupiter-Geborenen waren es die Bischöfe, bei denen keineswegs eine Neigung zu Geburtsdaten unter diesem Planeten erkennbar war. Vor allem aber hat Morin die Soldaten und Schauspieler nicht unter dieser Kategorie aufgeführt. Beim Mond haben wir festgestellt, daß Reisende eher eine Tendenz zu Geburtsdaten unter Mars- und Jupiter-Einfluß zeigen. Außerdem sah Morin keine Verbindung zwischen dem Mond und Schriftstellern und Dichtern, die aber tatsächlich sehr oft unter Mondeinfluß geboren werden. Dagegen schrieb Morin diese beiden letztgenannten Berufe dem Merkur zu, was sich als völlig unzutreffend erwies. Auch Geometer, Astronomen und Künstler wurden von ihm irrtümlich dem Mond zugeschrieben. Schließlich ergab sich auch keine Übereinstimmung mit unseren Beobachtungen bei Sonne und Venus.

Insgesamt ist die Zahl der Widersprüche deutlich größer als die der Übereinstimmungen, besonders wenn wir noch berücksichtigen, was Morin mit der »günstigen Stellung am Himmel« meinte. Für Morin waren das nicht die Positionen um den Horizont und Meridian, sondern die Stellung des Planeten innerhalb des Tierkreises und die Aspekte, das heißt, das Winkelverhältnis zu anderen Planeten. Im nächsten Kapitel werden wir die sogenannten Einflüsse des Tierkreises und der Aspekte untersuchen. Es ist nur logisch, wenn wir davon ausgehen, daß die Wahrscheinlichkeit für Wechselbeziehungen zwischen der Arbeit Morins und unseren Untersuchungen von vornherein so gering ist, daß die wenigen bestehenden Übereinstimmungen schon in sich ein wichtiger Hinweis zugunsten der planetarischen Symbolik sind. Doch der Leser mag seine eigenen Schlüsse ziehen. Für uns sind diese schwachen Übereinstimmungen nur zusätzliche nützliche Informationen.

Die Symbolik des zwanzigsten Jahrhunderts

Wir haben bewußt einen Überblick über diese vergangenen Epochen gegeben und sind damit bis zu den Ursprüngen der Astrologie zurückgekehrt. An dem folgenden Auszug wird deutlich, daß diese Symbolik fast unverändert bis in unsere Zeit übernommen wurde. Dal Lee, der Autor des *»Dictionary of Astrology«* (Paperback Library, New York, 1968) war ein kluger Mann und versuchte nicht, allzu originell zu sein. Wir zitieren nur seine Angaben über die fünf Planeten, bei denen wir zu positiven Ergebnissen kamen:

Mond: Er ist für Eindrücke empfänglich, veränderlich, frei und offen, kultiviert, freundlich und bescheiden, mütterlich. Wer stark unter seinem Einfluß steht, aber nicht das Beste aus seinen Gaben zu machen weiß, ist gewöhnlich ein Phantast, faul, leichtfertig, ein Zauderer und leicht von anderen zu beeinflussen.

Venus: Dieser Planet repräsentiert das Schöne, das Harmonische, das Freundliche. Er ist liebevoll, sympathisch, kultiviert, hat Freude an Genuß, Gesellschaft und Kunst. Er behandelt alle Dinge, auf die er Einfluß hat, mit Milde und Sanftheit. Unentwickelte Venus-Menschen sind im allgemeinen sinnlich, träge, eitel, vulgär, lasterhaft.

Mars: Der Planet der Kraft und Energie, er kann gut oder böse sein, je nachdem, wie der Mensch ihn nutzt. Er ist konstruktiv, mutig, ist gern im Freien, heißblütig, aggressiv, besitzergreifend. Unentwickelte Menschen mit einem starken Mars in ihrem Horoskop sind verschwenderisch, ungeduldig, wollüstig, grob, leidenschaftlich, grausam, ichbezogen.

Jupiter: Er sorgt für Ausdehnung, Vergrößerung, bringt Glück. Er ist vornehm, ehrlich, gütig, religiös, angesehen, treu. Menschen unter dem Jupiter, die ihre Anlagen nicht richtig einzusetzen wissen, sind gewöhnlich extravagant und eingebildet, lieben das Spiel und lassen sich gehen, sind scheinheilig und fanatisch.

Saturn: Der große Lehrer des Lebens, der Planet der Erfahrung. Er setzt Grenzen und schenkt durch die Begrenzung Weisheit. Der Mensch unter starkem Saturn-Einfluß ist besinnlich, vorsichtig, besorgt, sparsam, arbeitsam, tugendhaft. Wenn er sich nicht gut in der Gewalt hat, neigt er dazu, mürrisch, mißtrauisch, nervös, eifersüchtig, furchtsam und sogar fatalistisch zu werden.

Bei Mars, Jupiter und besonders beim Saturn ist die Übereinstimmung ziemlich groß. Fragwürdig wird es beim Mond, und bei der Venus sind Zusammenhänge kaum zu erkennen. Aber Dal Lee will sich, wie alle modernen Astrologen, nicht damit begnügen, seiner Liste nur die Sonne und den Mond hinzuzufügen. Er beschreibt auch die Symbolik von Planeten, deren Entdeckung noch nicht lange zurückliegt, also von Uranus, Neptun und Pluto. Uns war es aber nicht möglich, irgendeinen von diesen Planeten ausgehenden Einfluß nachzuweisen.

Die Symbolik der Planeten hat auch in unserem alltäglichen Sprachgebrauch ihren Platz gefunden, das beweisen Wörter wie »martialisch« (abgeleitet vom Kriegsgott Mars, mit der Bedeutung von »kriegerisch, grimmig, verwegen«) und »jovial« (nach dem Planeten Jupiter, bedeutet soviel wie »froh, heiter, leutselig, gönnerhaft«), aber auch Ausdrücke wie »mondsüchtig« oder »Mondkalb«. Die Symbolik der Planeten ist fest in unserem Denken verankert, auch wenn uns das nicht immer bewußt wird.

Unsere Beobachtungen: Neo-Astrologie?

Diese Vergleiche hinterlassen den allgemeinen Eindruck, daß unsere statistischen Untersuchungen zu einer *teilweisen* Erneuerung der sehr alten, über Jahrhunderte und Jahrtausende von Autor zu Autor weitergegebenen planetarischen Symbolik führen könnten. Wenn diese Symbolik von manchen archaischen Gedanken befreit würde, wenn man sie neu definierte und in ein System bringen würde, dann könnte man sie vielleicht immer noch gelten lassen. Diese Vorstellung ist gleichzeitig faszinierend und entsetzlich, sie ist eine Herausforderung an das Gewissen der Forscher, zu denen wir selbst auch gehören. Denn wenn wir gezwungen sind, zuzugeben, daß der traditionelle Glaube an den Einfluß der Sterne Grundelemente der Wahrheit enthält, sind wir dann nicht automatisch gezwungen, auch die astrologische Lehre *in ihrer Gesamtheit* anzuerkennen? Das ist oft die Überzeugung von Anhängern aber auch von Gegnern der Astrologie.

In einem gut dokumentierten und sehr interessanten Buch schreiben J. A. West und J. G. Toonder, zwei Autoren, die der Astrologie wohlwollend gegenüberstehen, ohne sich jedoch professionell damit zu beschäftigen: »Gauquelins Arbeit beweist ein für allemal und unwiderleglich, daß an der Astrologie *etwas daran ist*... Gauquelin hat dem uralten qualitativen Glauben, daß die Planeten bedeutsam sind, quantitativ Ausdruck verliehen«. Nach Meinung der Autoren scheint »Gauquelin trotz seiner tiefen Vorbehalte in bezug auf die Astrologie in die Geschichtsbücher einzugehen als *l'astrologue malgré lui,* als Astrologe wider Willen«. (J. A. West und J. G. Toonder, *The Case for Astrology,* Coward – McCann, New York, 1970)

Es folgt ein weiteres Urteil, diesmal von einem aufgeschlossenen, vorurteilsfreien Wissenschaftler, Dr. J. Porte. Er ist Leiter eines Forschungszentrums in Paris:

»Nach Untersuchung einer großen Zahl von Glaubensvorstellungen der traditionellen Astrologie glaubt Gauquelin aufgrund empirischer Informationen tatsächlich bestätigen zu können, daß gewisse ›Einwirkungen von den Sternen‹ vorhanden sind. Obgleich Gauquelins Schlußfolgerungen nicht in direktem Zusammenhang mit der traditionellen Astrologie stehen und sich von den ziemlich mystischen Vorstellungen der meisten Astrologen unterscheiden, sind sie ebenso ›absurd‹ wie die Auffassungen der traditionellen Astrologie.« (J. Porte, Vorwort zu F. und M. Gauquelin, *Méthodes pour étudier la répartition des astres dans le mouvement diurne,* Paris, 1957).

Schließlich noch die Meinung von R. Imbert-Nergal, einem Mitglied der Union der Rationalisten von Paris, einer Gruppe, die allem äußerst feindselig gegenübersteht, was in der Wissenschaft als exzentrisch erscheint:

»Weil er die Astrologie von allem befreite, was sie im höchsten Grad als unannehmbar erscheinen ließ (von ihrer Deutung als Schicksal und göttliche Macht), glaubt Gauquelin, daß er sie aus der sakrosankten Betrachtungsweise gelöst und für unsere rationalen Erfordernisse akzeptabel gemacht hat. Wir sind dankbar, daß er die Horoskope mit solcher Überzeugungs- und Beweiskraft verurteilt, daß viele Dilettanten sich gezwungen sehen, ihre Vorstellungen zu überdenken. Aber diese Zugeständnisse schaffen nicht den wesentlichen Aspekt der Astrologie aus der Welt, daß nämlich Sternenkräfte den Charakter des Kindes vom Augenblick seiner Geburt an bestimmen.« (*Le Courrier rationaliste,* Januar 1970).

Aus wissenschaftlicher Sicht ist die Frage der Terminologie vollkommen unwichtig. Fakten zählen mehr als Worte. Wenn es aber um »Wissenschaftspolitik« geht, gewinnt die Terminologie an Bedeutung. Wer mich für nichts anderes als einen Horoskopsteller hält, ist schnell bereit, meine Theorien als Okkultismus abzulehnen, ohne sie überhaupt näher zu untersuchen. Das ist der eine Grund, weshalb meine Arbeiten nicht als »Astrologie« bezeichnet werden sollten. Ich denke auch an das Beispiel von Professor J. B. Rhine, der nicht mehr die traditionellen Begriffe benutzt und vom »Übersinnlichen« oder vom »Medium« spricht, sondern den Namen *Parapsychologie* prägte, weil diese Bezeichnung nicht sofort das Bild von Hellsehern und Wahrsagern heraufbeschwört. Wir glauben inzwischen, daß auch der Begriff *Astrologie* durch eine neue Bezeichnung ersetzt werden sollte, die besser die neue Wissenschaft von den kosmischen Uhren beschreibt. Wir schlagen als Beispiel Astrobiologie oder Kosmobiologie vor, weil diese Begriffe bis jetzt noch nicht allzu sehr vom Personenkreis der Nicht-Wissenschaftler mißbraucht wurden.

Aber diese Änderung des Terminus wäre nichts als eine Art intellektueller Täuschung, wenn man dennoch die traditionelle Horoskop-Astrologie in ihrer Gesamtheit übernehmen würde. Das ist jedoch nicht der Fall. Dennoch wäre das aber der geringste Grund, das Wort Astrologie abzulehnen. Ich spreche nicht notwendigerweise von allen Ideen, die die Grundlage dieser Lehre bilden. Ich kann es nur als eine Frage des richtigen Maßes erklären. Wenn ich behaupte, daß ein Mensch ehrlich ist, weil er in fünf von hundert Fällen ehrlich handelt, dann habe ich nicht recht, denn es bleiben noch fünfundneunzig Fälle, in denen sich diese Person als unehrlich erwies. Meiner Meinung nach ist dieser Vergleich eine Parallele zur Astrologie. Astrologie besteht nicht nur aus der Auffassung, daß die Sterne bei der Geburt einen symbolischen Einfluß ausüben. Diese Vorstellung, die bis auf die älteste geschichtliche Zeit zurückgeht, liegt weniger als fünf Prozent aller astrologischen Gesetze zugrunde. Die moderne, sichtbare Form der alten Kunst ist aber das Horoskop, das man überall findet, in den Zeitungen, im Radio, ja sogar bei den Computern. Auch diese Horoskope haben eine lange Geschichte. Man benutzt sie, um unseren Charakter und unsere Gesundheit zu beurteilen und Glück in der Liebe, finanziellen Erfolg, die wichtigen Ereignisse des Lebens und sogar den Tod vorauszusagen.

An dieser Stelle wären auch noch die astrologischen Voraussagen zu nennen, die sich nicht mit dem individuellen menschlichen Schicksal, sondern mit Ereignissen auf unserer Erde beschäftigen und ebenfalls nach Befragung der Sterne getroffen werden. Diese Form der Astrologie, die sogenannte Mundan-Astrologie, ist heute weit verbreitet. Mit diesem Thema beschäftigt sich das Buch *Value of the Astrological Judgments and Forecasts* (Paris 1971) von Jacques Reverchon, ebenso unsere Arbeit *Songes et mensonges de l'astrologie* (Hachette, 1969).

Wir wollen uns im folgenden Kapitel mit den Geheimnissen des Horoskops beschäftigen.

19. Kapitel

Die drei Roulette-Räder der Astrologie

> Eine wissenschaftliche Beobachtung ist immer polemisch.
> G. Bachelard

Das Horoskop ist ein Bild des Himmels zur Zeit der Geburt eines Kindes, nach dem sein künftiges Schicksal vorhergesagt werden kann.

Im allgemeinen setzt sich dieses Bild aus den drei astrologischen Roulette-Rädern zusammen: dem Tierkreis, den Aspekten und den Häusern. Innerhalb dieser Räder bewegen sich zehn Kugeln, die zehn Planeten des Sonnensystems. Für den Astrologen ist der Sternenhimmel wie der Betrieb in einem Spielsaal. Allerdings hat diese Spielbank riesige Ausmaße, denn sie umfaßt den gesamten Kosmos. Der Einsatz ist unbezahlbar: Das Schicksal eines Menschen! Bei der Geburt fällt jede dieser sich bewegenden Kugeln in die geheimnisvollen Fächer der drei astrologischen Räder, die miteinander verschlungen sind. In diesem Augenblick der Geburt heißt es »Nichts geht mehr« – alle Einsätze sind unwiderruflich festgelegt. Wie ein Croupier registriert der Astrologe in diesem Moment die Position einer jeden Sternenkugel am Himmel. Dann spricht er sein Urteil. Obwohl es uns nicht bewußt wird, ist unser ganzes Leben bereits bei der Geburt vorherbestimmt. Gehören wir zu den Siegern oder zu den Verlierern? Das Horoskop kann es uns verraten.

Die Astrologie wird von zahlreichen komplizierten Gesetzen beherrscht. Die Kritiker wenden ein, daß diese Gesetze willkürlich aufgestellt wurden und jeder Grundlage entbehren, doch die Verfechter der Astrologie antworten, daß sie im Laufe von

Jahrhunderten sorgfältig und mit großer Geduld erarbeitet wurden und auf genauen Beobachtungen beruhen. Eines Tages bemerkte ein chaldäischer oder griechischer Astrologe, daß unter dem Zeichen des Widders Geborene dynamischer als alle anderen waren. Nachdem sie das mehrmals beobachtet hatten, stellten sie das Gesetz auf, daß der Widder das Symbol für Mut und Kühnheit ist. Die modernen Astrologen haben die gleiche Erfahrung gemacht. Diese lange Reihe von Beobachtungen gleicht einer frühen Sammlung statistischer Daten. Wie bei allen Zweigen der Wissenschaft, die sich auf Beobachtungen gründen, sind angebliche Fakten nichts anderes als die Summe von Statistiken, auch wenn sie sich eher auf intuitivem Wege ergaben und durchaus nicht objektiv sind. Dennoch handelt es sich dabei um statistische Werte. Kann es sein, daß die Astrologen nicht wußten, wie diese Beobachtungen durchzuführen waren und Zufall mit Regelmäßigkeit verwechselten? Die Wahrheit der astrologischen Behauptungen kann man nur durch zahlreiche objektive Beobachtungen beweisen – und das sind Statistiken. Die statistische Methode ist kein esoterischer Vorgang, der nur von konservativen Leuten angewandt wird. Es ist ganz einfach eine objektive Möglichkeit der Beobachtung, die ausschließt, daß Zufall und Gesetzmäßigkeit miteinander verwechselt werden.

Das erste Rad: Der Tierkreis

Der Tierkreis ist in zwölf Abschnitte unterteilt, die man »Zeichen« nennt. Sonne, Mond und die Planeten spielen unterschiedliche Rollen, wenn sie eines dieser Zeichen passieren. Die zwölf Zeichen heißen: Widder, Stier, Zwillinge, Krebs, Löwe, Jungfrau, Waage, Skorpion, Schütze, Steinbock, Wassermann, Fische. Jedes der Zeichen übt einen anderen Einfluß bei der Geburt eines Menschen aus. Wir wollen hier nicht weiter auf diese Einflüsse eingehen. In Diagramm 22, das den Tierkreis zeigt, ist jedes Zeichen in Stichworten beschrieben.

Jedem Tierkreiszeichen ist ein Charaktertyp oder ein bestimmtes Schicksal zugeordnet. Wir werden uns damit beschäftigen, wie die Gültigkeit dieser angeblichen Beziehung zu bestätigen oder auszuschließen ist. So wird zum Beispiel der Einfluß des Widders, des ersten Zeichens im Tierkreis, von den Astrologen wie folgt beschrieben: »Aktiv, dominant. Zu seinen Vorzügen gehören Mut, ein starker Wille, Unabhängigkeit, Pioniergeist. Zu den ungünstigen Eigenschaften: Ruhelosigkeit, Impulsivität, hitziges Temperament. Er ist ehrgeizig und energisch, stark auf militärischem Gebiet.« Wir haben einige tausend Geburtsdaten ausgezeichneter Soldaten, militärischer Führungspersönlichkeiten und berühmter Helden untersucht. Es ist selbstverständlich, daß sie sich auf dem Schlachtfeld als »stark auf militärischem Gebiet, mutig, ehrgeizig, energisch« erweisen mußten. Im Horoskop dieses Personenkreises sollte also der Widder öfter erscheinen als etwa das Zeichen Krebs, dessen Einfluß von den Astrologen folgendermaßen geschildert wird: »Still, schläfrig, aufnahmefähig. Günstige Eigenschaften: Selbstvertrauen, Freundlichkeit, Gedankentiefe. Ungünstig: Fühlt sich zu leicht verletzt, ist nicht glücklich in einer Umgebung, die emotionale Erregung hervorruft.« Dies alles sind Eigenschaften, die einer militärischen Laufbahn kaum förderlich sind. (Dal Lee, *Dictionary of Astrology*).

Wir haben die Horoskope von 3439 bekannten Persönlichkeiten aus dem militärischen Bereich erstellt, deren Geburtsdaten wir kürzlich sammelten. Danach berechneten wir, wie oft Sonne, Mond und die Planeten in jedem der Tierkreiszeichen erschienen. Das Zeichen Widder tauchte nicht häufiger auf als der Krebs; tatsächlich gab es überhaupt keine vorherrschenden oder besonders unauffälligen Zeichen. Wir untersuchten auch die Verteilung der Tierkreiszeichen auf den »Aszendenten«, das ist der Abschnitt des Tierkreises, der zur Zeit der Geburt am östlichen Horizont erscheint, und der bei den Astrologen als ein sehr wichtiger Faktor zur Bestimmung des Charakters gilt. Die Verteilung des Aszendenten stimmte mit den berechneten astronomischen Frequenzen überein. Danach überprüften wir

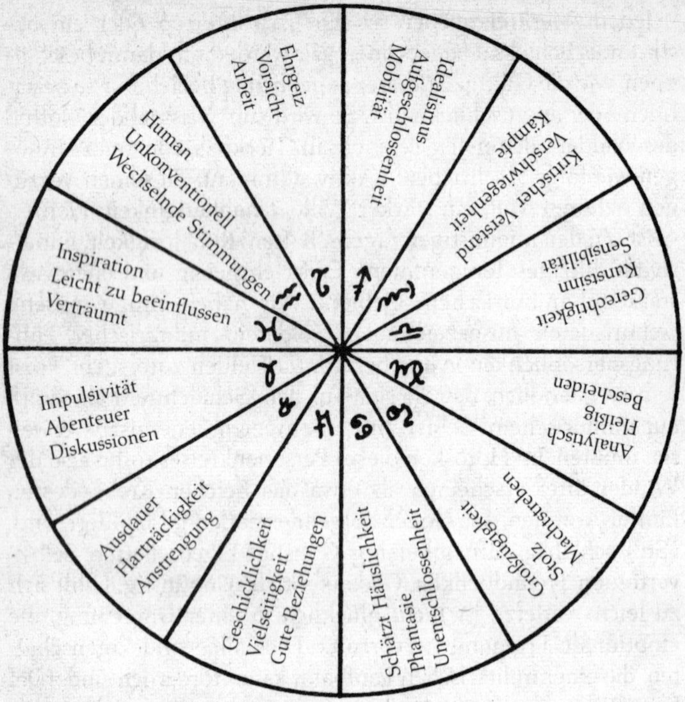

Diagramm 22 – Der Tierkreis

sechzehntausend Geburtszeiten von Personen, die in ihrem Beruf besonderen Erfolg erzielt hatten. Diese Gruppe umfaßte Wissenschaftler, Leistungssportler, Schriftsteller usw., aber wir konnten auch hier keine bemerkenswerten Ergebnisse feststellen. Im Tierkreis war im Hinblick auf jeden der von uns untersuchten Faktoren ausschließlich das Zufallsprinzip wirksam. Und doch handelte es sich bei unseren »Berühmtheiten« um ungewöhnliche Persönlichkeiten mit einem außergewöhnlichen Schicksal!

Unsere im Jahr 1955 veröffentlichten Beobachtungen wurden von Astrologen kritisiert, die glaubten, daß wir nicht tief genug und bis zum Kern des Problems vorgedrungen waren. Sie vertraten den Standpunkt, daß sie niemals unser negatives statistisches Urteil akzeptieren würden, wenn wir nicht Fall für Fall nachweisen könnten (falls nötig, anhand der Biographie), daß ein Tierkreis-Einfluß nicht existierte. Inzwischen besitzen wir diese biographischen Beweise. Wir konnten ihre Einwände durch die Analyse der in den Biographien enthaltenen Charakterzüge widerlegen, die ja die Grundlage unserer Forschungsarbeiten bildeten. Aber auch jetzt, nachdem wir jeden einzelnen Fall individuell untersucht hatten, war keinerlei Einfluß des Tierkreises festzustellen.

Das folgende Beispiel, das sich auf die Sportler bezieht, ist in dieser Hinsicht besonders bezeichnend. Wir nahmen als Grundlage unserer Untersuchung die Liste mit den Charakterzügen der »Sportler mit dem eisernen Willen« und stellten die Namen aller Sportler zusammen, die mehrmals als »aktiv, aggressiv, mutig, entschlossen usw.« bezeichnet wurden. Nur fünfundneunzig Sportler, darunter Mattler, Merckx und Nakache, blieben in dieser Kategorie übrig. Wir erstellten für jeden dieser fünfundneunzig Sportler ein Horoskop und achteten genau darauf, welche Positionen die Planeten zum Zeitpunkt der Geburt innerhalb des Tierkreises einnahmen. Wir interessierten uns dafür, ob die »dynamischen« Zeichen wie etwa der Widder das Übergewicht über die eher »meditativen« Zeichen wie den Krebs haben würden. Aber wir fanden kein Anzeichen dafür, nicht einmal im Hinblick auf so wichtige Faktoren der Astrologie wie Sonne, Mond, Aszendent und Mars. Tatsächlich stand die Sonne selten im Widder, denn es gab nur zwei Geburten unter dieser Konfiguration (theoretisch wäre ein Durchschnitt von acht Geburten zu erwarten gewesen). Skorpion folgte mit nur vier Geburten dicht hinter dem Widder. Dabei sind Widder und Skorpion die beiden Zeichen, die in der Astrologie vom dynamischen Mars »beherrscht« werden! Andererseits gab es dagegen dreizehn und zwölf Geburten in den Zeichen Zwillinge und Wassermann. Diesen Zeichen wird traditionell nicht die Neigung zu körperlichem Energieaufwand zugeschrieben.

Unsere Beobachtungen weisen noch einmal auf die Unbrauchbarkeit des astrologischen Tierkreises hin. Mattler war mit dem Aszendenten in den Fischen, der Sonne im Steinbock und dem Mond im Schützen geboren. Bei der Geburt des »Superchampions« Merckx stand die Sonne in den Zwillingen, der Mond in der Jungfrau und der Aszendent befand sich zwischen Löwe und Jungfrau. Wenn wir uns nun die Stichworte für den Tierkreis in Diagramm 22 ansehen, bemerken wir, daß die auf Mattler und Merckx fallenden Charakterzüge in keiner Beziehung zu ihrem bereits beschriebenem tatsächlichen Temperament stehen.

Das zweite Rad: Die Aspekte

Als Aspekte bezeichnet man die Winkel, die sich zwischen den Planeten des Sonnensystems ergeben, so wie es von der Erde aus zu beobachten ist. Aspekte betrachtet man immer als Zweiergruppen im Tierkreis. Die Sterne scheinen sich mit unterschiedlicher Geschwindigkeit durch den Tierkreis zu bewegen, und sie können jede nur mögliche Winkelentfernung von 0 Grad bis 360 Grad in ihrer Beziehung zueinander einnehmen. Die Astrologen schreiben bestimmten Winkeln eine besondere Bedeutung zu. Einige davon gelten als besonders günstig, so zum Beispiel das Sextil (die Planeten stehen 60 Grad auseinander) und das Trigon (ein Winkel von 120 Grad zwischen den Gestirnen). Andere, wie etwa das Quadrat (die Planeten bilden einen Winkel von 90 Grad) und die Opposition (Winkel von 180 Grad) werden als ungünstige Aspekte angesehen. Die Konjunktion ist besonders wichtig, weil die Planeten dabei nicht im Winkel zueinander, sondern Seite an Seite nebeneinander im Tierkreis stehen und die Wirkung beider Planeten sich auf diese Weise miteinander verbindet. Man betrachtet diesen Aspekt als günstig, wenn es sich um »gute« Planeten handelt, und als ungünstig, wenn es »böse« Planeten sind. Diagramm 23 zeigt die Aspekte und ihre Deutung.

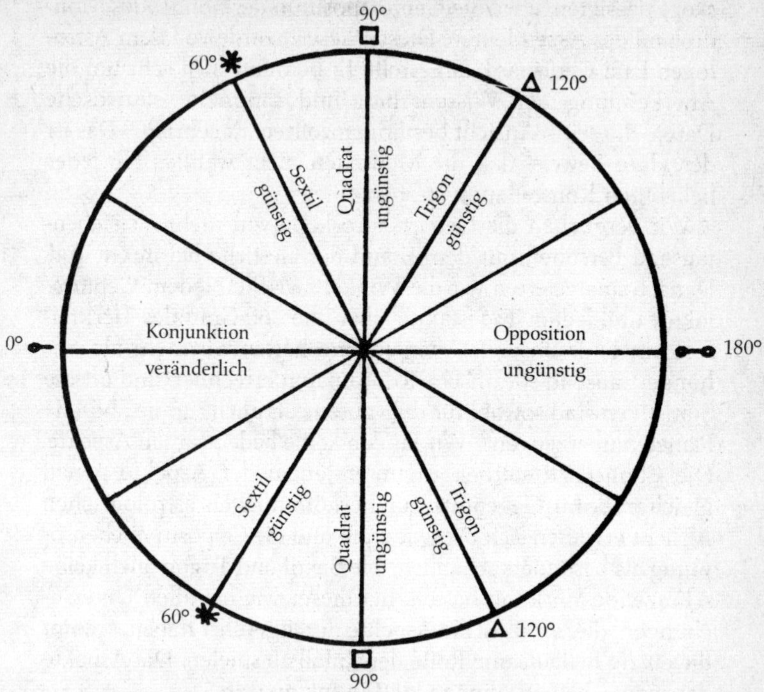

Diagramm 23 – Die Aspekte

Wir haben immer wieder versucht, die Gültigkeit der Aspekte zu beweisen, jedoch ohne Erfolg. Wir wollen aber eine unserer Untersuchungen über die planetarischen Aspekte zum Zeitpunkt des Todes noch einmal überprüfen. In der Astrologie wird behauptet, daß im Augenblick des Todes die Planeten auf ihrer Bahn am Himmel solche Positionen erreichen, die denen des Geburtshoroskops ähnlich sind, also die bereits im Geburtshoroskop enthaltene Voraussage erfüllen. Die »Todestransite«, die als besonders gefährlich gelten, treten ein, wenn die »bösen« Planeten Mars, Saturn und Uranus wichtige Faktoren des Horoskops passieren, etwa die Geburtsposition der Sonne, des Mondes und des Aszendenten. Dieses Gesetz wurde von dem Astrologen Paul Choisnard aufgestellt. Er bemühte sich sehr um die Anerkennung der Wissenschaft und sammelte statistische Daten, die seine Ansicht bestätigen sollten. Er schrieb: »Das ist der klare Beweis, daß die Menschen nicht wahllos bei jeder beliebigen Konstellation sterben.«

Wir verglichen die Geburtshoroskope von mehr als siebentausend Personen mit dem Stand der Gestirne bei ihrem Tod. Danach analysierten wir die Winkel zwischen jedem Geburtsfaktor und jedem Todesfaktor über alle 360 Grad des Tierkreises. Am Ende unserer Untersuchung hatten wir mehr als einhunderttausend spezifische Koordinaten errechnet, und unsere Statistiken sind sowohl für die »guten« als auch für die »bösen« Planeten überzeugend. Wir fanden keine bedeutsamen Aspekte. Die Chance zu sterben ist unter jedem der Aspekte genau gleichgroß. Im Gegensatz zur herkömmlichen astrologischen Ansicht erwiesen sich die Quadrate und die Opposition ebensowenig als besonders schädlich, wie Sextil und Trigon auch keine schützende Wirkung hatten. Bei dieser wie bei allen Untersuchungen, die wir über die Aspekte durchgeführt haben, scheint die einzig bedeutsame Rolle der Zufall zu spielen. Die Aspekte dagegen scheinen ohne jeden Einfluß zu sein.

Das dritte Rad: Die Häuser

Weil die Erde sich in vierundzwanzig Stunden einmal um ihre Achse dreht, scheint es, als ob die Gestirne die zwölf astrologischen Häuser durchlaufen. Diese Abschnitte sind mit den römischen Zahlen I bis XII bezeichnet. Ihre Bedeutung und ihre astronomischen Positionen sind aus Diagramm 24 ersichtlich. Wir wollen versuchen, einen Überblick über den astronomischen Ablauf zu geben. Wenn der Planet aufgeht, verläßt er das erste Haus und tritt ein in das zwölfte Haus. Im Laufe von vierundzwanzig Stunden bewegt er sich allmählich weiter über den Himmel und durchmißt alle zwölf Häuser, die gegenläufig zur täglichen Planetenbewegung numeriert sind (siehe Diagramm 24). In unserem Diagramm wurden die Häuser I, IV, VII und X am Rand stärker markiert, weil dies die Bereiche sind, die unmittelbar vor dem Durchgang der Planeten über den Horizont und Meridian liegen. Es sind die sogenannten Eckhäuser, von denen man glaubt, daß sie einflußreicher sind als die anderen und deshalb den Planeten eine stärkere Bedeutung verleihen, sobald sie diese Abschnitte durchlaufen.

Die im Diagramm angegebenen Stichworte sollen den Charakter eines jeden Hauses kennzeichnen. Diese Angaben darf man nur mit größter Vorsicht weiterverwenden. Bei der täglichen Bahn der Gestirne, die von den Astrologen in zwölf Felder eingeteilt wurde, handelt es sich um den gleichen astronomischen Bereich, in dem sich bereits eine unerwartete Beziehung zwischen der Geburt eines Kindes und den Planeten erkennen ließ. Wir müssen deshalb den Astrologen recht geben, die den Punkten, an denen die Ekliptik den Horizont im *Aszendenten* und im *Deszendenten*, und den Meridian im *Medium Coeli* (Himmelsmitte) und im *Immum Coeli* (Himmelstiefe) berührt, eine besondere Bedeutung beimessen. Diese vier Eckhäuser spielen eine entscheidende Rolle und haben besonderes Gewicht, ebenso die Planeten, die gerade diese Felder passieren, auch wenn es sich bei den Eckhäusern nicht um physische Realität, sondern lediglich um eine geometrische Konstruktion handelt. Wir können unsere Beobachtungen auch gewiß nicht auf die Gesetze der traditionellen Astrologie übertragen. Das zeigt sich, wenn man unser »ideales« Geburtsschema (Diagramm 2) mit den astrologischen Häusern vergleicht. Das liegt vor allem daran, daß nach unseren Erkenntnissen die Bereiche *nach* dem Horizont und *nach* dem Meridian von besonderer Bedeutung sind. Dies würde im großen und ganzen den Häusern XII, IX, VI und III entsprechen. In der herkömmlichen Astrologie bezeichnet man diese Räume als die *rhythmischen Häuser* und ist der Meinung, daß die Planeten beim Durchlauf durch diese Felder nur eine sehr schwache oder sogar eine schädliche Wirkung

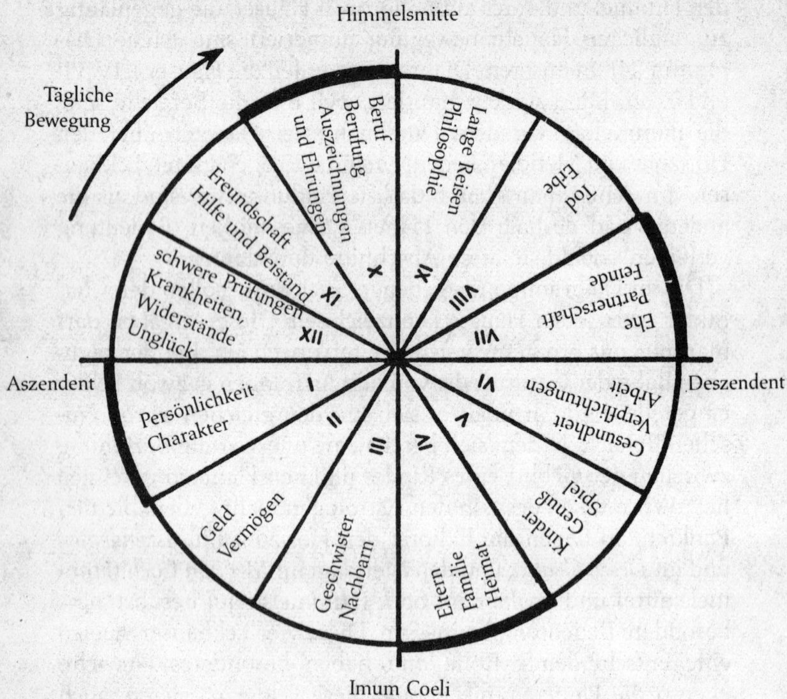

Diagramm 24 – Die zwölf astrologischen Häuser

haben. Zum zweiten ergab sich überhaupt keine Übereinstimmung zwischen den Schicksalselementen, die die Astrologen den Häusern III, VI, IX und XII zuschreiben und unseren Beobachtungen. Traditionell verbindet man die folgende symbolische Bedeutung mit diesen Häusern:

Drittes Haus: Gesellschaftliche Umwelt, Brüder und Schwestern, kurze Reisen, kleine Tiere.

Sechstes Haus: Pflicht und Arbeit, Hausarbeit, Gesundheit, im besonderen schwere Erkrankungen.

Neuntes Haus: Große Reisen, Religion, Philosophie, große Tiere.

Zwölftes Haus: Gilt als »die Hölle des Tierkreises«. Geheime Feinde, Schlingen, Fallstricke und Hinterhalte, Krankheit und Unglücksfälle aller Art.

Die Kunst der Astrologie ist nicht in der Lage, unsere Forschungsergebnisse zu deuten. Der Widerspruch zwischen dem negativen Bild des sechsten und zwölften Hauses und dem außerordentlichen beruflichen Erfolg der von uns untersuchten Personen ist besonders auffällig.

Die Wirkungen, die man dem dritten und neunten Haus nachsagt, sind derart unvereinbar mit unseren Resultaten, daß es nicht überraschen dürfte, wenn sie durch Tatsachen widerlegt werden. Es ist wohl kaum nötig, noch weitere Beispiele anzuführen. Das erste Haus, das unmittelbar vor dem Aszendenten liegt, soll Auskunft über den Charakter geben. Es müßte also von besonderer Bedeutung sein. Wir fanden aber, daß bei der Geburt der Sportler mit dem »eisernen Willen« der dynamische Planet Mars weit weniger häufig im ersten Haus stand als bei der Geburt der Sportler mit dem »schwachen Willen«. Die erfolgreichen Champions mit dem starken Willen scheinen es vorzuziehen, erst später, nach Aufgang des Mars, auf die Welt zu kommen. Mars befindet sich dann im zwölften Haus, und wir erwähnten bereits, welch negativen Symbolgehalt man ihm zuschreibt.

Das zehnte Haus, das unmittelbar vor dem Kulminationspunkt liegt, ist das Feld, das den beruflichen Erfolg symbolisiert. Es ist offensichtlich für uns von besonderem Interesse, da sich die meisten unserer Untersuchungen mit beruflich erfolgreichen Menschen, mit berühmten Wissenschaftlern, bekannten Künstlern usw. beschäftigen. Aber wir mußten feststellen, daß der »schweigsame« und »wissenschaftliche« Planet Saturn bei Wissenschaftlern *wesentlich weniger häufig* im zehnten Haus steht als bei den Künstlern. Das steht im Widerspruch zur traditionellen Astrologie. Wir entdeckten, daß mehr Wissenschaftler geboren sind, wenn Saturn das neunte Haus besetzt, und das bezieht sich traditionell auf lange Reisen, Religion und große Tiere ...

Es muß aber betont werden, daß unsere Forschungsergebnisse in bezug auf die Bedeutung der Räume nach dem Aufgang und nach der Kulmination der Planeten sich nur auf die Charakterzüge beziehen. Alle anderen Aspekte des menschlichen Schicksals, die in den astrologischen Häusern zum Ausdruck kommen sollen, werden davon nicht erfaßt. Außerdem spielen nur die Planeten, die der Erde am nächsten sind, bei der Geburt eines Kindes eine entscheidende Rolle. Wir sind deshalb versucht, daraus zu folgern, daß das astrologische Roulette-Rad der Häuser genau wie die beiden zuvor genannten Systeme, also der Tierkreis und die Aspekte, keine zutreffenden Aussagen ermöglicht.

Die Räder des Roulettes haben keinen Einfluß auf die Vererbung

Wir beschlossen, unsere eingehende Beschäftigung mit dem klassischen Horoskop fortzusetzen, denn wir wollten wissen, ob es trotz allem möglich ist, die Gültigkeit dieser Behauptungen auf einem anderen Gebiet zu beweisen, nämlich durch die astrale Vererbung. Anders ausgedrückt: Zeigt sich bei Eltern und Kindern die Neigung, unter dem gleichen Tierkreiszeichen auf die Welt zu kommen? Befinden sich die Planeten in den gleichen Häusern, und sind die gleichen Aspekte zu beobachten? Wir unternahmen diese Untersuchung als ein Zeichen unseres guten Willens gegenüber der Astrologie. In der Tat war ja die Frage der astralen Vererbung auch für die Astrologen von Bedeutung, seit Kepler in seinen *Harmonices mundi* die Auffassung vertrat, daß es für die Glaubwürdigkeit der Astrologie kein besseres Argument gäbe als das gemeinsame »geburtliche Thema«, die »Verwandtschaft der Geburtsbilder von Eltern und Kindern«. Kepler erläuterte seine Überlegungen in einem Brief, den er 1598 an seinen alten Lehrer Mästlin, den Skeptiker, schrieb: »Sieh dir einmal die Verwandtschaft der Nativitäten an: hast du eine Conjunktion von Sonne und Merkur, so hat sie auch dein Sohn. Beide habt ihr den Merkur hinter der Sonne. Hast du ein Trigon von Saturn und Mond, so hat er fast ein Sextil; hast du fast ein Trigon von Saturn und Sonne, so hat er es auch. Wo dein Saturn steht, sind seine Sonne und sein Merkur... Deine und seine Venus stehen zueinander in Opposition. Hast du Jupiter und Mars benachbart, so hat er es ebenso.« (Zitiert von A. und S. Strauss in »Die Astrologie des Johannes Kepler«, Fellbach, 1981.)

Zu Beginn des zwanzigsten Jahrhunderts hoffte Paul Choisnard, das von ihm aufgestellte Gesetz über die astrale Vererbung zu beweisen. Wir erwähnten bereits, daß er sich zu diesem Zwecke statistischer Mittel bediente. Er kam zum Schluß: »Bei Blutsverwandten zeigen die Planetenpositionen im Horoskop häufiger Ähnlichkeiten als bei nicht miteinander verwandten Personen.« (P. Choisnard, *Le Loi d'hérédité astral,* Chacornac, 1919, Paris.)

Choisnard war davon überzeugt, daß die Tendenz besteht, daß bei der Geburt der Kinder der Mond, die Sonne oder der Aszendent in der gleichen Tierkreisposition steht wie bei der Geburt ihrer Eltern. Karl E. Krafft bestätigte später Choisnards Behauptungen in seinem Buch *Treatise in Astrobiology.*

Aufgrund dieser Arbeiten befanden sich die Astrologen lange Zeit in dem Glauben, daß ihre These von der astralen Vererbung bereits durch verschiedene statistische Untersuchungen bestätigt sei. Als wir jedoch 1955 eine Serie eingehender Experimente durchführten, erwiesen sich diese astrologischen Gesetze als Illusion (*L'Influence des astres,* 1955). Wir führten einige Jahre später eine zweite, sehr detaillierte Untersuchung durch und veröffentlichten die Ergebnisse in den *Cahiers Astrologiques* (Ausgabe Mai-Juni 1962). Wir verglichen fünfundzwanzigtausend Horoskope von Eltern und Kindern und unternahmen den Versuch, die astrologische Lehre von der astralen Vererbung zu bestätigen. Wir erhielten aber keine positiven Resultate, weder in bezug auf den Tierkreis, noch bei den Aspekten oder bei den Häusern. Eine Wahrscheinlichkeit, daß das Kind geboren wird, wenn ein bestimmter Planet im gleichen Haus steht wie bei der

Geburt seiner Eltern hat sich nicht ergeben. Diese Theorie wurde ohne Erfolg an jedem der zehn Himmelskörper des Sonnensystems überprüft. Ist zumindest ein Elternteil geboren, während ein Planet in einem der mächtigen Eckhäuser, etwa im ersten Haus (Charakter) oder im zehnten Haus (Beruf) steht, so gibt es in der Tat keinen Beweis für die Annahme, daß sein Kind unter einer ähnlichen Konfiguration geboren wird. Diese letzte Folgerung ist wichtig, weil es sich bei den Häusern um eine astrologische Einteilung der täglichen Umlaufbahn handelt, und in diesem Bereich hatten wir ja eine enge Beziehung zwischen der Geburtszeit und den Planeten beobachtet.

Es gibt keine astrale Vererbung im Sinne Keplers, Choisnards, Kraffts und vieler anderer Astrologen. Die Sensibilität für planetarische Einflüsse, die das Kind erbt, manifestiert sich nur innerhalb des sehr begrenzten kosmischen Rahmens unserer vorstehend geschilderten Beobachtungen. Außerdem unterscheidet sich die astrologische Auffassung einer astralen Vererbung grundlegend von unserer Vorstellung. Für die Astrologen ist diese Vererbung nicht die Folge einer physischen Beziehung zwischen dem Planeten und dem Kind, sondern sie kommt durch eine Übereinstimmung zustande, die als eine okkulte Kraft zwischen der Konfiguration des Himmels und dem Schicksal des neugeborenen Kindes wirksam ist. Wir verwenden das Wort *Schicksal* in einem sehr allgemeinen Sinn, aber die Texte von Kepler, Choisnard und ihren Nachfolgern sind in dieser Hinsicht ganz eindeutig. Ihr »astraler Atavismus« ist durchaus vergleichbar mit der hinduistischen Lehre vom Karma. Aus diesem Grund ist es für die Astrologen kein Widerspruch, an eine astrale Vererbung zu glauben und dabei weiterhin Glück und Unglück für das Leben des Menschen vorauszusagen, denn sie sind ja überzeugt davon, daß beides kosmisch miteinander verbunden ist. Dies sind die geheimnisvollen »Harmonien der Welt«, die Kepler soviel bedeuteten. Dagegen schließt unsere Auffassung von der planetarischen Sensibilität des Kindes bei der Geburt jede Möglichkeit aus, astrologische Voraussagen über sein künftiges Leben zu treffen.

Hier könnte man einwenden, daß dies alles ziemlich dürftig ist und daß wir zumindest anerkennen sollten, daß die Astrologie sich mit den Möglichkeiten der Vererbung astraler Faktoren beschäftigt hat. Dem müssen wir zustimmen. Wir denken aber auch an den Ausspruch Henry Fords: »Ideen an sich sind sehr wertvoll, aber sie sind nichts als Ideen. Jeder kann sich eine Vorstellung machen, aber was zählt, das ist die Fähigkeit, sie in die Praxis umzusetzen.« Dazu ist gewiß nicht jeder in der Lage. Dennoch zählen letzten Endes nur Tatsachen. Was wir am Schluß eines Artikels im Jahr 1963 schrieben, scheint auch heute noch zu gelten:

Da es unter bestimmten planetarischen Bedingungen tatsächlich ererbte Beziehungen gibt, warum zeigen sie sich dann nicht, wenn wir sie mit Hilfe der herkömmlichen Horoskope untersuchen? Dadurch scheint jede Wahrscheinlichkeit ausgeschlossen, daß der Tierkreis, die Aspekte oder die Häuser einen Einfluß auf das Leben des Menschen haben könnten. Aber wie sicher sind wir? Vielleicht wird eines Tages ein Forscher von größerem Talent in der Lage sein, diese heute feststehende Überzeugung zu korrigieren.

20. Kapitel

Der Wissenschaftsschock

»Ich ziehe es vor, mich mit Galen zu irren, als Harveys Theorie vom Blutkreislauf anzuerkennen.«
Ein angesehener Arzt im siebzehnten Jahrhundert

»Verwendet man Statistiken als Beweis für die Astrologie, dann glaube ich nicht mehr an Statistiken.«
Jean Rostand, Mitglied der Académie française

»Wie Thomas S. Kuhn in seiner klassischen Untersuchung *The Structure of Scientific Revolution* ausführt, ist es ein Märchen, daß die Wissenschaft alle Tatsachen und Beweise berücksichtigt und ihre Theorien ständig revidiert«, schrieb Damon Knight. Er fügt noch hinzu: »Ein anderes Märchen besagt, daß sich die Wissenschaft linear und organisch entwickelt und ihre Theorien Schritt für Schritt vervollkommnet. Kuhn zeigt vielmehr, daß jede Wissenschaft zu jeder beliebigen geschichtlichen Zeit in ihren eigenen fundamentalen Vorurteilen gefangen ist, die sie ›Paradigmen‹ nennt. Das Paradigma wird definiert als ›allgemein‹ anerkannte wissenschaftliche Leistung, die für eine gewisse Zeit einer Gruppe von Fachleuten Probleme und Lösungen mit Modellcharakter liefert.« (Damon Knight, *Charles Fort, Prophet of the Unexplained,* Golancz, 1971; darin zitiert Thomas S. Kuhn, *The Structure of the Scientific Revolution,* University of Chicago Press, 1962.)

Die Geschichte des wissenschaftlichen Fortschritts hat gezeigt, daß die anerkannte Wissenschaft einer Epoche, die »normale« Wissenschaft, immer ziemlich heftig mit einer neuen

Auffassung zusammenprallt. Oft muß eine ganze Generation vergehen, ehe eine neue Idee über die offiziellen, konservativen Grundsätze die Oberhand gewinnt. Max Planck, der Nobelpreisträger für Physik, war der Meinung, daß große wissenschaftliche Theorien gewöhnlich nicht die Welt erobern, indem sie von ihren Gegnern akzeptiert werden, weil diese sich allmählich von ihrer Wahrheit überzeugen ließen. Sehr selten findet man einen Saulus, der zum Paulus wird. In der Praxis ist es so, daß die Gegner der neuen Idee schließlich wegsterben und die folgende Generation schon unter dem neuen Einfluß aufwächst. Wer die Zuneigung der Jugend besitzt, dem gehört die Zukunft.

Der Zusammenprall mit der Wissenschaft herkömmlicher Art ist noch heftiger, wenn es sich, wie bei unseren Forschungsergebnissen, um Erkenntnisse handelt, die als Neufassung einer alten, schon vor langer Zeit verworfenen Idee erscheinen. Wir haben zwanzig Jahre hart darum gekämpft, besonders in den Anfangsjahren, um in der wissenschaftlichen Welt Interesse an unseren Entdeckungen zu wecken. In unserem Archiv bewahren wir die Briefe der Wissenschaftler auf, die alle im wesentlichen das gleiche besagen: »Wir lehnen es ab, uns näher mit Ihrer Arbeit über die Einflüsse der Planeten zu beschäftigen, weil es keine planetarischen Einflüsse gibt.«

Glücklicherweise fanden wir einige Forscher, die sich im Unterschied zu ihren eher konformistischen Kollegen für unsere Arbeit interessierten. J. Porte vom Nationalen Institut für Statistik in Paris, Professor Hans Bender von der Universität Freiburg, G. Piccardi von der Universität Florenz und F.A. Brown jr. von der Northwestern University erklärten sich bereit, Einführungen zu unseren Büchern zu schreiben. Die Unterstützung dieser Männer machte es möglich, daß wir unsere Ergebnisse regelmäßig auf internationalen wissenschaftlichen Tagungen vorstellen und unsere Beobachtungen in wissenschaftlichen Zeitschriften veröffentlichen konnten.

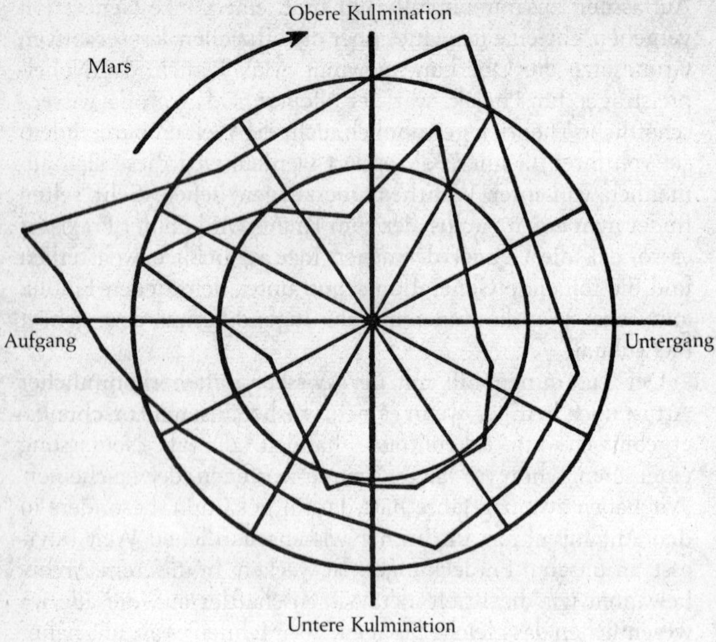

Diagramm 25

Belgische Astronomen erzielten die gleichen Resultate wie wir, als sie den Einfluß des Mars auf eine Gruppe von Leistungssportlern untersuchten.

Andere Forscher bestätigen unsere Beobachtungen

Vor zwanzig Jahren wurde von belgischen Wissenschaftlern das *Comité Para* gegründet. Das Ziel dieser Kommission war die wissenschaftliche Untersuchung sogenannter paranormaler Erscheinungen. Die Kommission besteht aus dreißig Wissenschaftlern verschiedener Disziplinen, vor allem aus Astronomen und Statistikern.

Nach einigen Jahren beschloß dieses Gremium, eines unserer

Experimente zu wiederholen, und dazu neues Material zu verwenden. Man wählte Leistungssportler aus, bei deren Geburt eine ungewöhnliche Verteilung der Mars-Position beobachtet worden war. Das *Comité Para* entschied sich für eine Gruppe von 535 französischen und belgischen Sportlern und gab ihre Daten einem Computer ein, der davor mit den Mars-Bewegungen programmiert worden war.

Die Ergebnisse dieser 1968 durchgeführten Analyse zeigten bei der Geburt dieser Sportler eine Häufung des Planeten Mars in den Positionen nach seinem Aufgang und der Kulmination, genau wie das auch bei der von uns untersuchten Gruppe der Fall gewesen war. Unser Diagramm 25 zeigt, wie auffallend ähnlich die Verteilung der Mars-Positionen bei den 535 vom *Comité Para* ausgewählten und den 1553 von uns ausgesuchten Sportlern war.

Die Mitglieder der Kommission waren überrascht und beunruhigt über die Ergebnisse ihrer eigenen Berechnungen. Vier Jahre lang beschäftigten sie sich mit allen möglichen Einwänden und Bedenken und unternahmen zahlreiche Kontroll-Versuche. Auch diese eingehenden Untersuchungen am Königlichen Observatorium in Belgien ergaben wieder eine Verbindung zwischen den Mars-Positionen und der Geburt der Leistungssportler. (Siehe M. Gauquelin: »Possible Planetary Effects at the Time of Birth of ›Successful‹ Professionals: An Experimental Control« in: *Journal of Interdisciplinary Cycle Research.* Nr. 3 und 4, 1972.)

Ist der Einfluß der Planeten auf die Vererbung von der »normalen« Wissenschaft, wie Thomas S. Kuhn sie nennt, anerkannt worden? Bis jetzt ist das noch nicht der Fall. Selbst die Mitglieder des *Comité Para* konnten sich nicht dazu entschließen, die Ergebnisse ihrer eigenen Experimente voll und ganz zu akzeptieren. Zwischen der Astrologie und der Wissenschaft müssen noch weitere Kämpfe ausgetragen und Siege errungen werden, ehe es soweit sein wird.

Der Hauptlehrsatz der Astrologie von der Beziehung zwischen den Planeten und dem Kind bei der Geburt ist unserer Meinung nach erwiesen. Allerdings wird von der vordergründigen Symbolik der Sterne vielleicht manche zutreffende Erkenntnis verdeckt, die zweifellos vorhanden ist, auch wenn jeder Versuch, die Richtigkeit der Horoskope zu beweisen, bisher mißlungen ist. Mit diesem Paradoxon kann niemand zufrieden sein. Es ärgert den, der an Horoskope glaubt, und es erregt berechtigten Unwillen bei den konservativen Wissenschaftlern. Dennoch können wir nichts an diesen Tatsachen ändern, nur damit sie in ein vorgefertigtes Denkschema passen. Wir können uns nur auf unsere Wahrnehmungen stützen. Es ist von großer Bedeutung, daß eine Diagnose des ererbten Temperaments eines Kindes getroffen werden kann, wenn wir wissen, welcher Planet sich zum Zeitpunkt seiner Geburt in den Abschnitten unmittelbar über dem Horizont und nach dem Meridian befunden hat. Diese Tatsache könnte unsere ganze Vorstellung von der Welt verändern. Sie sollte auf jeden Fall von allen, die sich nicht mit willkommenen Illusionen zufriedengeben, sondern die zu Opfern bereit sind, um der Natur ein weiteres Geheimnis zu entreißen, überprüft, weiterentwickelt und begründet oder widerlegt werden.

Wir möchten diese Arbeit mit einer Feststellung abschließen, die Mrs. C. Capel Boute, Leiterin der Forschungsarbeiten an der Universität Brüssel, getroffen hat. Ihre Erklärung auf dem fünfzehnten Gesundheitskongreß im italienischen Ferrara aus dem Jahr 1967 ist ein unübertreffliches Beispiel für eine Freiheit des Denkens, das keinem offiziellen Dogma unterworfen ist:

»Mr. und Mrs. Gauquelin haben sowohl an der Rutgers-Universität als auch hier in Italien erstaunliche Zusammenhänge zwischen der Geburtszeit und den Positionen des Mondes und bestimmter anderer Planeten im Verlauf ihrer täglichen Bewegung dargestellt. Ihre Resultate, das Ergebnis streng wissenschaftlicher, äußerst weitreichender Untersuchungen, haben den meisten kritischen Nachprüfungen standgehalten. Dennoch wecken diese statistisch bewiesenen Beziehungen, die in keiner Weise mit den herkömmlichen astrologischen Theorien in Zusammenhang stehen, häufig a priori Reaktionen, die ich nur als ›allergisch‹ bezeichnen kann ... Wäre es nicht nützlicher für die weitere Entwicklung, eine Erklärung für diese ungewöhnlichen Beziehungen zu suchen und neue Arbeitshypothesen zu überprüfen, als diesen Sachverhalt von vornherein zu verwerfen, aufgrund einer reinen ›Allergie‹ gegenüber den Planeten? Es ist Zeit, daß das zwanzigste Jahrhundert diese Rätsel und die Probleme löst, die damit zusammenhängen, und daß man sowohl die von alters her überlieferten Vorstellungen erforscht als auch die Intoleranz, mit denen man ihnen gegenübergetreten ist. Die Wissenschaft kann sich nur behutsam weiterentwikkeln, und diese Weiterentwicklung muß in einer Atmosphäre stattfinden, die geprägt ist von der Freiheit des Denkens und der Anerkennung wissenschaftlich bewiesener Tatsachen.«

Epilog

Pilgerreise nach Sumer

Es ist recht schwierig, nach Ur zu kommen. Der Bummelzug von Bagdad setzt den Reisenden mitten in der Nacht in dem kleinen Dorf Nasiriya ab. Am Morgen geht es dann mit dem Wagen weiter, hinein in die Wüste. An diesem Wintertag waren meine Frau und ich die einzigen Besucher. Die Sonne stand tief und warf lange Schatten. Der arabische Fahrer am Steuer des Landrovers gab sich Mühe, den tiefen Schlaglöchern auszuweichen. Weit draußen in der gelben Ebene führte ein Beduine seine Kamele, damit sie an den Wassern des Euphrat trinken konnten, der nur einige Kilometer entfernt ist. Vor viertausend Jahren, als Ur noch eine blühende Stadt war, hatte der Fluß mit seinem schlammigen Wasser den Sand bedeckt. Inzwischen hat sich sein Lauf verändert. Der Euphrat fließt nicht mehr hier an dieser Stelle und Ur liegt heute in der Wüste. Plötzlich, am Ende der Straße, sahen wir vor uns, weswegen wir gekommen waren: den Zikkurat von Ur, einen Turm, der aus einer Folge von Terrassen gebildet wird, immer noch festgefügt und bereit, allen Stürmen zu trotzen. Er wurde immer größer, je näher wir kamen. Er gilt als eines der ältesten Observatorien der Welt und gleichzeitig als Tempel, der Sin, dem Mondgott und Herren der Stadt, geweiht war.

In Sumer hatte alles begonnen. Hier entstanden nicht nur die Astrologie, sondern auch die Wissenschaften und Religionen, auf denen unsere westliche Zivilisation beruht. Hier lag Mesopotamien, der Garten Eden, die Heimat Abrahams, Sumer, das Land der Sintflut. Später wurde an dieser Stelle Babylon gegründet, dessen Turm mit den sieben Terrassen fast den Himmel berührte, aber auch Ninive, Nimrud und Assur, ebenso viele andere Städte, die heute unter dem Sand begraben sind.

Alle Quellen unserer Zivilisation liegen in diesem verlassenen Winkel der Erde, wo heute das einzige Lebenszeichen das Öl ist, das unter dem Wüstenboden durch die Pipelines fließt. Das Blut des Landes Sumer ist heute das Erdöl.

Wir stiegen die steile Mitteltreppe des Turmes hinauf. Sie ist derart steil, daß man unmöglich die Spitze des Turmes sehen kann, während man hochsteigt. Es ist, als ob diese Treppe in den Himmel führt. Oben auf dem Zikkurat von Ur scheint die Zeit stehengeblieben zu sein. Fast kann man den Priester-Astrologen sehen, der in seinem weißen Gewand langsam bis zur Spitze hinansteigt, um die feierliche Wache zu übernehmen. Dieser Ritus entstand aus dem Glauben, daß die Sterne ständig überwacht werden müssen.

Der Turm ist die einzige Erhebung in der Mitte der völlig flachen Ebene. Im Süden, der Sonne zugewandt, ist eine kleinere Erhebung am Horizont zu erkennen. Das sind die Überreste des Zikkurat von Eridu, etwa zwanzig Kilometer entfernt von hier. Es handelt sich dabei um ein weiteres sumerisches Wahrzeichen, wie uns der bewaffnete Beduine in stockendem Englisch erklärte, während er uns auf die Spitze des Turmes begleitete. Er ist der einzige Wächter auf diesem Mount Palomar aus Ziegelsteinen. Einige von diesen Ziegeln, auf die man mit den Füßen tritt, tragen noch das Keilschrift-Sigel, das der Erbauer hinterlassen hat. Ein bewegendes Zeugnis!

An diesem Tag war der Himmel ganz klar, und wir konnten sogar den Mond schwach leuchten sehen. Wir wollten bis zum Sonnenuntergang warten und dann beobachten, wie Venus-Ischtar unterging und Gott Marduk in seinem Triumphwagen, dem Planeten Jupiter, am Horizont erschien. Auf einer Tontafel fand man die Inschrift: »Wird ein Kind bei Aufgang des Jupiter geboren, dann wird sein Leben glücklich sein, es wird reich werden und viele Jahre leben.« Nur eine leere Prophezeiung, von der »ernstzunehmenden« Nachwelt zu recht mit einem Achselzucken abgetan? Die Erkenntnisse der Sumerer und der Chaldäer sind keineswegs nur leere Worte. Der hervorragende Astronom von Sippar im Norden Babylons berechnete bereits bis auf die Sekunde genau die Länge eines Mondmonats. Konnte ein solcher Mann, der den großen astronomischen Entdeckungen den Weg bahnte, wirklich glauben, daß der Mond ein Gott sei? Wir werden es niemals erfahren, weil wir zu wenig über ihn wissen. Aber das spielt keine Rolle. Ebenso unwichtig ist es, ob die Priester-Astrologen von Mesopotamien die Planeten als den Wohnsitz übernatürlicher Wesen betrachteten. Sie hatten das Gefühl, daß hier eine wichtige Beziehung bestand, daß die Himmelskörper auf irgendeine Weise in der Lage sind, den Menschen zu beeinflussen.

Die Zikkurats in Mesopotamien, die Pyramiden in Ägypten und Mexiko, die Minarette im Orient, die Kathedralen und Dome in unseren Städten, die Kirchtürme in den Dörfern auf dem Lande, aber auch die Raketen, die sich in den Himmel erheben und bis zu den Planeten geschossen werden: Immer wird damit die gleiche Frage gestellt. Eine Antwort ergibt sich nur ganz allmählich. Es ist auch niemals die vollständige Antwort, und oft genug stellen sich Erkenntnisse sogar als Irrtum heraus. Unsere Pilgerreise zu den Sumerern haben wir nicht unternommen, um mit großen Augen zu staunen und vergeblich nach einer Vergangenheit zu suchen, die inzwischen mit Magie und Zauberei in einen Topf geworfen wird und für immer verloren ist. Wir haben uns bemüht, das, was man als Wissen bezeichnet, besser zu begreifen und seine Relativität festzustellen.

Den Wissenschaftlern unserer Zeit geben wir zu bedenken: Lehnt nicht vorschnell ab, was in zweitausend Jahren nächtlicher Sternenbeobachtung sichtbar wurde. Wir fordern nicht, an die Astrologie zu glauben, sondern die Vorstellung gelten zu lassen, daß man den Einfluß der Gestirne wissenschaftlich untersuchen kann, so wie es in der Astronomie auch geschieht.

Es besteht ein unermeßlich großer Abstand zwischen den chaldäischen Sternengöttern und den »kosmischen Uhren« der modernen Wissenschaft. Das Wort »unermeßlich« trifft in der Tat zu: Wir können diese Distanz nicht ermessen. Wir wissen, daß es viertausend Jahre sind, aber vielleicht liegen zwischen den beiden Epochen nur ein paar Schritte. Es sind die Schritte, die den Besucher bis zur Spitze des vielstöckigen Turmes führen. Wer möchte mit uns hinaufsteigen?

Anhang

Fragebogen: Welcher Planeten-Typ sind Sie?

Gaston Berger schrieb: »Die Typenlehre kann Leben und Charakter historischer Gestalten in interessantem Licht erscheinen lassen. In erster Linie soll sie aber dem heutigen Menschen helfen, mehr über sich zu erfahren, und wenn schon nicht seinen Charakter zu ›verändern‹, ihn doch zumindest zu verstehen. Mehr noch: Durch den ständigen Kontakt mit der menschlichen Natur und durch das Studium der Emotionen, Gedanken und Verhaltensweisen von möglichst vielen verschiedenen Persönlichkeiten kann die Psychologie ihre Erkenntnisse über das Individuum erweitern und allmählich ihre Untersuchungsmethoden vervollkommnen.« *(Traité pratique d'analyse du caractère.)*

Das führt uns zu der Frage, ob die planetarische Typologie, die wir durch unsere Untersuchung bekannter Persönlichkeiten begründet haben, auch als Basis zur Bestimmung des Temperaments einer jeden Persönlichkeit, ob berühmt oder ohne großen Namen, verwendet werden kann, wenn man nur die genaue Geburtszeit kennt. Wir haben das Mars-Temperament ausführlich beschrieben, das sich sehr oft in deutlicher Form zeigt, wenn dieser Planet im Moment der Geburt eben den Horizont oder Meridian überschritten hat. Ist auch dann, wenn ein Durchschnittsbürger, dem das Schicksal keine besonders aufsehenerregende Rolle zugedacht hat, unter dieser Mars-Position geboren wird, die Wahrscheinlichkeit groß, daß er den als Mars-Temperament beschriebenen Persönlichkeitstyp darstellt? Die Antwort lautet ja, sehr wahrscheinlich, obgleich es sich dabei natürlich nur um eine statistische Wahrscheinlichkeit handelt. Diese statistische Wahrscheinlichkeit dürfte beim Bevölkerungsdurchschnitt nicht so ausgeprägt wie bei besonders erfolgreichen Menschen sein, deren charakterologische Neigungen zweifellos stärker sind, deutlicher hervortreten und sich deshalb auch leichter beschreiben lassen.

Mit der planetarischen Typologie steht uns ein sehr wertvolles Instrument der praktischen Psychologie zur Verfügung. Mit ihrer Hilfe können wir die Grundtendenzen des Individuums bestimmen. Dieses statistische Instrument muß noch vervollkommnet werden, und das erfordert weitere ausgedehnte Untersuchungen der Daten einer großen Zahl von Menschen.

Der hier abgedruckte Fragebogen ist nicht in erster Linie ein diagnostisches Instrument, sondern Teil eines großen Experiments. Indem wir die persönlichen Antworten mit den angegebenen Geburtsdaten in Beziehung setzen, hoffen wir, den Anwendungsbereich des Fragebogens auf weitere Bereiche auszudehnen. Wir wären sehr dankbar, wenn die Leser dieses Buches die angegebenen Fragen beantworten und den Fragebogen auch an ihre Freunde und Bekannten weitergeben würden. Die Antworten bitten wir an unser Laboratorium einzusenden. (Einzelheiten darüber sind auf dem Antwortbogen enthalten.) Wir danken für Ihre Mitarbeit!

Unser Fragebogen enthält vierzig Fragen, je zehn Fragen beziehen sich auf Mars, Saturn, Jupiter und Mond. Die Fragen erscheinen aber nicht der Reihe nach für jeweils einen Planeten, sondern wurden durcheinandergemischt.

Auf jede Frage gibt es drei mögliche Antworten: A, B und C
A bedeutet Ja
B bedeutet weder Ja noch Nein
C bedeutet Nein

Zur Beantwortung kreuzen Sie einen der Buchstaben an.

Wenn also die erste Frage lautet: »Sie besitzen Entschlußkraft und schwierige Aufgaben sind für Sie sogar ein besonderer Anreiz« und Sie kreuzen den Buchstaben A an, dann beantworten Sie diese Frage mit einem Ja und sind der Meinung, daß diese Aussage auf Sie zutrifft.

Wenn Sie B anzeichnen, antworten Sie weder mit Ja noch mit Nein, und das bedeutet, daß Sie manchmal in der angegebenen Weise handeln und fühlen, manchmal aber auch nicht.

Wenn Sie den Buchstaben C ankreuzen, antworten Sie mit einem Nein, d.h., diese Behauptung entspricht nicht Ihrem Charakter.

Versuchen Sie, sich selbst gegenüber so ehrlich wie möglich zu sein. Um größere Objektivität zu erzielen, können Sie auch Verwandte oder Freunde bitten, die Fragen für Sie zu beantworten.

Fragebogen	Ja	Weder Ja noch Nein	Nein
1. Sie besitzen Entschlußkraft und schwierige Aufgaben sind für Sie sogar ein besonderer Anreiz.	A	B	C
2. Sie besitzen viele Freunde und sind sehr beliebt.	A	B	C
3. Sagt man von Ihnen: »Er/Sie ist ausgeglichen und entspannt?«	A	B	C
4. Haben andere den Eindruck, daß Ihr Verhalten kühl und abweisend ist?	A	B	C
5. Sagt man Ihnen, Sie seien leicht zu beeinflussen, pflichten immer dem bei, was gesagt wird?	A	B	C
6. Sie sind aggressiv und haben Freude am Wettbewerb?	A	B	C
7. Sie sind nicht sehr gesprächig. Beim Sprechen gestikulieren Sie kaum.	A	B	C
8. Gelten Sie als witzig, geistreich und sarkastisch? Ziehen Sie andere gern auf?	A	B	C
9. Man hält Sie für verbindlich, zuvorkommend, anhänglich und nachsichtig.	A	B	C
10. Gehen Sie aus sich heraus? Wirken Sie sofort liebenswert, wenn Sie jemanden kennenlernen? Besitzen Sie Charme?	A	B	C
11. Sie sind offen und ehrlich, aber Ihre Offenheit ist gelegentlich zu direkt.	A	B	C
12. Sie erscheinen bescheiden, ja sogar schüchtern und scheu.	A	B	C
13. Sie können physische und psychische Belastungen besser ertragen als der Durchschnitt.	A	B	C

14. Gewissenhaftigkeit, Skrupel und Ernsthaftigkeit sind Tugenden, die man Ihnen oft nachsagt.	A	B	C
15. Sie besitzen ein heiteres, optimistisches Wesen.	A	B	C
16. Sie sind von Natur aus unaufmerksam und zerstreut.	A	B	C
17. Sie lieben Ihre Freiheit und hassen es, wenn man Ihnen widerspricht.	A	B	C
18. Es fehlt Ihnen an Selbstvertrauen. Sie haben das Bedürfnis, sich zurückzuziehen und wollen keine Aufmerksamkeit erregen.	A	B	C
19. Phantasie und Träumereien spielen eine wichtige Rolle in Ihrem Leben.	A	B	C
20. Sie sind aktiv und tüchtig in allem, was Sie unternehmen.	A	B	C
21. Sie können sich auch in schwierigen Situationen gut beherrschen.	A	B	C
22. Sie halten Toleranz für eine der wichtigsten Eigenschaften des Menschen.	A	B	C
23. Sie wünschen sich Erfolg. Sie sind ehrgeizig und wollen berühmt werden.	A	B	C
24. Andere Menschen bewundern oft die Einfachheit Ihrer Lebensführung und Ihre natürliche Würde.	A	B	C
25. Sie besitzen die Gabe, andere zu führen.	A	B	C
26. Sie haben Freude am gesellschaftlichen Leben und folgen stets der vorherrschenden Mode.	A	B	C
27. Sie besitzen eine ausgesprochene Abneigung gegen Phantastereien, Träumereien und Untätigkeit. Sie mögen es nicht einmal, sich auszuruhen.	A	B	C

28. Sie erwägen sorgfältig jedes Pro und Kontra, ehe Sie eine Entscheidung treffen.	A	B	C
29. Hartnäckigkeit und Ausdauer in allen Dingen sind charakteristisch für Ihr Verhalten.	A	B	C
30. Ihre Freunde halten Sie für freundlich und charmant und sind gern mit Ihnen zusammen.	A	B	C
31. Sie verstehen es, günstige Gelegenheiten zu Ihrem Vorteil zu nutzen.	A	B	C
32. Sie sind bei allem, was Sie unternehmen, fleißig und von peinlicher Genauigkeit.	A	B	C
33. Sie neigen zu Naivität. Ihre Launen sind manchmal ziemlich kindisch.	A	B	C
34. Ihre Aggressivität zeigt sich in plötzlichen Zornausbrüchen, aber Sie hegen keinen langanhaltenden Groll.	A	B	C
35. An geselligem Beisammensein haben Sie keine Freude. Sie fühlen sich bei solchen Gelegenheiten unbehaglich.	A	B	C
36. Sie kleiden sich modisch und eine Spur extravagant.	A	B	C
37. Sie haben eine Abneigung gegen genaues, sorgfältiges Arbeiten. Sie mögen keine »kniffligen« Aufgaben.	A	B	C
38. Sie sind bekannt für Mut, Dynamik und Ihr unternehmungslustiges Wesen.	A	B	C
39. Sie werden wütend, wenn sich jemand Ihren Wünschen widersetzt.	A	B	C
40. Sie neigen zu Pessimismus. Günstige Gelegenheiten werden von Ihnen nicht genutzt.	A	B	C

Übertragen Sie Ihre Antworten in die folgenden Tabellen.

Auswertungsbogen

Die Fragen werden nun neu geordnet und in vier Gruppen eingeteilt. Jeweils eine Gruppe entspricht einem Planeten (Mars, Jupiter, Saturn und Mond). Machen Sie für jede Ihrer Antworten ein Kreuz in die entsprechende Spalte. Dann addieren Sie die Gesamtzahl der Antworten in jeder Spalte. Dadurch erhalten Sie die Punktzahl für jede Gruppe.

Mars-Fragen Nummer	Ihre Antwort A	B	C
1			
6			
11			
13			
20			
21			
27			
29			
34			
38			
Mars-Punktzahl			

Jupiter-Fragen Nummer	Ihre Antwort A	B	C
3			
8			
10			
15			
17			
23			
25			
31			
36			
39			
Jupiter-Punktzahl			

Saturn-Fragen Nummer	Ihre Antwort A	B	C
4			
7			
12			
14			
18			
24			
28			
32			
35			
40			
Saturn-Punktzahl			

Mond-Fragen Nummer	Ihre Antwort A	B	C
2			
5			
9			
16			
19			
22			
26			
30			
33			
37			
Saturn Punktzahl			

Antwortbogen

Wir empfehlen, die folgenden Fragen auf einem gesonderten Blatt Papier zu beantworten, damit Sie diese Seite nicht aus dem Buch herausreißen müssen. Ein anderer Vorschlag: Fertigen Sie eine Fotokopie dieser Seite an und übertragen Sie Ihre Antworten auf diese Kopie. Wenn mehrere Personen den Fragebogen beantwortet haben, ist für jeden ein eigener Antwortbogen nötig.

Männlich oder weiblich:

Geburtsdaten:

Ort, Tag, Monat, Jahr, Zeit

Ihre Punktzahl aus dem Fragebogen

(Bitte die Anzahl der Antworten eintragen, die sich für jeden Planeten jeweils in den Spalten A, B und C ergeben.)

Mars-Punktzahl
Jupiter-Punktzahl
Saturn-Punktzahl
Mond-Punktzahl

Sehr wichtig! Bitte kreuzen Sie bei den folgenden Fragen den oder die Buchstaben an, die für Sie gelten:

A – Ihre Geburt verlief vollkommen natürlich.
B – Bei Ihrer Geburt war ein Kaiserschnitt notwendig./Es war eine Zangengeburt.
C – Ihre Mutter erhielt Medikamente, die die Geburt beschleunigten oder verzögerten.
D – Ihre Geburt wurde eingeleitet, d.h., Ihre Mutter erhielt Medikamente, und Sie wurden zu einer bestimmten, vorher vereinbarten Zeit geboren.

Diese Fragen sind außerordentlich wichtig für alle Personen unter dreißig Jahren. Ist Ihnen die Beantwortung nicht möglich, dann bitten Sie nach Möglichkeit ältere Familienmitglieder um Auskunft.

Senden Sie Ihren Antwortbogen an

Dr. Michel Gauquelin
Direktor des Laboratoriums zur Erforschung
der Beziehungen zwischen kosmischen und
psychophysiologischen Rhythmen
8, rue Amyot
Paris (5)
France

Sie können Ihren Namen und Ihre Anschrift angeben oder anonym bleiben, ganz wie Sie wünschen.

Wir danken Ihnen für Ihre Mitarbeit.